智能化融媒体新形态教材

连锁经营与管理

主 编　吕　卫　贾　娜　王向栋

副主编　龙红艳　章凡华　卢　珊

中国出版集团

研究出版社

图书在版编目（CIP）数据

连锁经营与管理 / 吕卫, 贾娜, 王向栋主编. — 北京:
研究出版社, 2022.9
ISBN 978-7-5199-1302-1

Ⅰ.①连… Ⅱ.①吕… ②贾… ③王… Ⅲ.①连锁经
营 - 经营管理 - 高等职业教育 - 教材 Ⅳ.①F717.6

中国版本图书馆CIP数据核字(2022)第164743号

出 品 人：赵卜慧
出版统筹：张高里　丁　波
责任编辑：范存刚
助理编辑：何雨格

连锁经营与管理

LIANSUO JINGYING YU GUANLI
吕卫　贾娜　王向栋　主编
研究出版社 出版发行
（100006　北京市东城区灯市口大街100号华腾商务楼）
三河市海新印务有限公司　新华书店经销
2022年9月第1版　2022年9月第1次印刷
开本：787毫米×1092毫米　1/16　印张：16
字数：377千字
ISBN 978-7-5199-1302-1　定价：49.90元
电话（010）64217619　64217612（发行部）

前言 FOREWORD

在全球范围内，连锁经营已经成为商业领域主要的企业组织形式、经营管理方式和商业模式。近几年中国后来居上，成为世界上连锁经营发展速度最快的国家之一。我国连锁业进入了前所未有的高速发展期，对于连锁经营管理专业人才的需求也日益增长。

随着网络技术的快速发展及其在各行业的广泛应用，国内连锁零售行业在经营理念、经营模式和经营技术方面也在不断地探索、创新和实践。为适应新零售背景下连锁经营管理课程教学的要求，为培养既有理论功底又有实际操作能力的专业人才，编者通过市场调查，力求准确掌握国内连锁经营行业的发展现状及趋势，参考大量有关连锁经营和零售管理的教材、论文、期刊等资料，并结合自身多年教学和实践经验，完善基本理论，引入创新理念，更新实践案例，融合视频资源，编写出新型可视化教材《连锁经营与管理》，供课堂教学和读者自学之用。

本书在编写方面具有以下几个特点。

1. 适应现代商业社会发展趋势

连锁经营成为现代经济社会极为普遍的商业现象，已经渗透几乎所有的商业领域，成为学生重要的就业方向和创业模式。本书满足了学生对于连锁经营与管理相关知识和技能的需求。在内容安排上，以连锁企业中总部、门店的实际岗位进行内部管理、外部竞争、处理供应商与顾客关系等任务所需的能力为依据，立足宏观、微观，围绕人、货、场所对应的专项能力，编写为六个项目。本书的内容总体上分为两大板块：第一板块从宏观的角度认识连锁经营商业模式，带领学生入门，包括项目一连锁经营的基础知识、项目二连锁经营的基本类型和项目三连锁经营的主要业态等；第二板块从宏观转入微观，从连锁企业如何实现战略制定和策略执行的角度，介绍连锁企业的组织战略、运营等，包括项目四连锁企业的组织战略、项目五连锁企业的开发系统、项目六连锁企业的营运系统等。

2. 有机融入课程思政

课程思政内容设计贵在能够有机融入，本书的不同项目分别从民族商业自豪感、零售行业使命感、工作岗位责任感等角度有机融入了课程思政内容，时刻关注国家发展的新成就、行业领域的新趋势、社会进步的新热点，积累、筛选、设计与时俱进的思政内容和案例，力求严谨贴切，激发学生关注的热情，提高学生思考的主动性，达到润物细无声的育人效果。

3. 案例教学注重实践操作

本书强调案例教学，各个单元重要理论知识点的阐述均穿插了对应案例。精心搜集和设计的案例有代表性地总结了大到全球知名连锁企业，小到本土中小连锁企业的成功经验和失败教训。通过学习这些案例，学生可以加深对现实商业社会中连锁经营管理从战略层面到操作层面的思考和理解。另外，本书每个项目均设有知识目标、能力目标、案例导入、连锁资料库、知识链接、案例讨论、任务训练等模块，更加注重培养学生的课后学习能力，鼓励学生进行自主性学习、研究性学习。

4. 迎合大学生创业教育潮流

特许加盟是现代社会个人投资创业的一条重要渠道，在大众创业、万众创新的背景下，越来越多的大学生也加入这一行列。本书通过特许加盟的教学和实践，使学生了解特许连锁的优势与风险，掌握特许加盟的双赢策略，从而提高学生创业的敏感度和安全意识。

5. 配套线上课程资源

本书配套"连锁经营与管理"线上课程，重要知识点设置了二维码链接，读者通过扫码即可观看主讲教师对重要知识点的视频讲解。

本书在编写过程中参考了大量相关教材、论文等资料，吸收和借鉴了同行的研究成果，在此谨向相关作者表示衷心的感谢。限于编者水平和经验，本书难免存在疏漏和欠缺之处，恳请读者批评指正。

编　者

目 录 CONTENTS

项目一
连锁经营的基础知识

本项目介绍连锁经营的基础知识，梳理连锁经营在全球各地的发展进程，重点分析连锁经营的含义及基本特征，分析我国连锁经营发展的现状和所取得的成就，预测连锁经营未来发展的创新趋势，纠正学生对商业发展"西方中心论"和"西方起源论"的片面认知，培养学生民族自豪感和传承中华民族优秀商业文化精神的使命感、责任感，探讨连锁经营如何成为全球主流商业模式，并推动诸多企业走向成功的原因。

📦 项目构成

📋 知识目标

1. 掌握连锁经营的含义与基本特征。
2. 了解连锁经营在全球的发展历程。
3. 理解连锁经营成功的原因。

◎ 能力目标

1. 客观分析连锁经营的优势和风险。
2. 深刻理解连锁经营发展所应具备的内在、外在条件。
3. 准确掌握连锁经营规模化和标准化的实施条件和限制。

📚 案例导入

老字号，新征程

瑞蚨祥，1862 年（清同治元年）创建于山东济南，获得过"中华老字号""非物质文化遗产""中国丝绸第一品牌""中国消费者信赖的著名品牌"等多项殊荣。零售巨头沃尔玛创始人山姆·沃尔顿曾说过："我创建沃尔玛的灵感来自中国一个古老的商号，它以一种可以带来金钱的昆虫命名，它做得很好，好极了。"

瑞蚨祥的创始人孟传珊（字鸿升），济南府章丘县旧军镇（今济南市章丘区习镇）人，孟子的后裔，以经营土布起家。1868 年，瑞蚨祥第二代传人孟洛川继承家业，掌管店务。他知人善任、经营有方，生意蒸蒸日上，资金日趋雄厚，先后在天津、北京、烟台、青岛、

上海等地开设分号。鼎盛时期的瑞蚨祥在全国各地开设了 16 家分号，拥有房产 3000 余间，房产总值 800 余万银圆，成了驰名南北的绸布字号。

瑞蚨祥的成功得益于其独特的经营理念：良心待客。店里的尺子上十个"寸"刻度分别刻着十个字，两端是"天"和"地"，中间依次是"孝""悌""忠""信""礼""义""廉""耻"。掌柜训诫店员："上了柜，你手里的尺子就刻着天，刻着地，刻着孝、悌、忠、信、礼、义、廉、耻，

天地良心、八伦八德融于一尺，你手里拿的是天地良心。"瑞蚨祥的尺子比标准的尺子多出一寸，成为老百姓口口相传的"良心尺"。这种做法看上去每一尺亏了一寸的布，实际上是每一尺布赚了一寸的良心。靠着一把"良心尺"，瑞蚨祥赢得了好口碑，成了商道典范。

如今，瑞蚨祥将百年积淀的中国传统文化与勇于突破的创新精神相结合，高瞻远瞩，再次踏上历史新征程，立志打造高级定制的领导品牌。

【思考】中国历史上出现的诸多分号是否具备连锁店铺性质？

资料来源于作者根据相关资料整理而成。

📖 课程思政

一脉相承的民族商业精神

中国古代以农为本，历朝历代传承"重农抑商"的治国方略，但即便在这样的大背景下，随着生产力的发展和社会的进步，商业还是逐渐兴盛繁荣，进而形成了独具民族特色的中华商业文化。

上溯到商朝时期，物品交换已经起步，商民善于经商，后世周朝初期开始将这些经商的人称为"商人"，从事买卖的职业称为"商业"，交换的物品称为"商品"。到了汉朝时期，商业进一步繁荣发展，出现了著名的融贯中西的"丝绸之路"。发展到宋朝，一幅《清明上河图》展示了北宋汴京的繁华商业圈，其中业种、业态丰富，商家已有广告意识，餐饮店还推出外卖服务。到了封建社会末期的清朝，抑商政策已基本废置，商人数量增加，地位提升，商帮兴起，晋商、徽商、潮商、浙商开始崭露头角，大显身手，并影响至今。虽地域不同，资源各异，但共通的是他们都注重商业道德的培养，形成可贵的商人精神。这种精神的核心内涵包括民族自强的爱国主义精神、重商厚商的敬业乐业精神、勤劳刻苦的奋发进取精神、精于细算的节俭朴实精神、童叟无欺的信义为尚精神、温和友好的和谐为贵精神、出奇制胜的善于竞争精神和精益求精的心志专一精神。

中国古代商业文化精神是中华民族悠久历史留下的宝贵财富，深刻影响着现代商业经济活动，并对现代商业依然有一定的适用性。

单元一　连锁经营的含义与基本特征

连锁经营是当今世界商业经济发展的热点，也是现代企业新的利润增长点。我国自20世纪80年代中后期引入现代连锁经营模式以来发展迅猛，特别是在商品零售业、餐饮零售业和服务零售业等行业中获得的巨大成功有目共睹。连锁经营成为企业推广品牌、占领市场、扩大规模最有利的武器之一。

一、连锁经营的含义

连锁经营是一种商业组织形式和经营制度，指经营同类商品或服务的若干个店铺，以一定的形式组成经济联合体，在整体规划下进行专业化分工，并在分工基础上实施集中化管理和标准化运作，把独立的经营活动组合成整体的规模经营，从而实现规模效益。

连锁经营企业的基本组织结构一般由总部和门店2个部分组成。连锁企业总部是连锁经营的指挥领导层和经营决策层；连锁门店是在连锁企业经营管理的基础上，按照总部的指示和服务规范要求，承担日常具体销售业务的店铺。

二、连锁经营的基本特征

连锁经营的本质特征集中表现在规模化的经营方式和标准化的管理方式上。

（一）规模化的经营方式

零售是规模出效益的行业。连锁企业最显著的特征之一是拥有大量的门店，由于连锁店面数量多、分布广，深入各个消费腹地销售，迎合了消费的分散性和就近购物的消费习惯，增强了消费者与连锁企业之间的情感联系，从而有效解决了传统经营中追求规模效益与消费分散性之间的矛盾。

教学视频：规模化

1.规模化的表现

通过做大门店数量规模可以让连锁企业享受到规模效益，规模效益集中表现在以下3个方面。

（1）规模化的品牌效益。对于连锁企业而言，最好的广告渠道是店面本身。随着门店数量的增加，统一的品牌和形象直接冲击消费者眼球，起到最好的宣传作用。通过扩大门店数量，连锁企业可以提高企业知名度，实现规模化的品牌效益。

（2）规模化的市场效益。连锁企业通过门店网点建设，渗透市场，就好像编织一张市场渔网，点越多，编织的网越大，能覆盖住的市场也就越大，是实体企业市场业绩的基础。通过扩大门店数量，连锁企业可以提高营业收入和市场份额，实现规模化的市场效益。

（3）规模化的成本效益。随着连锁门店数量的增加，连锁企业具有大批量销售、大批量采购的价格优势，而价格优势源于成本优势。成本优势主要体现在以下5个方面。

采购的规模优势。采购量就是谈判砝码。通过采购权的集中使连锁企业在对外采购时是集中采购，总公司凭借数量较大的采购量，可以以较强的议价能力与供应商讨价还价，获得低价进货的优势，降低了直接进货成本；同时，由于集中采购，较之单店独立采购可以减少采购人员、采购次数，也降低了间接采购成本。

物流的规模优势。传统的规模经济就是随着产量的增加，长期平均总成本下降的特性，这同样适用于商业企业，随着门店数量这个分母的增大，单位平均成本会下降。在集中采购的基础上连锁企业统一设置仓库比单店独立存储更节省仓储面积，总公司可以根据各店的销售情况，实现合理库存；总公司还可以通过集中配送选择最有利的运输路线，充分利用运输工具，及时运送，以免门店商品库存过多或出现缺货现象。通俗地说，仓储配送等物流成本被更多的门店数量分摊，平均物流成本会下降。

促销的规模优势。总公司利用报刊、电视、广播、网络等媒体为所有门店所做的广告，产生的广告费用可以分摊到多家门店，门店数量越多，每家门店分摊到的广告费用越低。但对于单个商店来说，以一己之力进行广泛的宣传是难以做到的。

研发的规模优势。单店也可以聘请专家对门店运营管理进行设计，也可以对自己的员工进行系统的培训，然而费用很大。连锁企业开发的软件、硬件技术可以在整个连锁体系内推广，建立自己的专职培训部门，研究、开发和培训的费用均可以由多家门店承担，因而享有研发的规模优势。

经验的规模优势。连锁企业可以把各个门店中最为成功的经验在整个连锁体系中推广，失败的教训也可以在系统内引以为鉴，可以以丰富的开店经验更有效率地开出新的门店。通过复制成功的经验模式，实现连锁企业高质量快速扩张。

📖 案例讨论

"疯狂"的小肥羊

小肥羊从零开始在短短4年之内迅猛发展到700多家连锁店，这让多数餐饮人颇感羡慕；而700多家店，小肥羊又用了4年的时间去规范，减少为300多家店，"减肥"的过程既痛苦又漫长。

1999年8月，小肥羊诞生于内蒙古包头市，以经营特色火锅起步，凭借纯天然、鲜嫩、不膻不腻的内蒙古草原羊肉（平均为6个月大小的乌珠穆沁羊和苏尼特羊），创造了良好的品牌效益，一举打响了知名度。

1999年底至2002年底，小肥羊门店数量激增，良好的品牌形象使小肥羊可以通过加盟的方式拓展渠道。2000年以后，小肥羊以平均3天一家的速度在国内开设分店，2003年直营及特许经营的连锁店达到660家，最多的时候达到700多家。

但扩张之后的小肥羊逐渐暴露出诸多问题：原料配送不及时引发多家加盟连锁店的不满；门店人员素质差，态度恶劣，环境脏乱；门店汤料勾兑失误、以次充好现象时有发生；加盟店擅自购买市场上的羊肉，减少从总部进货；直营店管理者少算成本、多算利润。

为了保证口味的一致性，小肥羊总部一直统一向门店配送汤料、羊肉及部分菜类。但随着门店数的急速增长，物流配送跟不上，原料供应断档，生产基地吃紧，锡林浩特的羊肉基地供应不了，只好向呼伦贝尔等地"借"羊肉。原料供应断档是加盟店投诉小肥羊总部的主要原因之一。

小肥羊火爆后，还引来了纷至沓来的模仿者。一时间，全国各地"群羊并起"，如"小尾羊""小绵羊""小美羊"等，全国各地的假冒小肥羊店不下200家。

【思考】为什么小肥羊"规模没有出效益"？

资料来源于作者根据相关资料整理而成。

2. 规模化的限制

规模经济并不意味着生产规模越大越好，因为规模经济追求的是能获取最佳经济效益的生产规模。一旦企业生产规模扩大到超过一定的规模，边际效益就会逐渐下降，甚至跌破趋向零，乃至变成负值，引发"规模不经济"现象。同样，在商业零售领域，规模能出效益，但规模不一定出业绩，规模和出效益之间会受到以下条件的限制。

（1）资金实力限制。连锁门店数量达到一定规模，需要资金实力的支撑，虽然可以借助加盟的方式，减少总部资金投入，提高扩张速度，但加盟也有可能会带来其他问题。特别是连锁体系建立之初，在标准化体系提炼过程中，或者对加盟商控制能力还不够强的情况下，过于依赖加盟商扩张可能会带来连锁扩张品质的下降。

（2）管理能力限制。连锁门店开设之后，还需要总公司有强大的能力去维持所有门店按照总公司的规范高品质、高效率运转。总公司的能力包括对标准化的贯彻能力、对加盟商的掌控能力、对商品或原材料的供应能力等。随着门店数量增多和市场区域扩大，总公司对于每一家门店的掌控力可能会力不从心和鞭长莫及，致使扩张品质下降。

（3）市场需求限制。即使总公司有强大的资金实力和管理能力，门店数量也不可能无限制扩张。随着消费需求的满足和竞争对手的分割，连锁门店扩张数量会受到市场容量的限制。因此，有实力的连锁企业需要不断研究消费者需求的变化，创新经营内容和经营方式，为自己创造和开辟新的市场，以使企业可持续性发展。

（二）标准化的管理方式

连锁经营第二个显著特征是标准化。标准化是指连锁企业为所有门店持续性销售统一、品质稳定的商品和服务而设定的符合连锁企业文化、形象并能提高效率的反复运作的一系列规范。连锁企业扩张很像电脑上的复制粘贴操作，而能够实现复制粘贴的前提是标准化。

教学视频：标准化

1. 标准化的表现

（1）标准化的形象标识。统一的标识系统是连锁企业的外在形象。企业标识系统是指连锁企业所呈现给公众的直接印象，包括连锁企业的招牌、标志、商标、标准色、标准字、装潢、外观、门店布局、商品陈列、包装材料、员工服装等。识别系统不仅有利于识别，更有利于获得消费者的认同，使其对企业产生深刻的记忆。

（2）标准化的商品服务。统一的商品和服务是连锁企业经营内容的统一，是满足同一目标顾客群体营销方式的统一。其表现在：连锁企业各门店所经营的商品都是经过总部精心策划和挑选的，是按照消费者需求做出的最佳商品组合，并不断更新换代；连锁企业各门店所提供的服务也是统一规划的，无论到任何地方、任何一家门店，服务都是统一的、规范的，从而增强顾客的忠诚度。

（3）标准化的采购管理。统一采购是指连锁企业中各门店将商品采购权集中在公司总部，总部设专门的采购机构和专职采购人员统一负责企业所有门店销售商品的采购活动，而各连锁门店只负责销售的一种采购形式。

（4）标准化的物流配送。以经营商品而非服务为主的大型连锁企业往往设有自己的配送中心，配送中心是连锁企业总部直接投资建设的一个下属机构，其职能是为系统内各连锁分店完成商品采购、分拣加工和物流配送任务。即使不设置配送中心的连锁企业，也由总公司统一安排第一方（供应商）或第三方（社会物流公司）实现配送任务。

（5）标准化的营运体系。连锁企业强调步调的一致性，在所有门店中执行一套标准化经营管理系统能减少各家门店的差异性。门店虽然负责商品销售的具体行为，但有关商品销售策略仍由总公司做出，包括商品陈列原则、商品促销方案、商品定价机制等，甚至员工着装、统一服务用语、标准手势等方面都实现全面规范化。

案例讨论

麦当劳的六大统一

目前，麦当劳在全世界已经有超过33000家快餐店，分布在130多个国家，成为世界上最大的餐饮集团。

麦当劳的大黄金拱门（大M标识）已经深入人心，麦当劳的大黄金拱门也就是连锁经营中的第一个统一——统一标识最成功的典范。

麦当劳的市场地位是其近70年来精心培育下形成的，在"品质、服务、清洁和物有所值"的经营宗旨下，人们不管是在纽约、东京还是北京光临麦当劳，都可以吃到同样新鲜美味的食品，享受到同样快捷友善的服务，感受到同样的整齐清洁及物有所值。麦当劳的统一产品和服务使它成为这个世界上最大的快餐集团。

2003年，麦当劳全球首席营销官拉里·莱特上任后，策划了麦当劳历史上第一次全球统一的品牌更新计划，正式启动"我就喜欢"（I'm Lovin'it）品牌更新计划。这是麦当劳公司第一次同时在全球100多个国家用同一组广告、同一组信息来进行品牌宣传，为麦当劳赢得了不少关注和年轻人这个群体市场，可以说这是一次成功的统一营销策略。

作为世界零售食品服务业的领先者，麦当劳对整体的供应链要求非常高，有一套很好的运转机制。其所需原料有固定的供应商，有的已经合作60多年，麦当劳开到哪里，供应商就把厂建到哪里。麦当劳与供应商之间形成了一种具有竞争性的战略合作伙伴关系，这就是麦当劳的统一采购模式。

在麦当劳门店和供应商之间还需要一个二传手。就在许多人还没听过"物流"这个词的时候，麦当劳已将世界上最先进的物流模式带进了中国。通过麦当劳物流之旅，可以看到这个企业完善的、标准化的统一配送体系。

作为连锁经营商店还有一个很重要的统一，那就是统一价格。2007年，麦当劳曾经实施过不同门店之间同品不同价，一段时间内引发舆论的狂潮。麦当劳某些门店的商品在涨价0.5~1元后，引发如此大的舆论探讨，说明人们对于连锁店的价格预期就是统一。而麦当劳的老对手——肯德基坚持今后他们的产品仍会统一价格。

【思考】麦当劳统一的经营模式如何成就商业上的成功？

资料来源于叶素贞：《麦当劳标准化管理手册》，广东经济出版社2007年版。

2.标准化的意义

正如麦当劳创始人——雷·克洛克分享麦当劳成功的原因："标准化，每一个细节都坚持标准化，而且持之以恒地执行，才能保证成功！"标准化是连锁企业执行力的源泉，标准化能保证企业低成本运营，防止"人治"导致的混乱，提高企业扩张效率，归根到底，标准化才是规模出效益的前提。连锁经营通过规模化能够实现规模效益的前提是标准化，如果同一个连锁企业内部，形象、商品、采购都不统一，那么规模效益就无从谈起，没有标准化是难以实现规模化扩张的。在整个零售行业中，行业标准化比较容易实现的企业，就更能快速实现规模扩张；反之，行业标准化难以实现的企业，规模扩张的难度也将明显加大。

📖 案例讨论

自豪又无奈的中式快餐

要说有什么行业是永远的朝阳行业，那恐怕非餐饮业莫属。过去的二三十年时间，中国的餐饮业走出了一条快速增长的发展道路，但这又是让中国人既自豪又无奈的行业。中国连锁百强榜单历年上榜企业以百货店、超市企业居多，而餐饮、酒店上榜数量较少。

当提到西式快餐时，人们会听到异口同声的答案：麦当劳与肯德基，但是提到中式快餐时，得到的答案可能就完全不统一了。中式快餐占据着超过西式快餐4倍的市场份额，但让人不可思议的是这口"大锅"里竟然没有真正的"主菜"——领导者。

孙中山先生曾说过：中国的东西，西方什么都能很快学了去，唯独餐饮学不走。因为中餐非常依赖厨师的手艺，很难实现标准化、规模化生产。这样一个更接近艺术的行业生产方式也给中国餐饮业上规模、做品牌出了个大难题。

整个品类市场处于启动期，品牌集中度非常低，这意味着中式快餐市场存在巨大的机会。中式快餐品类的主流地位必然决定了谁能克服标准化难题，谁就能当上中式快餐的领头羊，成为中国快餐业的霸主。

【思考】中餐能否通过标准化实现规模化？

资料来源于《苦练标准化的"真功夫"》，参考网，2009-03-25。

3.标准化的限制

中国连锁百强榜单上榜企业以商超居多，也就是说，在国内把连锁规模做大的以商超为主，而之所以商超更容易实现规模效益，是因为商超更容易实现标准化。标准化的难度在于主营业务所涉及的商品或原材料的生产、仓储、配送等环节保持标准化。商超的主营商品本身就是标准化的，而餐饮业和服务业的主营商品是非标准化的，这给餐饮企业和服务性企业的标准化提炼带来了一定的困难。在餐饮业的发展进程中，最早实现连锁布局的是火锅系列，这也是因为火锅是餐饮业中相对更容易实现标准化的类别。但当下中式餐饮仍难以做到标准化和多样化两全，一旦商品线丰富，烹饪手法多样，标准化就难以把控，为了保证品质，只能限制规模在数量上和区域上的扩张。因此，餐饮企业实现连锁扩张的前提是能够提炼出标准化模式，特别是主营业务的标准化。

零售业是规模出效益的行业，企业成功的核心在于自身赢利能力或潜在的赢利能力。有竞争力的赢利能力依赖规模效益，规模能出效益则取决于标准化模式，即提炼出成功复制的标准化模式。

单元二　连锁经营的发展进程

一、连锁经营的起源

根据《美国文献百科全书》和《美国连锁店百年史》介绍，在公元前 200 年左右的中国西汉时期就存在一个商人拥有多家店铺的经营现象，这可称得上是连锁经营的萌芽。但由于传统的"重农抑商"政策，这种萌芽在中国 2000 多年的封建社会中没有得到突破性的进展，也没有对商业社会产生重大和深远的影响。

连锁经营作为一种现代流通业新的企业组织形式和经营方式在 19 世纪 50 年代末期的美国出现之后，在当时政治、经济、技术等大背景的推动之下得到了快速的发展，并带动零售业整体变革，因此国际学术界认为现代连锁经营起源于美国。19 世纪 60 年代的美国南北战争爆发，战争的结果以北方资产阶级的胜利而结束，这也确立了大资产阶级在全国的统治地位，消灭了奴隶制，为美国的资本主义迅速发展赢得了大量的自由劳动力和广阔的市场。由此，美国国内区域贸易开始发展起来，拓展了美国国内市场，市场流通格局发生了革命性的变化。国内贸易量的迅速增加和国内市场的不断扩大，对美国流通业提出了新的要求，铁路网和通信网在全国范围内的建立推动了美国统一国内市场的最后形成。新式快捷的交通工具和先进的通信工具的广泛运用，也为连锁经营的发展创造了良好的外在环境和必要条件。从商业的组织形式上讲，市场的急速扩大，要求商业同工业一样，能够通过专业化的管理来获得更高的经济效益。美国的连锁经营商业模式正是在这样的政治、经济、技术等时代大背景下产生和发展起来的。

1859 年，连锁经营率先出现在商品零售业，被认定为世界上第一家现代连锁经营的企业为"大美国茶叶公司"。该公司以销售低价位的茶叶、咖啡起家，后来扩展到其他食品杂货，至今已有超过 160 年的历史。

二、国外连锁经营的发展

19 世纪 50 年代末期，连锁经营在美国出现之后，由于其强大的规模优势，促使诸多零售企业通过这一模式获得了商业上的成功，很快便在美国以及其他国家取得了迅猛的发展，目前已经成为全球商业企业主流的组织形式和商业模式。

教学视频：现代
连锁经营起源

（一）美国连锁经营的发展

美国是目前世界上经济最发达的国家之一，也被认为是现代连锁经营的起源地。迄今为止，美国连锁经营的发展经历了 5 个阶段。

1.创始期（1859 年）

1859 年，乔治·F.吉尔曼和乔治·亨廷顿·哈特福特在纽约创办了世界上第一家连锁商店"大美国茶叶公司"，10 年后更名为"大西洋和太平洋茶叶公司"，简称"A&P"。茶叶在当时的美国属于舶来品，主产于中国、日本、印度等国家，需要长途运输到达美国，终端零售价中包含了较高的运输成本。当时经营茶叶的零售商要从上游代理商进货，代理商要从上游批发商进货，批发商又要从上游采购商进货，终端零售价中又包含了层层加价的渠道成本。而大美国茶叶公司创办之初便自组船队，直接从中国、日本、印度等国大规模进口高品质茶叶，排除一切中间环节，直接在纽约街头设店销售。"大规模采购＋排除中间商"确立了大美国茶叶公司销售茶叶时绝对的价格优势，使其生意异常火爆。创办当年，公司就在纽约同一条街道上开设了第二家店铺。

2.创立期（1860—1930 年）

大西洋和太平洋茶叶公司通过连锁经营规模化赢得了竞争优势，得到了迅猛的发展，截至 1929 年，该公司已经在美国拥有 17000 多家连锁店，年营业额超过 7.5 亿美元，成为当时世界上最大的零售企业。由于该公司所有门店都是由总公司同一资本开办并直接经营管理的，其形式后来被称为直营连锁。

大西洋和太平洋茶叶公司的成功吸引了其他企业纷纷效仿，其中包括当时的新兴产品制造商——美国胜家缝纫机公司。当时缝纫机作为全新的商品，受限于信息传递渠道，厂家只能借助更多的门店向消费者介绍其功能和使用方法，但开设大量的门店需要资金，而胜家作为新兴企业需要把资金更多地投入生产和研发，于是该公司另辟蹊径，有效解决了门店拓展与资金有限的矛盾。1865 年，美国胜家缝纫机公司首创连锁经营式分销网络，该公司将缝纫机这种新商品的销售权转让给全美各地的特约经销店，从此胜家便迅速打开市场，很快就雄霸全球缝纫机市场，这是世界上第一家特许连锁店。

一方面，直营连锁和特许连锁的发展促进了一些大型零售商的出现，门店数量越来越多，采购量越来越大，在与上游供应商谈判时拥有了更大的议价能力，能拿到更低的进价，使他们在销售时具备更强的价格竞争力，整个企业发展实现良性循环。而另一方面，当时美国众多中小零售商，特别是很多单打独斗的个体店铺，由于采购量有限，不具备与供应商讨价还价的实力，在采购成本方面无法与大型直营或特许连锁企业竞争，进而降低了市场销售方面的价格竞争力，在与大型零售企业的对抗中纷纷败下阵来。1887 年，美国 130 多家独立的食品零售商为了生存自愿联合，共同投资开办了一家食品批发公司，对参与者实行统一采购，联购分销，这是美国第一家自由连锁店。

在这一阶段，连锁经营的 3 种基本经营模式——直营连锁、特许连锁、自由连锁都一一出现，所以将这一阶段称为创立期。

3.超级市场导入期（1931—1950 年）

1930 年 8 月，正处于美国历史上最严重的经济危机时期，具有几十年食品经营经验的美国人迈克尔·库伦在纽约长岛开设了世界上第一家超级市场，这一业态符合了当时美国经济低迷的形势，满足了人们对低价位生活基本用品的需求。超级市场与连锁经营的结合可以说是相得益彰，是这一时期美国连锁店最重要的特点，也引领了未来超级市场发展的总体趋势。

4.现代连锁期（1951—1980 年）

20 世纪 50 年代，美国战后经济的重建和繁荣给连锁经营发展带来了新的契机。在此之前的连锁企业下属门店往往只是销售同样的商品，而对于企业形象、经营管理等方面没有统一的要求。20 世纪 50 年代后，以麦当劳、肯德基为代表的餐饮企业引入连锁经营体系，总公司开始要求所有连锁门店不仅使用统一的公司名、商标名，而且必须承袭总公司的全套管理制度，包括统一进货、店址选择、店面设计、人员训练、广告促销、销售体系等，完善和规范了连锁经营模式。这一时期，大量采用连锁经营的企业得到了迅速发展，被称为美国连锁商业的黄金时代。

5.全面国际连锁期（1981 年后）

20 世纪 80 年代后，美国连锁经营进入全面国际化连锁时期。首先是领域的扩展。连锁经营不再局限于少数特定行业，而扩充到非食品零售业、旅馆业、不动产业、租赁业、休闲旅游业、服务业等。其次是数量上的扩展。20 世纪 80 年代，美国连锁经营飞速发展，几乎每 6.5 分钟就有一家连锁店开业，这个速度是十分惊人的。最后是地域上的扩展。美国大型连锁企业的实力逐步增强，但美国国内市场基本饱和，继续发展受到限制，于是纷纷向国际市场扩张门店，开始走上跨国连锁的道路。

（二）欧洲连锁经营的发展

欧洲连锁经营的起步略晚于美国，但发展毫不逊色，一方面受到了美国连锁业的影响，另一方面在发展模式和进程方面也带有欧洲大陆自身浓厚的特色，发展比较有代表性的有英国、法国、德国的连锁业。

1.英国

欧洲最早的连锁店出现在老牌资本主义国家——英国。1862 年，伦敦建立起欧洲第一家连锁经营企业——无酵母面包公司。"二战"之后，英国的连锁企业发展迅速，特别是 20 世纪六七十年代，整个零售商业结构是以连锁商店为主的，连锁商店的销售额占到零售业销售总额的2/3。截至1984年，门店在10家以上的大型连锁企业有1200多家，其营业额占整个零售业的69%。

🛒 **连锁资料库**

马狮百货

提到英国的连锁企业，不能不说马狮百货集团（Marks & Spencer），它是英国最大的跨国商业零售集团，不单在英国被誉为现代管理的典范，在国际企业界中也有很高的地位。这家公司的前身是成立于1884年的一家"一元店"，专门销售价格为一便士的商品，1915年发展成为一家零售连锁店。现在马狮百货已经成为世界上首屈一指的百货公司，一直被公认为英国最成功的企业之一，曾经是英国盈利能力最高的零售集团。如果以每平方英尺销售额计算，马狮百货在伦敦的商店一度比世界上任何一家零售商店获得的利润都要多。马狮百货最大的经营特点是，在英国，所有的马狮百货公司只销售一种牌子——"圣米高"（St. Michael），所有产品都是由马狮百货自己设计或是与制造商联合设计的。其他大多数零售商出售的是相同厂家品牌的产品，为了争夺顾客，必须做大量广告宣传，而马狮公司只销售自创品牌"圣米高"，这种商品也不可能在别处买到，所以节约了广告成本。而且"圣米高"与同质量水平的商品相比，价格便宜，与同价格的商品相比，质量更优，可谓性价比超高。

【思考】马狮百货只经营单一品牌的策略有什么好处？

资料来源于作者根据相关资料整理而成。

2.法国

法国被誉为世界时尚中心，百货商店就始创于法国巴黎。法国的百货商店连锁发展尤为突出，如巴黎春天百货、老佛爷百货等。除此之外，法国成功的连锁企业还有欧尚、勒克莱尔、卡西诺等。

🛒 **连锁资料库**

家乐福

• 家乐福（Carrefour）——法国零售业的龙头老大，成立于1959年，总部设在巴黎近郊，是大卖场业态的首创者。Carrefour的法文意思就是十字路口，而家乐福的选址也不折不扣地体现了这一个标准——店铺就要开在最好的路口。1995年，家乐福率先在北京开设大卖场，是最早抢滩中国的国外零售巨头，开启了中国零售业大卖场潮流，曾经是众多国内商家学习模仿的对象。但由于近年来对市场趋势把握得不准确，在中国耕耘24年并取得无数辉煌成就的家乐福于2019年6月被苏宁子公司苏宁国际以48亿元的价格收购了80%的股权。

【思考】请分析家乐福在中国衰落的原因。

资料来源于《家乐福正式"改名"？苏宁在下什么棋？》，和讯网，2019-09-29。

3.德国

德国人以制造飞机、汽车的严谨风格经营商品零售业。麦德龙是德国最大的商业集团，经营形式涉及超级市场、大卖场、仓储型市场等，曾经在全球零售业中排名第4位。而另一家对德国民众影响更大的连锁店是1962年创立的阿尔迪连锁超市，它以薄利多销而驰名世界。阿尔迪一直以执行严格的进货原则为经营特色，他们与供货单位签订的都是大数额长期合同，向供货单位付款的期限长达30天，但是商品在卖场9天内就能脱手，这种时间差在商业资金流转中的作用与所带来的利益极为突出。

🛒 连锁资料库

阿尔迪

阿尔迪（ALDI）是德国最著名的以经营食品为主的连锁折扣超市，AL是阿尔布莱希特（Albrecht）的缩写，而DI是Discount（折扣）的缩写，意为阿氏家族的折扣商店，它的所有者是阿尔布莱希特兄弟。阿尔迪超市又分为"南阿尔迪"和"北阿尔迪"。南阿尔迪由弟弟特奥经营，他的连锁店在德国西部和南部；北阿尔迪的所有者是哥哥卡尔，他在北方发展业务。阿尔迪（ALDI）的官方中文名为"奥乐齐"。

阿尔迪的经营秘诀说起来很简单，就是全面降低成本，凸显价格优势，将低价策略进行到底，薄利多销。成本控制是每个企业家追求利润最大化所共同关注的焦点，但要做到绝对低价并不是一件容易的事情。想要永远保持最低价，阿尔迪就必须在采购、管理以及物流等各方面想尽办法降低成本，把利润扩大到极限。

阿尔迪不在繁华地段开店，选址均位于居民区、大学校区附近或城区边缘，这些地段房租便宜，但客流充足。阿尔迪店铺面积仅有300~1100平方米，比传统的超市都要小。店铺门面看起来简朴得近乎简陋，装修也是朴素无奇，最初甚至连货架都没有，商品就装在纸箱里，直接码放在光秃秃的货架板上，且堆积的拥挤程度无以复加。曾经的卖场里也没有现代化超市设备，商品上没有标码，而是直接将价目表悬在上方。阿尔迪甚至在很长时间都没有使用绝大多数超市普及的条形码扫描仪和读卡机等现代化设备，坚持使用最简单的收款机，而且只收现金(不接受银行卡)，这为阿尔迪节省了大量的办公设备投资及管理、维修费用。当然随着社会发展，阿尔迪也不得不跟上时代潮流，配置了扫描仪和刷卡设备。但阿尔迪严格控制品类数量的选品策略依然是其低价竞争的秘密武器。

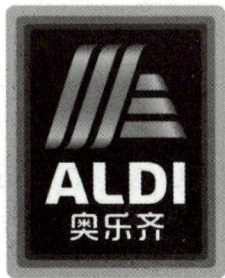

【思考】阿尔迪超市的经营特点对其成功有何意义？

资料来源于作者根据相关资料整理而成。

（三）日本连锁经营的发展

日本的连锁经营相较于欧美起步比较晚，但日本连锁业发展具有自身的特色。在20世纪

70年代后，日本连锁业由于得到了美国连锁企业的影响而发展迅速，可以说是世界连锁业的后起之秀。

1.发展阶段

（1）雏形期（1929年至第二次世界大战爆发）。早在1929年，日本出现第一家自由连锁形式的大东京洋品商联盟，拉开了日本连锁经营的序幕。1937年前后又陆续出现了大东京文具连锁、大东京瓷品连锁、大东京鞋连锁等。但由于第二次世界大战的爆发，日本是主要参战国，刚刚发展起来的连锁经营的萌芽被战时经济所吞没。

（2）起飞阶段（1955—1964年）。战后日本经济化为一片废墟，10年之后才重新起步，但起步后发展迅速，大众消费日益复苏。日本商界开始扩大对零售业的投资，对后来影响较大的大荣、伊藤洋华堂等知名连锁企业都在这一时期成立。这些连锁企业的诞生不仅带来了工业生产技术的突飞猛进，促进了社会化大生产，而且有力地改变了国民生活方式。

（3）重组期（20世纪70年代）。20世纪70年代，日本开始积极向美国学习，引进麦当劳、肯德基等著名连锁企业，同时学习美国连锁企业先进的管理技术和经营模式，带动日本连锁企业的发展，将连锁经营由商品零售业扩大到服务业、餐饮业，健全了日本连锁经营的体系。

（4）飞速发展期（20世纪80年代后）。20世纪80年代后，日本先进的信息技术应用到了连锁企业的发展中，销售信息管理系统（POS）和企业内部信息通信网（LAN）逐步得到推广，日本的连锁企业由此获得了高速发展的"助推器"。如今，日本的连锁经营具备了相当的规模与实力，范围广泛，涵盖食品、服装、日用品、餐饮、旅游、服务等，虽然规模无法与美国甚至欧洲相提并论，但其小型连锁企业的成功还是比较有特色的。

2.发展特点

（1）政府干预色彩浓厚。针对超级市场大型化对中小零售企业造成的威胁，日本政府一方面推行"限大扶小"策略，修改法律把超级市场列入限制发展的范围；而另一方面积极支持中小零售企业连锁化，制定政策，从税收、贷款等方面给予中小企业优惠待遇。如1966年日本政府提出零售商业连锁化政策后，20世纪70年代初期便开始对中小企业提供长期低息贷款，扶持中小企业发展。

（2）学习中有创新。日本的连锁经营从概念到操作都学习模仿了欧美的模式，但在发展过程中，根据本国经济发展和居民消费特点进行了不断创新，而这些创新此后在很多方面也反过来影响了欧美连锁经营的发展。

📖 **案例讨论**

日本麦当劳为什么大获全胜？

日本麦当劳是由美国麦当劳和藤田商社共同出资设立的，在和美国麦当劳合作之前，藤田商社花了3年的时间调研麦当劳。藤田商社不仅是一个忠实于美方开发技术的学习者，而且是对其不断改革的创新者，以至于后来向美国麦当劳反输出技术。

藤田商社在导入POS系统后，把客人无须下车就可以买到东西的"免下车"服务方式加以改善，而且在开业前认真详细地研究了麦当劳的教育体系。同美国麦当劳相比，藤田的人员管理和训练做得十分出色，在麦当劳严格的运作程序外，藤田商社认为，"一个店的风格是由全体服务人员来决定的，最大的责任应交给生产效率最高的服务群"。社长藤田对所有员工都很照顾，每位员工在生日那天不但可以放假一天，而且会有一封藤田先生亲笔写的祝贺信及1万日元奖金；每年樱花节，他会给每一位员工5000日元的红包，这种关怀成为员工竭诚为公司服务的内在动力。

同时，日本麦当劳还充分利用计时工，计时工在所有员工中占95%以上，这也在很大程度上节省了劳动费用。1983年，日本整个餐饮业处于低潮，餐饮业的平均增长率只有4.1%，而日本麦当劳却增长了20.4%，藤田本人也在1984年被推选担任美国麦当劳总部的董事。

其他许多著名的连锁经营系统在日本也有类似的经历，正是这一系列的融会贯通、推陈出新，日本的连锁经营开始"青出于蓝而胜于蓝"。

【思考】请分析日本麦当劳对美国总部的学习和发扬对其自身的影响。

资料来源于《日本麦当劳为什么大获全胜？》，创业加盟网，2014-05-15。

（3）自由连锁率先发展。日本连锁业在起步之时就有着区别于欧美连锁经营的特点，各国的连锁经营基本上都是从直营连锁起步的，唯独日本的连锁业是从自由连锁开始发展的。这主要由于日本中小企业发展有力，中小企业有联合对抗大型企业的意识，而且中小企业也得到了日本政府的支持。

三、中国连锁经营的发展

（一）内地连锁经营的发展

在中国改革开放40多年的历程中，连锁经营作为一道亮丽的风景线，迅速渗透到中国人生活的各个方面。饮食、购物、旅游、娱乐、教育、居住、投资，几乎生活的所有领域都在与一个个连锁企业打交道，中国消费者正在体验过去从未有过的现代生活，在国内就能享受纯正的异国文化，而国内的连锁企业也正在努力将中国传统文化通过连锁经营的方式推广到世界各地。

知识链接

2020年中国连锁百强

2021年6月7日，中国连锁经营协会公布了"2020年中国连锁百强"名单。2020年中国连锁百强销售规模近2.4万亿元，比上一年下降了7.2%，占社会消费品零售总额的6.1%，比上一年下降了0.2%。2020年，新冠肺炎疫情给企业经营造成不利影响，同时新会计准则的实施以及社区团购的快速扩张也是百强企业销售下降的影响因素。2020年中国连锁百强前十强见表1.1。

　　虽然遭遇了自 1997 年协会有统计以来百强企业整体销售的首次负增长，但从企业 2020 年新开门店情况看，连锁百强逆势布局的信心依然不减，2/3 的企业门店总数比上一年有所增加。百强企业的门店总数比上一年增长 8.2%，专业店、超市、便利店企业门店数同比增长分别为 19.5%、8.5% 和 5.3%，百强企业新开购物中心数量也比上一年增长了 8.2%。

表 1.1　2020 年中国连锁百强前十强

序号	企业名称	2020 销售（含税）/万元	销售增长率	2020 门店总数/个	门店增长率/%
1	苏宁易购集团股份有限公司	41631500	9.9%	9786	19.1
2	国美零售控股有限公司	14075200	10.3%	3421	31.5
3	红星美凯龙家居集团股份有限公司	10801876	−14.0%	476	11.2
4	永辉超市股份有限公司	10453915	12.2%	1172	−18.6
5	高鑫零售有限公司	9548600	0.1%	514	5.8
6	华润万家（控股）有限公司	8782800	−7.6%	3261	0.8
7	沃尔玛（中国）投资有限公司	8740100	6.2%	429	−2.9
8	中石化易捷销售有限公司	8060000	15.1%	27672	0.3
9	居然之家新零售集团股份有限公司	6574000	−18.9%	502	16.7
10	物美科技集团有限公司	6291580	26.2%	1589	17.6

资料来源于中国连锁经营协会。

1.内地连锁经营发展先锋区域

　　（1）北京。作为中国政治中心的北京，现代商业活动在 20 世纪 80 年代以后开始蓬勃发展，仅在短短的两三年间，百货门店、购物中心、平价商场、仓储式商场、连锁店、超级市场、专卖店、快餐店等如雨后春笋般地遍布大街小巷，其中连锁店的发展对于北京市商业流通改革的影响最大。北京的连锁店发展带有浓厚的国有企业转型的特点，1992 年首先实施连锁经营的北京希福连锁店，其发展过程可代表北京连锁业的成长历程。希福连锁店的前身是西城区副食品菜蔬公司属下的 6 家小副食店，由于经营不善正面临倒闭。变身连锁店后，希福进行大刀阔斧的重整，走正规连锁与标准化经营的道路，实行统一核算、统一进货、统一价格、统一促销等，以高度集权化管理，很快就发展出 19 家分店。

　　北京一向以老字号多而著称，如全聚德烤鸭、同仁堂中药、东来顺涮羊肉等均闻名中外。虽然这些老字号店家在全国各地早有分店，但这种以同一品牌联营的方式，并不符合连锁经营在财务、采购、价格、管理、促销、标志、营业时间一致性的要求，因此仅能称为联营而非连锁。1987 年，美国肯德基在北京开设中国第一家快餐店，北京老字号开始学习现代化连锁经营方式、特许连锁方式等，并凭借老字号的独有吸引力，在市场上进行快速扩张，为自身创造最大的品牌收益。

🛒 **连锁资料库**

中华第一吃——全聚德

百年老字号——全聚德创建于1864年（清朝同治三年）。在百余年里，全聚德形成了以独具特色的全聚德烤鸭为龙头，集"全鸭席"和400多道特色菜品于一体的全聚德菜系，在餐饮界占一席之地，被誉为"中华第一吃"。

过去北京人一说吃全聚德烤鸭，都知道可以去3个地方：前门、和平门、王府井。1993年，全聚德集团成立后，大力推行连锁经营战略，重点打造几大直营店。现如今，全聚德在北京、上海、重庆、长春等地的品牌直营店已达15家，此外，全聚德的连锁经营还分布在海外。目前，包括国内外的特许加盟店在内，全聚德门店数量已达到了70家。全聚德也成了中国本土餐饮企业最早运用连锁经营的企业之一。

全聚德在北京直营店所卖的烤鸭全是挂炉果木烤制，而在海外由于受到原材料的限制，全聚德自主研制出了完全电脑控制的全自动、标准化的智能鸭炉。全聚德的烤鸭对时间、温度和湿度全都有统一的标准，因此确保了每只烤鸭一个味儿。此外，全聚德各大门店都全面执行全聚德制定的特色菜品的统一操作标准，用天平来称花椒、用红外线测温仪测量炉火的温度、用千分尺来量烤鸭饼的厚度……40多道特色菜品的标准化程序，成功将业内认为中餐"不可能"实现的标准化变成了现实。

【思考】请分析老字号走新道路的条件。

资料来源于作者根据相关资料整理而成。

（2）上海。上海始终是中国改革开放的排头兵，在连锁经营和超级市场的发展中，上海又一次走在了全国前列。1991年9月，上海联华超市在一条弄堂里开出了第一家真正意义上的超级市场，营业面积800平方米，销售近3000种日用工业品和副食品，激起了消费者高涨的"超市购物热"，门店开业1个月内顾客天天要排队进店购物。1993年，上海一家华联商厦投资经营的超市，创下1天内同时开设6家超市的盛况。

上海还深受国外连锁巨头的青睐，很多国外连锁企业进军中国的第一站往往都选择上海。创办于1962年的沃尔玛以"天天平价、满意服务"的策略登陆上海滩；创办于1964年的麦德龙也在上海大量开店；麦当劳、肯德基等品牌更是将中国总部设在了上海。上海连锁业竞争异常激烈。

🛒 **连锁资料库**

上海零售老大——百联集团

百联集团是上海市属大型国有重点企业，是由原上海一百集团、华联集团、友谊集团、物资集团合并重组的大型国有商贸流通产业集团，挂牌成立于2003年4月。百联集团的重组是上海市委、市政府站在建设国际经济、金融、贸易、航运中心和现代化国际大都市国家战略的高度，应对我国全面开放零售业市场和服务贸易领域带来的严峻挑战，增强大型国有企业的活力、影响力和带动力，打造上海现代服务业新高地的重大举措。

百联集团注册资本 10 亿元，总资产 800 亿元，主要经营有色金属、黑色金属、汽车、化轻、机电、木材、燃料等大宗物资贸易，涉及电子商务、仓储物流、消费服务、电子信息等领域。

百联集团旗下荟萃了上海第一百货商店、上海第一八佰伴、东方商厦（连锁）、永安百货、上海虹桥友谊商城、上海时装公司、上海华联商厦、上海妇女用品商店、百联上海南方购物中心、百联上海西郊购物中心、百联上海中环购物中心、百联上海又一城购物中心、百联上海世茂国际广场、百联上海东郊购物中心、百联上海金山购物中心、百联上海世博源购物中心、百联重庆购物中心、百联沈阳购物中心、百联上海奥特莱斯、百联杭州奥特莱斯、百联武汉奥特莱斯、百联无锡奥特莱斯、百联南京奥特莱斯、联华超市、华联超市、世纪联华、华联吉买盛、快客便利、上海旧机动车交易市场、上海有色金属交易中心、上海第一医药商店、亨得利亨达利钟表、茂昌吴良材眼镜、上海拍卖行、上海国际商品拍卖行、百联E城、百联物流、百联物业、百联电器、上海外供等一大批享誉沪上、闻名全国的商贸流通企业，拥有以上海为中心，辐射长三角，连接全国 20 多个省、自治区、直辖市的近 4000 家经营网点，从业员工近 20 万人，是国内大型的国有商贸流通产业集团。

【思考】调查了解百联旗下的连锁企业品牌。

资料来源于作者根据相关资料整理而成。

（3）广东。广东也是我国连锁商业发展较早的地区之一，得益于地域优势及改革开放先行一步，广东在全国较早导入了连锁经营这一现代流通方式和组织形式。我国的第一家超级市场就是 1990 年 12 月出现在广东东莞的美佳超市。广东作为连锁药店的发源地，更是以领头羊的姿态领跑全国。广州的健民、采芝林，深圳的海王、中联、一致等 5 家公司最早播下连锁经营的"种子"，也是全国同行业的领跑者和示范点。珠海、汕头、东莞、佛山、中山、顺德、湛江等地的一批国有和民营医药公司紧随其后，也相继开办了大批连锁药店。

2. 内地连锁经营发展阶段进程

从 1978 年开始，作为改革开放最早的领域，零售业经历了 40 余年发展，从物资短缺需要凭票购物到商品丰富琳琅满目，从货郎挑担吆喝到零售连锁集团，从排队抢购到送货上门，从现金交易到移动支付，从国营商场一家独大到外资巨头强势进入，再到民营企业百花齐放，国内连锁零售业 40 余年间改头换面，焕然一新。

（1）1978—1989 年：现代连锁起步。这一阶段国家的重心转向经济建设，生产力提高，经济快速发展，社会稳定，居民收入显著提高，消费需求旺盛。这对于零售行业来说充满了新的机会，各种"首家""最新""第一"纷纷出现。20 世纪 80 年代初，国内零售企业开始最初的信息化建设，最早的自选市场、专业电脑市场等新型业态在北京出现。1987 年，肯德基在北京前门大街开设了中国大陆地区第一家门店。同年，前门大街十字路口西北角一家不起眼的电器店开业，这里是国美电器成长的起点……在市场空白期，先行者获得了很多的市场机会，他们作为探索者拥有时代赋予的先发优势。

（2）1990—1998 年：商超蓬勃发展。这一阶段，国内良好的经济形势和消费动力吸引了大量国外连锁零售企业抢滩中国市场，国内国有、民营企业也在激烈的竞争环境中诞生和发展。1990 年，麦当劳在深圳开设中国大陆地区第一家门店，此后和肯德基在国内始终引领"洋快餐"市场；同年 12 月，广东东莞虎门镇糖烟酒公司创建了我国第一家连锁超市——美佳超市，这一年开始起步的还有苏宁电器；1991 年 4 月，上海一百和日本八佰伴合资；1992 年，北京燕莎、赛特购物中心开业，宣告国内现代百货新时代的开启；1993 年，连锁扩张已经成为零售行业普遍共识；1995 年，麦德龙进入中国市场；1996 年，全球零售老大沃尔玛进入中国；1998 年，大润发进入内地开始扩张……全新业种、全新业态相继出现，零售企业开始关注规模化发展，通过连锁、合资方式做大企业，追逐规模优势。而这个阶段最显著的特点是百货商店和超级市场成为强势的领域，无论是外资、国有或是民营，很多做大的连锁企业都是在这个阶段创立或者进入中国市场的。

（3）1999—2008 年：电商强势崛起。这一阶段国内经济发展，物资丰富，消费市场开始转入买方市场，消费者意识日渐成熟。2000 年，中国零售业正处于百货商店主导的时代，国美电器刚刚开始异地扩张，苏宁从空调销售变身为综合电器销售，连锁店正方兴未艾，行业从最初的跑马圈地、粗放扩张开始思考变革。而另一股力量——电子商务也开始进入探索阶段。1999 年，中国第一家 C2C 电子商务平台 8848 诞生；2003 年，C2C 模式的淘宝网上线；第二年，京东商城的前身——京东多媒体正式进军电子商务；2006 年，腾讯成立拍拍网；2008 年，唯品会成立……本土零售企业在国外巨头大举进攻的强势竞争之下，非但没有退缩，特别是刚刚诞生的民营企业没有被扼杀在摇篮里，反而越战越勇，在学习、模仿、创新中走出一条具有自身特色的发展道路，如永辉、大润发、苏果等现在已经享誉全国的连锁品牌都是在这一时期蓄势成长的。这一阶段，以互联网和移动互联网为基石的零售革命也快速走过萌芽期和发展期，带动我国成为全球零售行业最发达的地区之一。

（4）2009—2017 年：商业模式创新。这一阶段可以称为传统电商的辉煌时期，而遭遇电商强势冲击的连锁实体店一度陷入关店潮，"实体将亡"的声音甚嚣尘上。大量门店关闭的背后是门店商品供应与消费者需求的失衡，也是消费目的地和消费场景重构的开端，零售业转型迫在眉睫。在经历短暂低迷之后，不断调整自身的实体店也开始站稳脚跟，深挖实体店优势，线上线下双管齐下，O2O、全渠道、平台化、社群、团购、"到家""智慧"和"无人"等概念纷纷落地，快速实践，有成功，有试错。这一阶段，从实体店和电子商务之间的对立、对抗，到实体店节节败退、束手无策，再到这几年实体店稳住阵脚、开始反击，两者互相融合、你中有我、我中有你。

（5）2017 年至今：数字零售发端。这一阶段我国零售业已进入百花齐放、百家争鸣的时期，以 2016 年杭州云栖大会提出的"新零售"概念为起点，线上线下、电商店商的争论归为一体，融合成为共识，数字化成为商业基础设施。融合的不仅是到店、到家的场景，还有门店的业态和类目，在盒马鲜生、超级物种等融合了餐饮、零售两大领域之后，越来越多的"四不像"门店登场。所谓的新零售是指以消费者体验为中心的数据驱动的泛零售形态，"乱花渐欲迷人眼"的商业概念出现得越来越频繁，但新零售终究还是要回归零售的本质，那就是以更优质的商品、更低廉的价格、更高效的渠道提供给消费者更良好的体验。一切的技术包括数字化都是工具，本质是提高效率，根本是优化消费者体验。

3．内地连锁经营发展现状与特点

（1）起步较晚，发展迅猛。连锁经营的起步和发展是社会经济发展到一定阶段之后出现的，中国内地的社会经济状况在1978年改革开放之后走上了稳定、开放、发展的道路，为国内连锁经营发展提供了合适的土壤。业内一般认为中国内地连锁业起步于20世纪80年代中后期，晚于美国、欧洲、日、韩等国家和地区，至今不过30余年的历史。但是中国内地连锁业起步虽晚，基于国内广大的市场红利和稳定的市场状况，发展却异常迅猛。在国外零售巨头凭借品牌、资金、管理等优势"大军压境"时，中国零售业不仅善于学习世界发达国家和地区零售业的先进管理理念和技术，而且在激烈的市场竞争中努力拼搏、不断创新，积累了具有中国优良传统和现代特色的经验，诞生了一大批具有相当竞争力的零售企业。从每年中国连锁经营协会公布的中国连锁百强榜单中可以看出，在30多年的时间里，中国已经涌现出一大批门店数量和销售业绩傲人的大型连锁企业。中国连锁经营企业为国内零售业发展发挥了重要作用，中国已经成为世界上零售业和连锁经营发展速度最快、水平最高的国家之一。

（2）大卖场成为发展最快业态。从近几年中国连锁经营协会公布的中国连锁百强榜单及其相关数据可知，国内发展速度最快、规模最大的连锁业态是大卖场，包括超市大卖场、家电大卖场、家居大卖场。近几年中国连锁百强前十强中除了中石化易捷为便利店业态外，其余九家企业均以大卖场业态为主，包括苏宁、国美、红星美凯龙、华润万家、大润发、沃尔玛、永辉、居然之家、物美等。超市、家电卖场、家居卖场面向的受众广大，中国内地众多的消费者群体支撑了该业态的市场需求，同时大卖场所销售的商品标准化程度较高，也有利于该业态的复制扩张。

（3）从追求门店数量到追求门店质量的转变。中国连锁经营已经从刚刚起步阶段的一味追求扩张门店数量向提升门店质量的方向转变。通过做大规模连锁企业可以享受品牌效益、市场效益和成本效益，因此连锁业发展初期会尽可能追求门店数量的扩张，以便享受规模效益。但规模可以出效益，规模却不一定出业绩，很多连锁企业虽然迅速扩大规模，却也可能惨淡收场，这让越来越多的连锁企业意识到，不仅仅要扩大门店规模，更重要的是门店经营的品质和业绩。从近几年中国连锁经营协会发布的百强榜单上可以看出，虽然很多知名连锁企业门店数量有可能呈现出负增长的态势，但企业总体销售业绩却是增长的。

（4）线上业务提速，"到家"能力增强。近几年中国连锁经营协会发布的百强榜上很多连锁企业门店数量都在下降，但企业总体销售业绩增长，除了实体店业绩提高之外，还有一部分来自线上业务的贡献。中国连锁经营协会对2020年连锁百强的分析指出：销售额的增长部分得益于全渠道业务的积极拓展。2020年，百强企业线上销售规模达到5600亿元，比上一年增长

12.0%，占百强销售规模的23.3%。专业店平均线上销售占比最高，便利店最低。百强企业平均线上销售占比为4.3%，其中超市企业线上销售占比为2.1%，百货线上销售占比为1.2%，便利店线上销售占比为0.6%，专业店线上销售占比为21.9%。

百强企业的超市业态普遍开展了到家业务，其中1/3的企业到家业务已在全部门店铺开，约一半企业则在部分门店实现，其余企业还在尝试阶段。到家业务的平均客单价约为84元，单店日均订单56单。到家业务的逐步拓展也对单店效率产生正向影响，全面铺开的企业相较部分铺开和尝试阶段的企业，到家订单的客单价高达92元，人均单店订单数达95单。前置仓是支持到家业务的基础设施，百强企业的超市中约有1/3的企业设置了前置仓，前置仓大部分依托现有门店运营。

互联网、大数据、云计算等信息技术在我国应用得越来越普遍和广泛，居民消费需求发生较大的变化。伴随着零售业发展的宏观政策、技术需求环境的持续改善，今后零售企业线上线下全方位深入融合、多元消费场景、多业态协同提供一站式聚合服务的特征将日益明显。

（5）渠道下沉，低线市场发展稳健。中国广阔的地域市场给连锁零售企业也提供了较好的发展机遇，即便在竞争日益激烈，一线、二线、三线市场逐渐饱和的情况下，中国依然拥有庞大的四、五、六线市场。早年间，三线以下农村市场由于受经济发展、交通条件、消费者购买力和购买动机等条件的限制，不受零售企业的重视。但随着网络技术和交通条件的改善，中国农村市场庞大的人口红利逐渐显现，类似"小镇青年"等消费群体开始引起商家的关注，在一线、二线市场竞争激烈的背景下，多数连锁企业纷纷选择渠道下沉，抢占低线市场。县级市场、乡级市场甚至村级市场开始成为大型零售商网点布局的目标，也为他们在规模化道路上提供了更进一步扩张的可能性。

📖 案例讨论

去下沉市场创辉煌

中国市场是一个金字塔型的结构，越往下规模越大，金字塔底是一片辽阔无垠、潜力无限的长尾地带。这里有将近300多个地级市，2800多个县城，4万多个乡镇，66万多个乡村，人口规模近10亿。在这里，拼多多看似捡漏，却轰轰烈烈地刷新了中国互联网企业的最快上市纪录；正新鸡排和蜜雪冰城避开一线、二线市场的厮杀，在看似隐秘处以同品类最快速度默默把门店开到上万家；原来高高在上的喜茶、奈雪也开始瞄准这里，三线、四线城市的开店数量已经超过二线城市；国际品牌特斯拉、优衣库、星巴克也加快渗透步伐；还有地产界的碧桂园、食品界的娃哈哈、鞋服界的安踏、快餐界的华莱士……都曾在这片广袤的土地上缔造过属于自己的商业辉煌……惊人的规模、可观的利润和看起来再传统不过的生意，却在这里长成庞然大物，这里就是"下沉市场"。

【思考】请分析下沉市场对中国零售业的意义。

资料来源于沈帅波：《去下沉市场"割韭菜"》，销售与市场网，2021-08-13。

（二）港台地区连锁经营的发展

1.台湾地区

依据台湾连锁店协会出版的《连锁业发展年鉴》记载，台湾地区的连锁业发展历程可追溯至 1956 年，当时较有名的连锁店有天仁茗茶、郭元益饼铺、宝岛钟表公司等。连锁体系多为直营连锁模式，且连锁门店数扩张速度颇为缓慢，直到 1961 年正章洗染店以直营、特许加盟并行的方式快速扩张，2 年之内共发展到百家以上连锁店，成为台湾连锁业快速发展的开端。而统一超商于 1980 年引进美国南方公司的连锁便利店经营技术，首创台湾企业与国际连锁体系技术授权经营的先例，可称作台湾流通业第一次通路革命。

1984 年，麦当劳西式速食店进入台湾市场，短短两三年内先后有 10 多家西式速食连锁体系纷纷被引进台湾，为台湾餐饮业及连锁经营模式带来另一次革命。连锁经营模式也借助业种、业态的扩张，渗透进服饰、餐厅、超级市场、食品、钟表、房屋中介、美容美发等其他行业。连锁业在台湾蓬勃发展并已成为一种企业经营的风潮。1991 年，9 家台湾连锁业的先驱发起成立"台湾连锁店发展协会"，将连锁业带入以增进消费者利益与整体健康为发展方向的正途。

回顾台湾连锁业发展历程，统一超商与美国南方公司的技术授权经营、麦当劳速食的引进以及连锁店发展协会的设立可谓 3 个重要的发展里程碑。据此，台湾连锁业发展历程可分为本土模式经营、国际连锁引进、多业态蓬勃发展、整合国际拓展 4 个阶段。

🛒 连锁资料库

台湾统一超商

台湾便利店密度高居世界之冠，截至 2020 年底，台湾地区主要连锁式便利商店包括统一超商、全家便利商店、莱尔富、来来超商及台糖蜜邻等五大品牌，门店共计 1.1985 万家，平均每 1966 人就有一家连锁式便利商店，在地狭人稠的台湾创造出另一种奇迹。其中，最有代表性的是统一超商，自 1978 年创立以来，其发展并非一路顺畅，创立前 8 年都处于亏损状态，亏损累积超过初创期的资本额 1.9 亿元，差点结束经营。经过 4 次定位、大幅重整，才成就如今的辉煌。经过 40 年的演进改善，统一超商建立起现代化、效率化的物流体系、后勤制度、服务系统，配合创新的营销手法，与台湾民众密切互动，带动了民众消费形态的演进。街头巷尾随处可见的熟悉的橘绿红三色招牌，潜移默化地改变了台湾民众的消费习惯。统一超商的经营 Know-how 更被写进连锁流通教科书，成为标杆案例。

【思考】台湾便利店如何在高密度下实现有序竞争？

资料来源于作者根据相关资料整理而成。

2.香港特别行政区

香港经济的特点是适应性强和反应快。当连锁经营在欧美一些发达国家逐渐流行的时候，香港于20世纪60年代也开始引进这种经营模式，时间上和日本差不多。在香港最先采用连锁经营的行业是餐饮业，当时最具代表性的是一家以盐焗鸡出名的东江菜馆，分店开遍港九新界，可以说是最早有影响力的餐饮业连锁店。在商品零售方面，率先采用连锁式经营的则是惠康和百佳两大超级市场，其连锁店已经无处不在。20世纪70年代，香港经济开始起飞，民众消费能力提高，连锁经营模式被广泛采用，除了餐饮业和超级市场外，越来越多的其他服务性行业和商品零售业走上连锁道路。

在香港，无论是在繁华的商业中心如铜锣湾、尖沙咀一带，还是在中环或是在沙田、屯门的新市镇，到处都能看到连锁店的"触角"。比如服装类有堡狮龙、佐丹奴、班尼路、彪马等；餐饮业快餐有大快活、大家乐、美心以及外资的肯德基、麦当劳、必胜客等；饮品类有许留山、同治堂等；中餐则有北京楼等；电器类最著名的是丰泽电器和百老汇两家；洗衣店有恒隆白洋舍等。在香港零售市场上，面包、甜品、冷饮、咖啡等食品行业和家具、相片冲洗、灯具、玩具、眼镜、鞋、香水以及金器、珠宝、手表等，都有很多规模不大但分布较广的连锁店。许多服务行业，如教育、培训、地毯刷洗、房屋清洁和管理、配钥匙、速印、美容、修车、电脑科技、影视产品租售、房屋租赁代理等也开始发展连锁商店。可以说在香港，只要居民生活需要、有较大市场的产品和服务，就有连锁商店的渗入。

🛒 **连锁资料库**

背靠大树的屈臣氏

从19世纪起步于广州的西药房，到现在发展成为个人护理用品店中的翘楚，屈臣氏无疑获得了巨大成功。从药房转型到个人护理用品店，屈臣氏完成了目标人群、商品定位、营销策略和资源整合等全方位的转型，可以说，屈臣氏的成功从头到尾都贯穿着巨大的创新勇气和独到的决策眼光，独特性以及与之配合的周到性是屈臣氏成为标杆的原因。截至2020年底，屈臣氏经营着12个零售品牌，在全球27个市场布局了16167家店铺，是全球最大的国际保健及美容产品零售商。

屈臣氏最早是在1828年由一位名叫A.S Waston的英国人在广州开的一家西药房演变而来的。这个以药店经营起家的公司在1981年成为李嘉诚旗下和记黄埔公司全资拥有的子公司。和记黄埔则独辟蹊径，以18~35岁女性作为屈臣氏的目标顾客群，即使在40多年后的今天看来，我们仍为其当时的勇气与创新精神所折服。屈臣氏背靠大树好乘凉，李嘉诚旗下有各种产业，其中房地产是很大一块。在每次商业地产的建设初期，屈臣氏都会获得最好的位置，而屈臣氏的进入又会带动地产的价值增值。

【思考】请分析屈臣氏的市场定位策略。

资料来源于《屈臣氏——蜕变的成功》，《21世纪药店报》2009年9月2日。

单元三   连锁经营成功的原因

当今世界，盘踞零售业巅峰的企业大都实行了连锁经营，这绝非偶然，而是现代商业社会的必然选择。事物成功的原因是内因、外因共同作用的结果，内因是决定性因素。连锁经营作为一种商业模式，它的成功在于其内在独有的特性，同时得到社会经济物质发展条件的支撑。

一、连锁经营发展的内在特性

（一）规模化的经营方式

连锁企业作为同一系统又拥有众多门店的组织结构，同时具有大企业的规模优势和小门店的灵活优势，实现了统一决策和分散经营为一体。这就好比一棵参天大树，既有一个庞大的身躯，显示强大的实力，又有众多敏锐的根须，体现灵活的适应性。这是传统的单店经营无法同时具备的优势。

从运营的角度来看，连锁企业通过门店扩张编织了一张大网，门店越多，编织的网络越大，能覆盖的市场也就越大。而门店越多，这张大网的影响力也越大，影响力体现在对上游供应商，也体现在对下游顾客。最明显地体现在连锁企业的采购环节，传统的商业企业购销合一，连锁企业则将采购和销售两种职能分开，总部负责统一采购，而门店负责分散销售。首先，众多门店商品采购汇总之后数量庞大，由总部统一向供应商采购，提高了总部与供应商谈判的砝码，能够最大限度压低进货成本；其次，由于集中采购减少了与采购相关的人工成本、交易成本，有效控制了库存费用和运输费用；再次，由总部采购人员统一采购提高了采购的专业化程度，有利于规范采购业务流程，尽可能避免采购环节出现腐败行为；最后，购销分离也有利于门店能够集中时间和精力做好商品销售工作。连锁企业中每一家门店都是其他店的"活广告"，一家店建立了声誉，等于整个连锁体系中所有门店都相应提高了美誉度。连锁经营在适应生产专业化的同时，经营活动适应分散化、多元化、贴近服务的消费特点，实现了现代化大生产、商业经营规模化与消费需求多元化的有机结合。

（二）网络化的组织形式

连锁经营既是一种经营方式，又是一种组织形式，是由一个总部和众多的门店所构成的企业联合体，被纳入连锁经营体系的门店，如同被一条锁链相互连接在一起，所以称之为"连锁商店"。传统企业的组织形式虽然也存在着一定程度的联合，但更准确地说应该是局部的合作，如工商联营、引厂进店或多方合作开发技术项目、产品及市场。而连锁经营组织形式的联合则是整体、稳定、全方位的，所有的连锁店铺都使用同一个店名，具有统一的店貌，提供标准化的商品和服务，而且连锁企业的形象及其标志一旦确立便会一以贯之。

连锁经营的种种统一，恰恰是组织化程度提高的结果。连锁企业是以公司总部为核心、采购部门和配送中心为纽带，由若干个连锁门店组成的网状组织结构。

这个网状的组织结构在运行上就像复杂的人体系统，总部是公司的大脑，发挥总体指挥、协调、决策的职责；采购和配送中心是心脏和血液循环系统，承担着为各个组织器官制造和输送养分的任务；而若干个门店则是体系中的组织器官，实现与外部的物质和能量交换。连锁企业组织结构图如图 1.1 所示。只有各个板块各司其职，才能保证系统的正常运转。

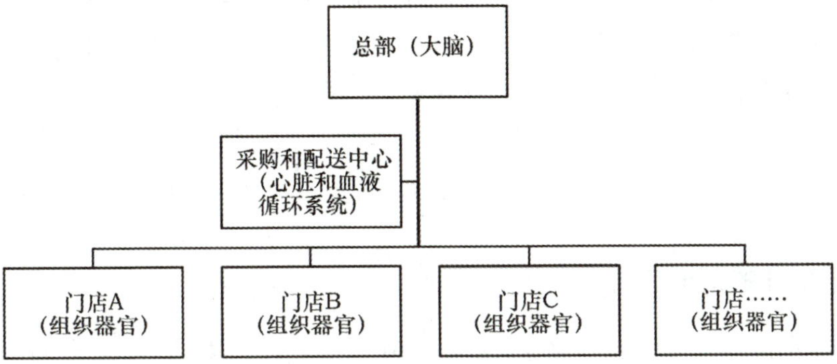

图 1.1　连锁企业组织结构图

连锁经营的特点是点多分布广，形成一个网络化的布局。网络化的布局需要网络化的管理，在信息技术落后的时代，连锁经营的发展是缓慢的，依靠人工的手段，根本无法实现多点之间的联系和数据交换，因此连锁经营的规模和区域都无法真正扩大。进入信息时代之后，计算机技术和网络技术的飞速发展，为连锁经营安上了"助推器"，使得庞大而分散的连锁经营体系运转成为可能。也正因如此，20 世纪 70 年代后信息技术发达的国家其连锁业也呈现出了快速发展的态势。

信息是连锁经营的神经，在初期信息手段比较落后的条件下，连锁经营的效益、规模、布局和发展都受到限制。进入信息时代以来，现代化电子计算机技术为连锁经营插上了翅膀，把连锁经营带进了现代化时代。为了使庞大而又分散的连锁经营体系内部的各类机构能步调一致，有效地运转，连锁企业需要用现代化的管理手段，即实施计算机信息管理。公司总部、采购部门、配送中心以及各个连锁门店都必须建立相应的信息系统，并用远程通信网络系统将整个公司构成一个整体。大型的连锁公司如果没有信息管理系统，就难以实施有效的管理，也难以获得连锁经营的规模效益，连锁门店的成功发展和连锁经营组织形式的网络化在很大程度上得益于计算机和网络技术的广泛应用。

知识链接

数字化——连锁经营的"助推器"

连锁经营通过多点布局，拉近了与顾客的距离，而互联网可以帮助企业更快速地连接客户、更有效地调配资源、更敏捷地应对市场。随着互联网、大数据、云计算等新技术的应用，传统零售业也正接受着数字化的改造。截至 2020 年 12 月，中国网民规模已接近 10 亿，互联网普及率超过 70%，社会消费品零售总额的 25% 通过网络完成，网络支付用户规模达到 8.54 亿，大部分人已经习惯于在线生活状态。可以预见，下一个 10 年，中国数字化的进程将继续提速，万物互联将会覆盖到越来越广阔的领域。

接轨互联网，不仅仅是单纯开个网店，而是实现线上线下一体化经营，不管是线上还是线下，无论哪个销售端口，都可以让消费者可识别、可触达、可洞察、可运营、可服务，真正做到零售全渠道。数字化零售就是打破传统企业面临的线上与线下、前台与后台、门店与顾客、门店与门店之间的各种壁垒，打通各个环节并加以升级改造。

【思考】零售企业如何进行数字化改造？

资料来源于秦朔：《告诉你一个真实的数字化》，参考网，2021 - 11 - 01。

（三）规范化的管理方式

连锁商店采用统一进货、统一经营、统一管理，所辖店铺都执行总部统一制定的经营管理规范标准，这种统一既体现在有形的一致，更体现在观念的认同。经营观念是具有根本性、方向性、全局性的，正是根据经营理念上的统一设计了整个系统运行的轨迹。连锁经营企业改变了传统企业主要依靠经营者个人经验和技巧来管理，无论门店建在哪里，无论谁是店长，都有完整系统的经营标准规范着每家门店的运营。经营标准就是把复杂的经营活动分解成相对简单的步骤，就像由流水线组装汽车一样，提高了生产质量和生产效率。各司其职，明确分工，总部负责经营决策、管理标准的制定，招聘和培训员工，进行商品的采购与配送，制定市场营销和扩张规划，实现投融资以及各项信息的处理；门店则一心一意做好卖场的销售和管理，为顾客做好服务工作。企业各个岗位的工作也尽可能制定简单化的上岗手册，使各个环节的工作都有章可循。

规范化的管理方式集中体现在管理的"三化原则"（又称"3S"原则）上。

1. 简单化（Simplification）

简单化并不"简单"，它意味着一个从繁到简的过程，彻底排除浪费部分、过分部分、不适部分，去掉不必要的环节，使各个环节包括财务、采购、物流、信息等系统工作尽量简化，提高工作效率。

连锁企业的简单化是由其行业特点决定的。连锁企业往往存在业务量不均衡的问题，一般节假日顾客多而集中，而平时顾客少而分散；而一些餐饮店中餐、晚餐时段顾客多而集中，其他时段顾客少而分散，营业时间内忙时和闲时差异很大。因此，门店常常需要在业务量大的时段雇用小时工，而业务量少的时段则不需要过多人员以节约人工成本。但小时工稳定性差，流动性大，对于复杂的作业，增加训练的时间不仅加大了培训成本，而且会降低服务质量。解决这一难题最有效的办法就是将作业简单化，使初次来店的工作人员稍加训练，就能迅速熟悉作业内容，快速上岗。成功的连锁企业做大做强的最大原因莫过于化繁为简的流程，流程化管理即为门店管理的方方面面制定相应的流程模板，并通过标准化手册、制度、培训以及考核等手段，确保流程得到标准化执行的过程。一般情况下，连锁企业会制定工作手册来指导员工工作，这种手册对各个岗位的工作任务尽量简化，并进行明确的规定，有利于员工在最短的时间内掌握。

案例讨论

太二，从减法开始

太二酸菜鱼，一家开店于广州、火爆于华南，并正向全国扩张的连锁餐厅，在5年间以126家餐厅的数量做出了12.7亿元的营收。这样一家开在购物中心、装修风格简约、客单平均消费76元、菜品不多、连茶水都得自己倒的餐厅，却制造了排队神话。从2015年到现在依然在不断扩张，以较少的开店数占据最高的市场份额，从3万多家酸菜鱼餐厅中突围，成为该品类的第一名。太二的秘诀是做减法。

方法一：在SKU上做减法。

太二的菜单极为简单，它是所有中式餐厅中单品数（SKU）最少的，包括饮料、小吃在内，仅有24个，第一家店甚至只有18个。鱼只用1种，顾客不能选择鱼的种类、鱼的大小；口味只有1种，就是最经典的麻辣，顾客不能选择辣度；规格只有3种：1至2人份、3至4人份和土豪份；配菜只有4种：金针菇、豆腐、粉丝、红薯粉。

方法二：就餐流程做减法。

太二是社交恐惧症的天堂，它的就餐流程实在太简单了：在线预订位置、自助等桌、自助点餐、自助加水、自助加菜，最后还自助打包，几乎所有流程都能用手机完成。就餐期间，店员除了上菜以及提供餐具外，再也没有多余的服务了。顾客可以通过手机进行下单支付并且开具收据。店内也无人倒水，自己可以去调配想要的网红茶。如果将消费者与服务员交谈一次作为一个触点的话，太二只有门迎、上菜两个触点。

方法三：就餐场景做减法。

太二把自己定位为一家纯吃饭的餐饮店，只设2人桌和4人桌，超过4位不接待。门店只吃饭，剔除了诸如商务应酬、生日会等场景消费。太二出餐快，就餐快，以高达4.9的翻台率做成行业领军企业。一直以来，餐饮业内总是以提供极致服务的企业作为标杆，但极致简单同样也是通往成功的战略。

【思考】连锁企业实现简单化有什么好处？

资料来源于邱燕：《为什么太二酸菜鱼就是"对着干"，还能5年开126家、收入12.7亿？》，新浪网，2020-10-12。

2.专业化（Specialization）

现代社会已经形成专业化分工体系，整个社会仿佛就是一条很长的流水线，每个人只守一个位置，而且越分越细，这是提高生产力的需要。连锁企业高效率的专业化分工配合将带来极大竞争力，其专业化表现在总店和门店的分工，总公司负责企业战略管理和经营策略，包括形象设计、门店开发、市场开拓、内部布局、商品采购、经营方向、人员培训等，门店则根据总部的总体部署和统一安排，集中精力做好销售工作，负责商品陈列、服务顾客等直接面对消费者的经营活动。专业化也表现在各个部门之间的职责分工各司其职，分管商品采购、销售、物流、财务、人事、信息、门店扩张等业务板块，不同部门的设置是连锁店专业化分工的组织保证。随着专业化的深入，不同岗位的分工更进一步提高了连锁运营的效率，比如采购专业化的深入，不同工作人员负责不同类别商品的采购；生鲜商品、干货食品、日用百货等，涉及的商品知识、仓储物流等均有较大差异，须有专职人员分别负责。

3.标准化（Standardization）

标准化在一定程度上是专业化与简单化的体现，因为连锁经营的最大特征之一就是具备可复制性，只有标准化的体系才有可能得到快速的复制和推广。标准化的目的是确保各连锁门店的统一形象，稳定商品质量和服务品质，简化运营工作，提高门店管理专业度和扩张效率，保证企业低成本运营，减少人为因素对运营可能造成的不利影响。连锁企业标准化主要体现在各个领域经营管理的统一上。

二、连锁经营发展的外在社会条件

连锁经营作为当今世界商品流通和服务业中最具活力的经营方式，在全球都得到了积极的推广，并显示出巨大的发展潜力。连锁经营的产生和发展与环境的变化密切相关，较高的生产力水平、稳定的市场环境、进步的科学技术和人才培育是连锁经营发展的基本条件。

（一）供过于求的买方市场是连锁经营产生与发展的物质条件

从西方国家连锁经营的发展过程来看，连锁经营的发展一般是处于供过于求的买方市场环境中。这是因为若处于卖方市场阶段，商品供不应求，企业只要合理组织货源，及时供货，只需等客人上门就可以获得丰厚的利润；而在买方市场阶段，商品供过于求，市场竞争日益激烈，企业不仅要组织货源向消费者提供商品，而且要采取各种方式去满足消费者追求舒适、购物方便、节省时间、消费时尚化和个性化等多方面的需求，以便在激烈的市场竞争中生存发展，这就使得企业的经营成本越来越高，经营风险越来越大。因此，联合起来共同销售，增设网点降低费用和分散风险成了企业的迫切需要，连锁经营方式才应运而生，并得以广泛发展。

（二）平等、良好的市场竞争环境是连锁经营发展的市场条件

统一、开放、有序的市场是发展连锁经营的重要条件。连锁经营具有开放性、渗透性和辐射面广的特点，这就要求市场环境不存在地区、部门、行业的分割和非经济壁垒，各种生产要素能在市场上有秩序地自由流动。连锁经营的发展不仅需要法律法规的保障，而且需要各种流通要素乃至流通企业结构的调整能够在市场的作用下自动完成，这是连锁经营优越性在竞争中得以迅速发展的重要条件。南北战争结束之后的美国就是因为国内市场得到统一，区域贸易正常发展，出现了世界上最早的一批现代连锁企业；而我国的连锁业兴起于20世纪80年代中后

期，也是因为改革开放之后，我国的政治、经济进入了稳定、快速发展的阶段。

现阶段我国要发展连锁经营，一是要在构造合理的连锁布局结构的同时，着眼于统一、开放、有序的大市场，在国家统筹规划的指导下，发挥中央与地方的积极性，打破部门、地区间的隔阂；二是要积极借鉴国外先进的管理经验，探索中外合资（合作）发展连锁经营的道路，支持我国连锁经营企业走出国门，发展跨国经营，推进连锁经营发展；三是要抓紧制定连锁经营的法规和服务规范，努力与国际惯例接轨，逐步完善具有中国特色的连锁经营法规体系。

（三）现代科学技术和交通信息事业的发展是连锁经营发展的技术条件

连锁经营的产生与发展是和生产力的发展紧密联系在一起的，现代科学技术与先进的管理方法结合在一起，使庞大的连锁经营体系得以灵活运转。由电子计算机、收款机和条形码等组成的POS系统提高了连锁经营的销售效率；现代化的通信技术大大方便了连锁体系内外部的信息交流，使连锁企业总部能够及时地顺应市场变化，实行统一管理；顺畅的交通运输则是连锁体系实行大批量经营，及时将商品配送到各门店，完成统一采购、分散销售的基本条件。因此，现代科学技术和交通信息事业的发展是连锁经营发展的技术条件，美国最早的连锁业就是出现于铁路网和电话网在全国范围内建立之后，而我国近几年以高速公路和高速铁路为代表的交通运输业和以互联网为支撑的通信业快速发展，可以说为我国连锁经营的发展创造了良好的软硬件条件。

（四）现代连锁经营管理人才是连锁经营发展的组织条件

连锁经营是一种现代组织形式和经营方式。连锁公司不同于一般的企业，往往管理着几百家乃至上千家门店，需要大量使用新的采购、配送、物流、营销技术，同时广泛应用信息技术于经营管理的各个环节，必须运用全新的管理模式和现代化的管理手段，这就需要造就一支能经营、会管理、懂技术的连锁经营管理专业人才队伍。否则，整个连锁经营体系会因管理不善而陷入困境，甚至最终崩溃。

知识链接

"连锁经营管理师"被纳入国家职业分类大典

作为商品流通的终端环节，零售业是国民经济的先导产业和基础产业，是消费拉动经济增长的着力点，同时也是吸纳就业的"蓄水池"。2021年9月29日，中国连锁经营协会联合国家信息中心发布《零售业对我国经济社会的影响评估》报告。报告显示，2020年我国零售业增加值超4万亿元人民币，吸纳全职就业人数5761万人，是除农业和批发业之外吸纳就业人数第三多的行业。

一直以来，零售业广泛吸纳社会就业的基础性作用显著，但从业人员整体收入偏低，对于大中专学生来说就业体面度不高。随着行业升级与技术创新，零售业对从业者的胜任力也提出更高的要求。在数字化转型驱动与品质消费升级的背景下，具备互联网思维和服务意识的新型数字化、专业化人才以及具有跨部门、多岗位胜任力的复合型人才将会获得更好的发展空间和就业前景。

2020年2月26日，"连锁经营管理师"被正式纳入国家职业分类大典，这是从国家层面对连锁经营管理职业的肯定。中国连锁经营协会会长裴亮认为，一系列新职业、新岗位的产生无疑为整个行业发展注入了"强心剂"，开辟了更多的就业机会。近年来，依托云计算、人工智能、大数据等信息技术的迅猛发展，凭借一系列利好政策持续发力，数字化变革不断升温，成为助推行业效率提升与优化消费体验的重要引擎，也在很大程度上催生了一批新职业、新岗位，由此为零售业创造了就业的风口。例如大数据分析、数字化营销、客户关系管理、供应链管理、仓储配送、全渠道销售等诸多岗位工作应运而生。

【思考】新零售对从业人员提出怎样的新要求？

资料来源于作者根据中国连锁经营协会公众号相关资料整理而成。

任务训练

一、单选题

1.现代连锁经营作为新的企业组织形式和经营方式，产生于_____。

　A.美国　　　　　　B.英国　　　　　　C.日本　　　　　　D.德国

2.世界上第一家特许连锁企业是_____。

　A.大西洋与太平洋茶叶公司　　　　　B.金库伦联合商店

　C.胜家缝纫机公司　　　　　　　　　D.麦当劳

3.日本连锁业在发展中呈现出自身的发展特点，以下不属于其特点的是_____。

　A.政府干预色彩浓厚　　　　　　　　B.学习中有创新

　C.直营连锁相当成功　　　　　　　　D.自由连锁相当成功

4.下列_____不属于连锁企业规范化管理的"3S原则"。

　A.个性化　　　　　　B.简单化　　　　　　C.专业化　　　　　　D.标准化

5.世界上第一家连锁企业是_____。

　A.大西洋和太平洋茶叶公司　　　　　B.胜家缝纫机公司

　C.本·马尔塞商店　　　　　　　　　D.麦当劳

6.日本在1929年出现的第一家连锁商店是_____。

　A.大东京文具连锁　　　　　　　　　B.大东京洋品商联盟

　C.大东京瓷品连锁　　　　　　　　　D.大东京鞋连锁

7.通过采购权的集中使连锁门店在对外采购时数量较大，总公司可以以较强的议价能力与供应商讨价还价，获得低价进货的优势，降低直接采购成本，这是连锁经营_____优势的表现。

　A.规模化　　　　　　B.标准化　　　　　　C.专业化　　　　　　D.规范化

8.连锁企业可以把自己各个门店中最为成功的经验在整个连锁体系中推广，可以以丰富的开店经验，不断增加新的门店，这要比一个第一次开店的人节约时间和精力，这是连锁经营_____优势的表现。

A.规模化　　　　　B.标准化　　　　　C.专业化　　　　　D.规范化

9.1887年，美国130多家独立的中小食品零售企业联合在一起，统一采购，而各家企业在其他经营方面仍保持各自的独立性，实现联购分销模式，这是世界上第一家_____。

A.直营连锁企业　　　　　　　　B.特许连锁企业

C.自由连锁企业　　　　　　　　D.正规连锁企业

10.1930年8月美国经济危机期间，具有几十年食品经营经验的美国人迈克尔·库伦在纽约长岛开设了世界上第一家_____，这一业态符合了当时美国经济低迷的形势。

A.超级市场　　　　　B.百货商店　　　　　C.便利店　　　　　D.专卖店

二、简答题

1.简述连锁经营的基本特征。

2.简述我国连锁经营发展现状及未来趋势。

三、案例分析题

胖东来的神话

武汉市公布的2020年1月22日至1月28日新冠肺炎捐款名单超出很多人的意料，排名第一的公司是许昌胖东来。许昌，一个中国四线城市；胖东来，一个你可能没听过的企业，竟然第一时间捐了5000万元，超过很多知名企业。同时，胖东来宣布"疫情期间，蔬菜按进价销售"，采购价多少，就按多少钱出售。不仅如此，胖东来接着又发出了一个通知："凡参与本次抗击疫情，坚守岗位造成牺牲的工作人员，只要公司存在，至少给予200万元的补偿金。"此前，在非典时期、汶川地震期间，胖东来也都是第一时间进行巨额捐款的企业。

胖东来到底是一家怎样的企业？

与沃尔玛、家乐福等世界零售业巨头及中国零售业大腕相比，它微不足道。它很小，位于河南省许昌市，市场仅限于许昌和新乡，但它又盛名在外。胖东来用一张密集的商业网络垄断了许昌零售业，从服装、家电到首饰；从药品、餐饮到粮油果蔬，凡与生活息息相关的商品或服务几乎无所不包，只有小部分便利店和烟酒店在夹缝中生存。

做商场超市，它挤倒了实力雄厚、声誉卓著的全国连锁品牌，在该城市的商场中，它使进军该地的世界零售巨头沃尔玛、家乐福延迟开业；做家电，它所在的城市见不到国美、苏宁的影子。

消费者对胖东来赞不绝口，忠实如一；供应商对胖东来交口称赞，不压款、不拖款；胖东来的员工是当地最受人羡慕的群体，高工资、高福利、公共意识好、品德好。

而自2009年后，胖东来却有意放慢脚步，几乎没有再开新店，甚至婉拒多地政府和商家的邀请，控制规模，不开异地新店，只从许昌走到新乡。在2012年春节前，胖东来还关闭了几家门店，据说不是因为生意不好，而是认为自己管理跟不上。

问题：

1.胖东来对待顾客、对待员工有很多被认为"奇葩"的做法，通过网络寻找资料，胖东来的哪些做法让你印象最深刻？谈谈你对这些做法的看法。

2.结合规模化和标准化，谈谈你对胖东来模式的看法。

四、实训安排

观察身边的某个连锁企业，感受同品牌连锁门店，归纳其规模化和标准化的特点和意义。

实训目的：使学生通过实践了解连锁经营的基本特征，掌握规模化和标准化的做法和好处，对比连锁店和单体店的区别，分析连锁经营成功的原因。

实训步骤：

（1）教师布置任务，讲清楚目的和要求；

（2）学生自由组合成立调查小组，每组 3~4 名学生；

（3）各小组初步查找资料，讨论确定调查对象；

（4）各小组针对各自调查对象进行现场调查，收集一手资料；

（5）各小组根据收集到的信息，围绕调查主题展开讨论，撰写调查报告；

（6）各小组汇报调查报告，教师进行中期和后期指导，引导学生提炼结论。

项目二
连锁经营的基本类型

本项目介绍连锁经营的基本类型，以所有权和经营管理权的集中程度可以将连锁经营划分为直营连锁、特许连锁和自由连锁 3 种基本类型。分别分析 3 种连锁类型各自的含义、特征、优缺点和适应性，探究连锁企业门店扩张类型选择的原因。在介绍特许连锁内容的板块中，重点突出特许加盟作为个人创业的重要方式需要掌握的知识和技巧，培养学生创新创业的意识，使学生具备一定的通过特许经营创业的能力以及树立"以诚招商，以信加盟"的正确创业观念。

项目构成

单元一　直营连锁
单元二　特许连锁
单元三　自由连锁
单元四　连锁经营类型选择

知识目标

1. 理解直营连锁的含义、特征、优缺点。
2. 理解特许连锁的含义、特征、优缺点。
3. 理解自由连锁的含义、特征、优缺点。

能力目标

1. 分析三种连锁经营类型各自的适应性。
2. 理解连锁企业对连锁经营类型的选择。
3. 具备通过特许加盟实现个人创业的能力。

案例导入

浙江本土超市：条条道路通罗马

目前，浙江连锁超市是外资超市与本土超市共生共荣的时期，从门店分布来看，浙江地区仍然是外资超市最重要的发展区域之一，但虽有外资超市的夹击，浙江本土超市也毫不示弱。浙江人本超市有限公司成立于1997年6月，20多年的发展历程中拓展了超过50家的大型直营超市，在与沃尔玛等外资超市强势入驻的同台竞技中，不但没有败下阵来，反而遇强则强；杭州联华超市除了自有资金开拓市场外，通过招揽加盟商实现规模提速，在浙江地区有超过200家门店；创立于1995年的宁波三江超市在2004年9月27日独具前瞻性地加入了美国自由连锁组织IGA集团，100多家门店借此享受到国际连锁巨头的采购优势和信息优势；1998年至今，温州市永嘉县有10万余人在全国各地开出了上万家超市，占据了全国20%以上的超市份额，年销售额达300亿元，温州市永嘉县因此取得了"中国超市之乡"的金字招牌，并成立了国嘉超市股份有限公司，力争成为中国的沃尔玛。

【思考】人本、联华、三江、永嘉超市分别采用了哪种连锁类型？分别有什么特点？

资料来源于作者根据相关资料整理而成。

📖 **课程思政**

以诚招商，以信加盟

特许加盟被称为是双赢的商业模式，可以使总公司低成本扩张，也可以使加盟商低风险创业，但也有很多人认为特许连锁是骗局，到处是坑。因此，特许连锁不是双方一签订合同就万事大吉、一本万利了。其成功的关键在于总公司和加盟商合作前要充分准备，互相考察；合作后各自履行职责，互相支持。甚至有人把特许加盟双方的关系比喻成婚姻关系，只有双方共同努力，特许方以诚招商，受许方以信加盟，才能成就一段"美满姻缘"。

对于总公司来说，招收一个加盟商就增加了一个销售网点，加盟商是在帮助公司开疆拓土。总公司不能仅仅看重收取加盟费，更应该关心如何让加盟商创造收益，要帮助加盟商进行开店前期运作，包括店铺选址、门店定位、员工招聘、业务培训、首批商品选择和订货、开业促销设计等，保证门店能如期而隆重地开业并达到总公司的管理标准。门店开业并不是双方合作的结束，总公司仍然要给予后续持续的支持和指导，如提供信息技术支撑、物流配送服务、商品库存数据、销售指导等。总公司在特许经营中承担的责任义务越多，越有利于加盟商，使得加盟商在经营过程中可以少走弯路，即使面对激烈的市场竞争也能应付自如。

对于加盟商来说，加入特许体系就是分享了总公司的有利资源，是站在巨人肩膀上发展。加盟商不能仅仅关注自身短期受益，也要站在总公司的立场上，懂得顾全特许经营体系的整体和长远利益，重视维护产品服务品质标准和品牌的良好形象。加盟商不能急功近利，出现不执行统一产品或服务标准等有损品牌形象的短期行为，或者绕开总公司独自经营。连锁经营本身是以统一为特色的，失去统一，就失去了连锁经营存在的基础，因此，各家加盟商必须严格执行统一的经营管理标准。

特许加盟由于角色定位不一样，可能导致双方在经营理念上和行为上的差异，进而影响合作关系。为了维护加盟系统的有序、健康运转，双方在合作之前，要对对方进行深入的考察和评估，明确双方的匹配度，确定合作之后，要全情投入，履行自己的职责，树立"命运共同体"意识，只有这样，加盟关系和加盟体系才能够牢固、持久，才能实现真正意义上的"双赢"。

资料来源于作者根据相关资料整理而成。

单元一 直营连锁

连锁经营在经过160多年的发展之后，根据所有权和经营管理权的集中程度，已经出现了直营连锁、特许连锁、自由连锁3种形式。这3种连锁形式具有不同的特征和优势，适用范围不同，内部管理也存在差异，不同连锁企业会根据所处环境和自身的资源能力以及发展目标做出不同的选择。

一、直营连锁的起源

直营连锁是最早出现的连锁形式，也是连锁经营的基本形态，连锁店在建立早期一般采用直营店的发展方式。1859年，世界上第一家连锁商店"大美国茶叶公司"在纽约诞生，10年后该公司更名为"大西洋和太平洋茶叶公司"，简称"A&P"。"大规模采购＋排除中间商"的经营模式确立了大西洋和太平洋茶叶公司在市场竞争中的绝对价格优势，同年，公司就在纽约同一条街道上开出了第二家店铺，被认定为最早采用现代连锁模式的企业。由于该公司所有门店都是由总公司同一资本开办并由总公司直接经营管理的，大西洋和太平洋茶叶公司也被认为是世界上最早的直营连锁企业。

教学视频：直营连锁

二、直营连锁的含义

直营连锁又称正规连锁，国际连锁店协会对正规连锁的定义是："以单一资本，直接经营11个商店以上的零售业或餐饮业。"

美国商务部对直营连锁的定义是："由总部管辖下的许多门店组成，它往往具有行业垄断性质，利用资本雄厚的特点大量进货、大量销售，具有很强的竞争力。"

日本通产省对直营连锁的定义是："处于同一流通阶段，经营同类商品和服务，由同一资本经营并在同一总部集中性管理机构统一领导下，进行共同经营活动的（由2个以上单位门店组成的）零售企业集团。"

综上所述，直营连锁本质上是由同一种资本所有者拥有资产并直接管理多家店铺，经营同类商品或服务的商业企业组织形式。直营连锁门店均由企业总部全资或控股建设，并在总部直接领导下统一经营，是大资本通过独资、控股或吞并、兼并等途径，发展壮大自身实力和规模的一种形式。

📖 **案例讨论**

沃尔玛的直营扩张

沃尔玛——世界上最大的连锁超市、商业零售企业、私人雇主，在全球20多个国家和地区开设了11000多家门店，员工人数超200万，2020年销售额达5239亿美元。自2002年至今，除极个别年份位列全球500强第二、第三名之外，沃尔玛近20年时间稳坐世界500强榜首位置。

沃尔玛由创始人山姆·沃尔顿于1945年在美国阿肯色州一个小镇以一家廉价商店起步，经过70多年的发展，成长为全球知名的连锁超市品牌。沃尔玛在短短几十年间有如此迅猛的发展，不得不说是零售业的一个奇迹。

　　沃尔玛的成功得益于其超前的经营理念和经营模式：①由友善的员工以较低的价格、独到的顾客服务向消费者提供种类齐全的优质商品，其经营的核心是天天平价、物超所值、服务卓越；②标准化的经营模式；③使用领先的信息技术和后勤系统，不断大幅降低运营成本；④协同供应商进行流程改造，上下游共同致力于降低运作成本。

　　沃尔玛在其他方面的管理制度也相当完善，如上下级决策权力分配、采购、物流、财务、服务等制度，特别是它完善的物流采购制度，使其进货成本只占商品总成本的3%，而行业平均水平为4.5%~5.0%；由配送中心供货的比例达85%，而行业平均水平只有50%~60%；平均补货时间只有2天，而行业平均水平为5天。这些制度和经营模式都是可以复制的，并且这种复制不仅适于增设新分店，而且可用于兼并其他商店之后的制度再造。事实上，全球各地的沃尔玛分店在经营理念、经营口号、管理制度甚至店堂设计、员工服饰、礼貌用语等许多方面都是统一的，沃尔玛的分店扩张更像是一个复制粘贴的过程。特别值得一提的是，沃尔玛是最早关注信息技术的零售企业，并始终不遗余力地探索和践行，这也是沃尔玛作为一家传统零售企业能稳坐世界500强榜首的重要助推力。

【思考】信息技术在沃尔玛直营扩张中发挥了怎样的作用？

　　资料来源于卢泰宏、邱斌:《零售之王沃尔玛的管理胜经》，豆丁网，2014-10-01。

三、直营连锁的特征

（一）资产一体化

　　直营连锁所有门店由同一个公司或者同一种资本投资开设，所有权归属于同一主体，这一主体可以是一家公司、一个老板或一种性质的资本。各门店经理或店长是总公司的雇员而不是门店所有者，门店经理或店长由总部委派。

（二）财务统一核算

　　由于各门店是由总部投资建设的，秉承"谁投资，谁获益"的原则，直营连锁门店在经营过程中产生的利润须全部上交总部，由总部支配；直营连锁门店所需费用由总部下拨，实现收支两条线，各家门店没有对利润的支配权，财务上实行统一核算。

（三）经营管理权高度集中

　　直营连锁门店由总部集中统一领导，进行标准化、规范化的经营管理，实行统一标识、统一商品或服务、统一采购、统一配送、统一营销、统一价格等。经营管理权包括与该连锁企业主营业务相关的商品选择、价格确定、门店选择、商品采购等，也包括门店的人事、财务、信息、物流等方面的管理。决策基本上全部由总部做出，总部为每个连锁门店提供全方位服务，门店只负责销售。

（四）门店与总部是隶属关系

直营连锁体系中门店在业务上完全听从总部，在法律上隶属于总部，属于总部的分支结构，不具备独立的法人资格。

简言之，直营连锁是总部拥有完全的所有权和经营权，人、财、物、产、供、销全方位统一管理的模式，对总部的管理机构和职能分工有很高的要求，是一个总部完全管理的模式，是体现连锁经营企业标准化管理最全面、最规范的连锁经营类型。

📖 案例讨论

疫情下的顺丰

2020 年之初，一场突如其来的疫情让整个社会按下了"暂停键"，而作为社会"血液循环系统"的物流行业，却必须启动"快捷键"，因为防疫物资急需运送、民生物资亟待发放。顺丰速运在这次大考中交出了令人满意的答卷，实现了经济效益和社会效益的双丰收。

顺丰的创始人王卫这几年动不动就拿 20 几亿买飞机，布局航空运输可谓是筹谋已久。在这次疫情保卫战中，58 架货机成了顺丰的王牌军，让顺丰有了速度最快的空运优势。1 月 23 日武汉封城之后，在航班审批、空管放行、机场保障等各方面给予的大力支持下，顺丰第一时间快速调配两架货机，于次日分别从杭州、深圳飞抵武汉，送去了封城后到达武汉的第一批共计 32 吨的防疫物资。从 1 月 24 日至 3 月底，顺丰航空在支援武汉的航线上共执飞航班 260 架次，运送各类医疗及民生物资近 6300 吨。

顺丰的快速反应不仅得益于空中力量，而且依赖于强大的地面部队——快递员。顺丰能在疫情中短时间内调动所有人力、物力、财力，在近两个半月里运输超过 1 亿件包裹到湖北，成为应急运输中最可靠的民营运输梯队，这在某种程度上得益于顺丰的直营模式。其他快递公司采取网点加盟模式，在疫情和春节双重因素影响下，总公司很难指挥网点老板，网点老板很难指挥快递员。虽然网点很多、分布很广，但是中间只要有一个网点断掉，可能整个运输链条都会瘫痪，难以运行。而顺丰的直营模式能更加有效地进行内部统一管理及政策实施，如防疫措施等能够更有效执行，尽量减少疫情传染事件。直营模式下的快递员统一由总部管理，员工稳定性强，在突发性事件下，社会责任感更强。

顺丰奋战在抗疫一线的快递小哥们，除夕到初二工资为正常工资的 5 倍，初三至初六的工资为正常工资的 3 倍，疫情期间工资涨 2 倍，除正常工资和加班费，王卫还拿出 1.5 亿元的特殊奖励金。顺丰舍得花钱的地方，不仅仅在涨工资这件事情上，为了能保障快递人员的安全，顺丰每天在快递场地的消杀也做得非常严格。相关推算显示，顺丰每天的消杀成本至少都需要百万元以上。

在这样的特殊时期，顺丰却业绩大增，仅 2020 年 2 月就完成了物流营业收入 86.4 亿元，远超其他一些快递公司仅 4 亿多的惨淡业绩。而就在 2020 年 2 月顺丰发布的 2019 年财报显示，顺丰全年实现营业收入 1121.93 亿元，成了第一个营收破千亿的快递公司。

【思考】直营模式的顺丰在疫情中表现出了哪些优势？

资料来源于路梅：《顺丰速运：打通疫情下的物流"任督二脉"》，中国新闻网，2020-04-25。

单元二　特许连锁

一、特许连锁的起源

"特许经营"一词来源于法文，原意为免于奴隶、苦役的身份，演变至今引申为特许人的一种特权，它为普通人提供了一个拥有自己事业的机会，即使他缺乏一定的经营经验和丰富的资源，仍能取得成功。所以特许经营为许多梦想拥有自己的事业而又没有足够资源积累的普通人打开了一个窗口。

教学视频：特许连锁

任何新事物的出现都是时代发展和社会进步的必然产物，特许经营也不例外。根据美国学者亚历山大的报告，特许经营的概念应该起源于远古人类文明社会的初期，也就是应追溯到商队往返于埃及与耶路撒冷之间的时代。在那个时代，商队的领导者和商伴互相合作，在各地组织贸易商会，从事物物交换并树立信用。这种商业习惯在中世纪由十字军传回欧洲大陆，在各国陆续扎根。但是当时的特许经营与现代相比还是存在许多差异的，尽管与特许经营类似的活动早就有雏形，但现代意义上的特许经营却被认为产生于 19 世纪中叶的美国。

大西洋和太平洋茶叶公司通过直营连锁发展起来之后，很多企业深受启发，纷纷效仿。但是一些新兴的企业苦于没有强大的资金实力，无法投资开设这么多门店，但他们同样需要向消费者推广商品和品牌，以扩大市场，于是一些企业另辟蹊径，一种新的营销方式便诞生了。当时的许多大制造商在全国范围内销售，为了迅速扩展市场，普遍都采用了一些专职的、独立的代理商代为销售，在这种背景下，胜家的特许连锁体系产生了。1865 年，美国胜家缝纫机公司的产品尚属新产品，人们对该产品与传统手工缝纫技术及市场上其他竞争产品相比所体现出来的优越性认识不够，而且在销售过程中需首先教会顾客使用缝纫机的各种功能，这就要求胜家公司必须建立众多直接面向消费者的门店来推销缝纫机。为了解决市场扩展和资金之间的矛盾，胜家率先尝试以特许经营方式建立分销网络，他们在全美各地开始设立拥有销售权的特约经销店，即世界上最早的特许连锁加盟店，结果成功打开零售市场，营业额大幅度攀升，不久便雄霸美国甚至全球的缝纫机销售市场。胜家缝纫机公司这一历史性的举措创造了商界的神话，也被认为是连锁加盟界的鼻祖。而且胜家缝纫机公司也是美国第一家成功的跨国企业，其跨国的方式就是通过特许加盟实现的。

进入 20 世纪初期，特许连锁又推动饮料行业两大巨头企业开始崛起，特别是后来长期位居全球品牌价值榜首的可口可乐。20世纪初，可口可乐已经深受美国国民的欢迎，但生产与消费时间和空间上存在矛盾，限制了饮料市场的发展。当时可口可乐总公司和生产制造工厂位于亚特兰大，需要把产品运往全美各地进行销售。作为瓶装饮料，可口可乐公司为运送水和玻璃花费了高昂的物流、损耗、时间成本，因此急于寻求解决之道。公司考虑在各地兴建罐装厂，当地生产，当地销售，这一想法与各地的投资商一拍即合。全美各地开始创建可口可乐罐装厂，但所有的投资包括厂房、设备等均由投资方出资，可口可乐总公司只提供由其秘方配制的浓缩液。借助于各地投资商的实力，可口可乐迅速占领了全美市场，解决了成本和时效问题。时至今日，可口可乐和百事可乐仍然保持着这种特许连锁体制，在全球各地的罐装厂都是建立在依靠授予各式各样的商人在当地瓶装并销售的权力基础之上的，两家依靠特许连锁的企业都获得了骄人的业绩。

20世纪20年代，由于福特开发了汽车生产的现代流水装配线，美国汽车制造业生产效率获得了空前提高，生产成本大幅度降低。福特T型车使汽车不再是少数有钱人享用的奢侈品，而成了千家万户的普通代步消费品，汽车市场高速发展。福特把主要精力放在技术改进和成本控制上，无暇顾及销售，于是将汽车销售权委托全美各地分销商在特定地区销售汽车，解除了后顾之忧。除福特之外，通用等日后的汽车工业巨头纷纷采取特许经营的方式，把汽车的销售委托给代理机构，建立起庞大的销售体系，大大带动了汽车工业的发展。

20世纪40—50年代，美国的特许连锁进入了精细化、规范化的全新发展阶段，尤其在餐饮业得到了充分发展，其中最引人注目的要数麦当劳和肯德基。这两家享誉全球的快餐店都是在20世纪50年代初期通过授予特许权的方式而迅速发展起来的，也正是他们将特许连锁带到了一个新的发展阶段。此前的特许连锁主要应用于制造类企业，总公司只是将商品的生产权或销售权转让给各地的加盟商，而对加盟商的经营管理活动不做严格的规定和要求。麦当劳和肯德基对特许连锁的重要贡献在于确立并完善了全套盈利公式型特许经营方式，即要求所有加盟店不仅要生产或销售总部的商品，而且加盟商的整个经营管理模式都必须复制总部的标准和制度，包括店铺装修设计、商品定价、经营管理系统，甚至营业员服装、服务用语都是一致的。麦当劳开创统一营运的特许经营方式，其建立的QSCV（Q代表Quality质量、S代表Service服务、C代表Clean清洁、V代表Value价值）系统后来成为快餐业共同追求的最高标准。

20世纪60—70年代，特许连锁这种非常积极有效的模式开始从美国迅速传向欧洲、日本、东南亚等许多国家，并在各国受到普遍欢迎。欧洲在1972年成立了欧洲特许权联合会，日本于1963年成立了第一家实施特许经营的"不二家"西式糕点咖啡店。特许连锁之所以在全球受到一致的欢迎，主要原因在于特许连锁既可以作为一种企业经营管理的模式有利于企业的迅速发展、成长和扩张，也可以作为一种创业的模式有利于资金有限、缺乏经验但又想投资创业的人，因为一旦加盟特许连锁的企业，就可以得到一个已经经过实践检验的成功的经营管理方法，更重要的是可以得到一个有一定消费者认知度的品牌，大大降低投资创业的风险。由于特许加盟对中小投资者的利益以及对居民生活消费的拉动，各国政府往往采取扶持态度，通过税收等优惠办法鼓励特许连锁的发展，这也是特许连锁在全球快速发展的一个重要原因。

进入 20 世纪 80 年代后，特许连锁步入黄金时代，发展速度超过直营连锁和自由连锁，呈现出旺盛的势头。涉及的行业从制造业到餐饮业、从零售业到服务业，不断向新的行业领域渗透，国际化趋势不断加强。

特许连锁作为一种新型的商业模式，具有极强的推动力，在诸多领域推动企业实现商业上的成功。

二、特许连锁的含义

特许连锁又称特许经营连锁、合同连锁、加盟连锁，是连锁经营目前发展势头最为强劲的一种方式，也是未来的发展趋势，被称为 21 世纪最主要的商业经营模式。

美国商务部对特许连锁的定义是总部把自己开发的商品、服务和营业系统（包括企业商标、商号等的使用、经营技术、营业场所和区域），以营业合同的形式授予加盟店在规定区域的经销权和营业权，加盟店则交纳一定的营业权使用费，承担规定的义务。

日本通产省对特许连锁的定义是："连锁系统的总部与加盟店以合同的形式规定总部给予加盟店使用其商号、商标等营业象征，以相同的企业形象从事经营活动的权利。总部负有对加盟店进行经营指导和向加盟店长期提供商品（包括服务和其他资料）的责任。作为获得上述权利和服务的代价，加盟店需向总部支付规定的加盟金、保证金和权利金。"

根据国际特许经营协会对特许连锁的定义是：特许连锁是一种存在于总部与加盟店之间的持续关系，总部赋予对方统一执照、特权，使其顺利经营，并对加盟店的组织、训练、采购和管理进行协助，相对要求加盟商付出相当代价作为报偿。

综上所述，特许连锁是指具备独有商品、独特经营技术、特色服务方式或驰名商誉等优势的特许人，将自己独有的商品、技术、服务、商号等以订立特许经营合同的方式授予受许人在一定区域范围内经营，受许人支付一定费用的商业形式。特许连锁关系图如图 2.1 所示。

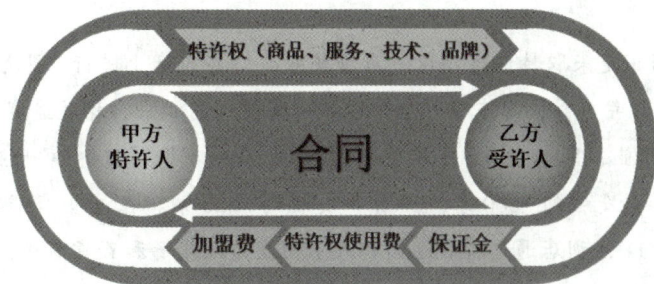

图 2.1　特许连锁关系图

特许连锁总部往往通过合同规定向加盟商收取各项加盟费用，不同公司可能有不同费用明细，但总体而言主要有以下 3 种费用。

（一）加盟费

加盟费是指在特许加盟合同签订后，特许人向受许人收取的一次性费用，作为特许权转让的回报。市场上不同品牌的加盟费高到上百万元，低到零加盟费，金额高低主要取决于特许权价值，即特许人所拥有的商品、原材料、品牌、专利、经营技术诀窍、经营模式、商誉等有形、无形资产的价值。

（二）特许权使用费

特许权使用费是指在特许经营合同的持续期间，根据双方特许加盟合同约定，总部持续从加盟商销售业绩或者利润中按照一定比例定期收取的费用，主要包括两类：特许权使用费和市场推广及广告基金。

（三）保证金

保证金是指特许加盟合同签订后，特许连锁总部向加盟商收取的履约保证金，用于约束加盟商行为，一旦加盟商出现损害总部品牌的违约行为时，总部可以扣取保证金，如果双方合作愉快，这笔钱在合同到期后总部会归还加盟商。

📖 案例讨论

7-11 成就"撒豆成兵"的神话

日本7-11是世界上最大的连锁便利店企业，在全球19个国家和地区有超过7万家便利店，已经超过麦当劳成为全球店铺最多的连锁企业，而其中绝大部分为特许连锁店。

零售业是一种以规模出效益的行业，小型便利店要取得一定的规模，必须走连锁经营的道路。便利店由于所需投资相对较小、经营相对简单、市场竞争激烈，因而更适合采取特许经营方式开拓市场。

7-11便利店正是采取特许连锁这一市场扩张战略在市场上进行"圈地运动"而迅速发展起来的。自1974年5月，日本7-11开设第一家便利店以来，拓展速度不断加快，1976年5月第100家开业，1980年11月第1001家开业，1984年第2001家开业，1993年发展到6000家，1997年发展到7000家，2000年发展到8600家。在这些店铺中，90%以上是加盟店。日本7-11便利店通过特许连锁打败了大型超级市场和百货商店，真正实现了"撒豆成兵"的神话。

【思考】便利店为什么应该走连锁的道路，而特许连锁为什么又是便利店最好的选择？

资料来源于作者根据相关资料整理而成。

三、特许连锁的特征

（一）资产独立性

在特许连锁体系中，加盟店与总部由不同的投资主体投资建设，总部由特许人投资，加盟店由受许人投资，而且不同的加盟店由不同的受许人投资兴建，所有权归属于不同主体，在一个特许连锁体系中会出现多个性质的资本。

（二）财务独立核算

在特许连锁体系中，由于各加盟店由受许人投资建设，秉承"谁投资，谁受益"的原则，在经营过程中产生的利润留存加盟店，由受许人支配，财务上实行各门店独立核算。但受许人需要支付的各项费用如加盟费、特许权使用费、保证金等仍然需要按时缴纳给特许总部。

（三）经营权集中，管理权分散

在特许连锁体系中，各加盟店涉及商品或服务的经营决策仍由总部统一做出，如公司标识、商品种类、商品定价、物流配送等均由总部进行标准化、规范化的经营管理，而涉及加盟店的人事管理、财务管理、行政管理等方面则可以由受许人自行决策。但也有一些特许连锁体系，总部要求加盟商只以投资人的身份出现，即加盟商只负责出资建设和获取收益，而加盟店的经营管理仍由总部的团队全权负责，这是为了保证加盟店标准化的贯彻执行。

（四）加盟店与总部是平等合作关系

在特许连锁体系中，加盟店由受许人自行投资，特许人与受许人通过特许经营合同为纽带建立起契约关系，总部和加盟商都具备独立的法人资格，两者在法律上是平等合作的主体。

📖 案例讨论

借力加盟，蜜雪冰城率先实现门店破万

2021 年 6 月 22 日，蜜雪冰城总部宣布"23 年，全球一万家门店"目标达成。蜜雪冰城成了全国首家门店数量破万的茶饮品牌。

3 块钱的冰淇淋、4 块钱的柠檬水、均价 8 块钱的奶茶，这么便宜的产品，真的能赚钱吗？零售是规模出效益的行业，蜜雪冰城的经营之道同样也是薄利多销，其原则是一定要量大，把各种费用依靠门店数摊到很低。蜜雪冰城采用"走量式"的加盟，加盟费用低，能快速扩张门店规模。蜜雪冰城在与上游奶、茶、果、咖啡、糖等供应商谈判时有更强的议价能力，能以低成本采购原材料。

而总公司真正的收入也不是完全依靠销售奶茶，还有店铺加盟费及其他。蜜雪冰城在省会城市、地级城市、县级城市的加盟费分别为 11000 元/年、9000 元/年、7000 元/年，

远低于同类奶茶店品牌，加上日常管理、门店设备、原材料、装修和房租等，35万元就能开一家蜜雪冰城加盟店，对于加盟商而言，创业成本不到其他奶茶品牌的1/2，因此蜜雪冰城能吸引更多的加盟商。此外，蜜雪冰城自建茶饮原料基地和物流体系，拥有从研发、生产、仓储、配送为一体的完整供应链，只要加盟店数量不断扩张，蜜雪冰城就可以源源不断向加盟店出售原材料，相比加盟费，这更是蜜雪冰城盛久不衰的成功之道。

【思考】试分析蜜雪冰城的核心竞争力。

资料来源于《卖8元奶茶的蜜雪冰城怎么赚钱？依靠"走量式"加盟快速扩张》，搜狐网，2021-06-21。

四、特许连锁体系的构建

（一）特许连锁衍生类型

特许连锁经过100多年的发展不断衍生出新的类型，按照不同的标准，特许连锁可以划分为不同的类型。

1.按特许权的内容划分

按照总公司给予门店的经营权的内容不同，特许连锁可分为产品转让型特许连锁和商业转让型特许连锁2种方式。

（1）产品转让型特许连锁。产品转让型特许连锁是一种传统的特许连锁形式，即总部向加盟商转让某一特定品牌产品的制造权或销售权。总部主要是向加盟商提供技术、专利等知识产权以及在规定范围内的使用权，而对加盟商的经营管理并不做严格的规定。产品转让型特许加盟由来已久，也被称为"第一代特许连锁"，最早是一种供货厂商和代销商的契约关系，是商人为供货厂商代销某种产品的关系。现在，产品转让型特许连锁通常是由一个大制造商为其名牌化的产品寻找销路，与加盟商签订合约，授权加盟商对特许商品或商标进行商业开发的权利，而作为回报，加盟商定期向特许人支付费用。

在这种形式中，特许人是产品制造商或产品部件生产商，受许人的主要任务就是全力以赴地销售特许人生产的产品；特许人只提供用以销售的商品和商标的使用权，作为回报，受许人需定期向特许人支付费用；受许人要做出产品生产、销售的计划与安排，特许人即总部可以提供某种形式的广告、管理协助和培训。简言之，此种形式的特许连锁是特许人授权受许人对特定产品或商标进行商业开发的权利，特许人仍保留对商标的所有权，而且与该商标相连商誉的任何增加都主要由特许人完成。

这类特许连锁主要包括名牌饮料、汽车销售商、汽油服务站等，比较著名的有可口可乐、百事可乐等饮料生产商、通用及福特汽车制造商、美孚石油公司等。

📖 **连锁资料库**

特许经营加油站

国外加油站特许经营发端于美国汽车行业的特许经营，随着汽车工业的发展，在走过数量扩张的外延式发展阶段之后，已经步入更加注重加油站科技含量提高、经营模式改进和经营效益优化的内涵式发展阶段。由于欧美国家特许经营体系开发历史比较长，至今已经形成了一套成熟的经营管理模式。加油站特许经营也不例外，其建立在契约基础上的低成本扩张在市场竞争中的优势十分明显，并且经营模式先进科学、业务流程规范有序、发展环境相当宽松，因此，特许经营加油站在各大石油公司终端网络中占据了较大的比重。

从 2000 年起，我国国内中石油、中石化抓住国家大力整顿成品油市场的大好时机，凭借国家赋予的加油站特许经营权，开始发展特许经营加油站，试图借此在成品油市场实现低成本扩张。但由于中石油、中石化开展特许经营时间较短，对特许经营市场认识尚不充分，特许经营管理经验不足，使得国内特许经营加油站的发展并不是一帆风顺。近些年，与加油站总数大幅度递增不同，特许经营加油站发展还是缓慢。

【思考】试分析加油站特许经营的特殊性。

资料来源于尹晓玲：《中石化特许经营加油站发展战略研究》，山东大学 2007 年学位论文。

（2）商业转让型特许连锁。商业转让型特许连锁是一种新型的特许连锁方式，即特许人建立一个经营系统，并提供商品、商号以及一系列经营管理方面的服务和指导，受许人必须按照特许人的规范要求来开展经营活动。商业转让型特许连锁不仅要求加盟商经营总部的产品和服务，而且加盟商的商品标志、店名、商标、经营标准、产品和服务的质量标准、经营方针等，都要按照总部的全套方式进行，即加盟商购买的不仅是商品的销售权，而且是整个模式的经营权。

这个模式既包括有形资源也包括无形资源，受许人从特许人那里得到许多方面的指导和协助，如店址选择、人员培训、商务建立、广告宣传、商品供应等。受许人在这一系统指导下进行业务经营，严格遵守特许人的操作守则，了解、吸收和复制总部模版，只有这样，受许人提供的商品服务才能与特许人保持统一的质量标准。目前人们通常所说的特许经营就是商业转让型特许连锁，也被称为"第二代特许经营"。与产品转让型特许连锁方式相比较，采用这种方式，特许人与受许人之间的经济利益更加密切，特许人对受许人在统一管理和运作规范方面的要求更加严格。

这种经营模式的特许经营范围非常广泛，尤其是在制造行业、零售行业、餐饮行业、服务行业中非常普遍。

2.按特许权的授予方式划分

特许连锁还可以根据特许权授予方式的不同，又可分为单体特许连锁、区域特许连锁、二级特许连锁和代理特许连锁4种类型。

（1）单体特许连锁。单体特许连锁是最简单、最常见的特许连锁形式，指特许人赋予受许人产品、商标、店名、经营模式等特许权，在某个地点开设一家加盟店的权利，受许人使用这些特许权进行经营，并支付一定费用作为代价。单体特许连锁结构图如图2.2所示。

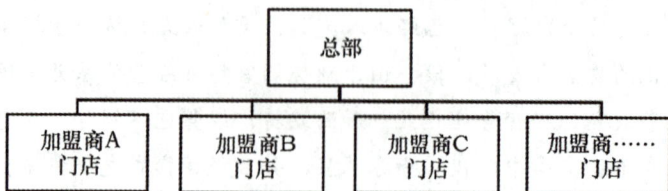

图2.2 单体特许连锁结构图

优点：总部直接控制加盟商；对加盟商的投资能力没有太大限制；加盟商没有区域独占，不会对特许人构成威胁。

缺点：特许体系网点发展速度慢；总部支持、管理加盟商的投入较大；限制了有实力的受许人的加盟。

（2）区域特许连锁。区域特许连锁是指受许人在向特许人购买特许经营权，同时也购买了在一个地区内再建若干家门店的特许权，也就是特许人赋予受许人在规定区域、规定时间开设规定数量的加盟店的权利。区域特许连锁结构图如图2.3所示。

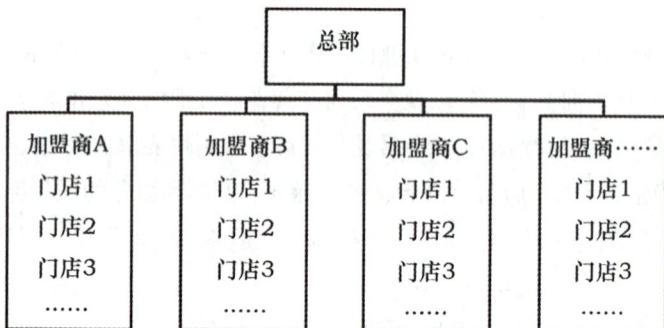

图2.3 区域特许连锁结构图

优点：有助于特许总部尽快实现网点布局和规模效益，最大限度发挥加盟商的投资开发能力。

缺点：在特许经营合同规定的时间和区域内，总部无法发展新的加盟商；对加盟商的控制力小。

案例讨论

赛百味的区域发展代理制

赛百味是世界上最大的潜水艇三明治特许连锁公司，在82个国家拥有超过3万家分店，目前已成为国际快餐业大军的一个领先者。赛百味的特许连锁体系规模之巨、单店数量之多、涉及地域之广、文化差异之大给其管理带来了巨大的挑战。赛百味选择了区域代理制进行系统管理。

在赛百味特许连锁体系中，总部下设区域总部，分管全球范围内的各个大区，各个大区又划分为若干个小的区域，每个区域有一个发展代理，具体负责区域市场开发和加盟商督导管理。在这个体系中，特许人不会直接监控受许人，而是通过区域总部、发展代理逐层监管。发展代理有一定的决策权，在区域内可以直接处理许多有关加盟商的管理事务，遇到重大事项时，才向上一级区域总部进行汇报。

【思考】请结合赛百味的特许体系分析如何规避区域特许制度的缺点？

资料来源于文志宏：《特许经营实战指南》，中国工信出版集团2020年版。

（3）二级特许连锁。二级特许连锁是指总部将一定区域内的独占特许权授予受许人，受许人在该地区内可以独自经营，也可以将特许权转售给下一级受许人的特许形式。也就是说，该受许人在某个区域内既是受许人身份，同时又是这一区域内的特许人身份。受许人支付给特许人的特许费一般根据区域内的常住人口数量确定，若他再将特许权转让给二级受许人，那么收取的加盟费以及其他费用也需按一定比例上交给总部。二级特许连锁结构图如图2.4所示。

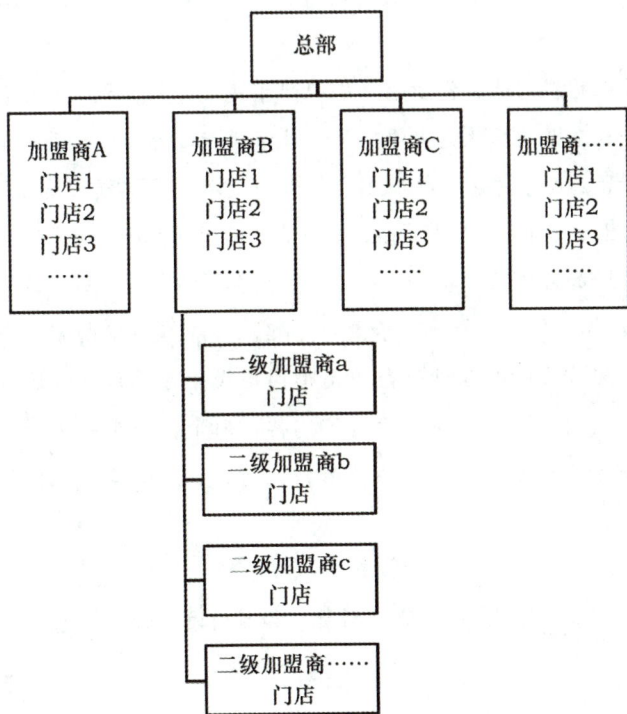

图2.4　二级特许连锁结构图

优点：特许连锁体系扩张速度快，总部没有管理每个加盟商的任务和相应的经济负担，二级特许人可根据当地市场特点改进特许体系。

缺点：总部过分依赖二级特许者，特许经营合同的执行没有保证；把管理权和特许费的支配权交给了二级特许者，权力和收入分流。

📖 **案例讨论**

各级代理，各执一词

从 2011 年下半年开始，温州街头的第 1 佳鸡排店一度成为独特的风景线，特别是飞霞南路第 1 佳鸡排店生意一直很好，有时半夜 11 点买鸡排的队伍还排得很长。第 1 佳大鸡排为食光(上海)餐饮管理有限公司旗下品牌，2011 年底以加盟形式在温州地区开设门店，短短半年时间整个温州地区已有七八十家门店，飞霞南路店是温州总店。

2012 年 3 月初，第 1 佳鸡排飞霞南路店突然停业，多家二级加盟商也因为交了货款却收不到货无法正常开店营业，而上门讨要说法。对于第 1 佳鸡排温州市场风波，上海总部、温州总代理、温州二级加盟商都各执一词。

温州总代理王小姐称其 2011 年 11 月 8 日与食光(上海)餐饮管理有限公司签订第 1 佳鸡排加盟合同，加盟期为 5 年(2011 年 11 月 8 日至 2016 年 11 月 7 日)，共交纳 25 万元加盟费、3 万元管理费和 2 万元保证金。然而上海总部见第 1 佳鸡排在温州发展迅速，单方面违约解除合同，并要求温州加盟商向其交纳 1 万元保证金，否则予以断货，这给温州总代理造成了损失。

上海总部负责人称温州地区代理商王小姐严重违反合同，置温州地区二级加盟商利益于不顾。由于第一家店开业后生意火爆，第 1 佳鸡排在温州仅 4 个月时间就发展了近百家加盟店，出现了加盟店距离过近、执照不全等管理漏洞，严重损害总公司形象和二级加盟商切身利益，公司已于 2012 年 3 月 1 日正式解除了其温州总代理资格。

第 1 佳鸡排二级加盟商投资 10 多万元，按估算 3 个月能回本，不料短期内在温州地区竟然开出百来家鸡排店，竞争一下子激烈了起来。原本规定两家加盟店要相距 500 米以上，但雨后春笋般开出的分店让这条规定形同虚设。由于距离过近，甚至听说有门店只营业一天即宣告关闭。部分加盟店卖起了鸡柳、肉串甚至是芋头等食品，一位加盟商坦言："我不管总代和总部如何，只要我能赚钱就行，什么好卖我就卖什么，货就从市场上进。"

【思考】二级代理如何放大特许经营的优势、风险？

资料来源于《"第 1 佳"大鸡排突然断货　加盟商无法营业讨说法》，温州网，2012-03-15。

（4）代理特许连锁。特许代理商经特许人授权为特许人在某个区域内招募加盟商，代理商作为服务机构代表特许人招募加盟商，为加盟商提供指导、培训、咨询、监督和支持。可以说，这个代理商是中间人，他既是特许人的特许权使用者，又是该地区的特许权授予者，但他自己并不直接经营，而是采取转嫁他人的方式开发和经营。特许代理商不构成特许合同的主体，这是开展跨国特许的主要方式之一。代理特许连锁结构图如图 2.5 所示。

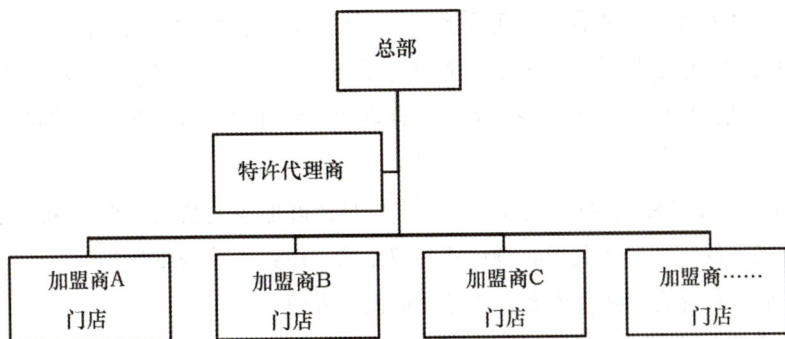

图2.5　代理特许连锁结构图

优点：扩张速度快，减少了特许人开发特许网络的费用支出，对特许权的销售有较强的控制力，能够对受许者实施有效控制而不会过分依赖代理商，能够方便地中止特许合同，可以直接收取特许费。

缺点：总部要对特许代理商的行为负责，要承担被加盟商起诉的风险，要承担汇率变动等其他风险。

（二）特许连锁体系构建

1.特许人体系构建与推广

特许连锁体系是一种智能型的商业组织形式。特许连锁使总部能够最充分地组合、利用自身的优势，并最大限度地吸纳广泛的社会资源；而加盟商则降低了创业风险和时间、资金等创业成本。特许连锁关系本质上是一种交易关系，交易的是一种特殊的商品，它包括有形的产品、原材料，也包括无形的品牌、专利、经营模式。与一般的交易不同，特许人与受许人签订特许经营合同后，即意味着双方较长期交易和合作的开始，在合同期限内，特许人与受许人要保持紧密持续的相互支持和配合。只有使特许人获得比直营扩张更有效的发展，让受许人获得比独自经营更多的利益，特许经营才能进行下去。

（1）特许连锁体系构建。特许连锁由于自身的优势成为21世纪最主流的商业模式，各行各业都兴起商业模式转型的热潮，众多公司都寄希望于通过创建特许连锁体系实现高速、低成本的企业和品牌扩张。但是如何构建有效的特许连锁体系却成为连锁总公司最棘手的问题。

第一步：特许连锁准备。企业在特许连锁扩张体系构建之前必须进行一系列的准备工作。首先，进行项目的可行性分析，系统、全面、详细的行业以及相关市场调研和客观、公正的企业内部诊断不可或缺。一般应从企业本身所获得的经济效益和实施特许连锁能够带来的社会经济影响的角度来分析。思考实施特许连锁后企业获得的利润是否可以增加，会以什么样的速度增加；实施特许连锁后企业能否提升品牌价值，企业规模能够扩大多少；实施特许连锁后企业如何能够保证可持续发展，能够为当地经济增加税收或者提高就业做出贡献。对于企业来说，外部调研相对简单，但是企业自身的诊断却往往不是自己能够独立完成的，必须有第三方咨询公司的加入才可以施行。其次，根据内外部的调研结果制定特许经营战略规划，有正确的指引方向，特许加盟体系才有可能有效地实施下去。再次，有了目标和方向，特许连锁总公司需要一支高素质的人才队伍去执行，无论是外部引进还是内部提拔，要组建一支项目工作队伍。最后，结合特许连锁领域的相关专家一起去制订合理的工作计划，以便保质、保量、保时地去完成体系构建工作。

第二步：特许理念导入和特许权设计。特许权是特许加盟关系的核心，特许权的价值将直接影响到企业未来的扩张，因此精心设计特许权是特许体系构建的重头戏。对于特许权来说主要包括两个方面，一是有形物质方面，二是无形技术方面。

特许权的有形物质部分主要包括店面、产品、原料、设备、工具、形象等方面，企业根据已有的经验和未来的发展计划，提炼出本体系所特有的统一的物质形象。特许权的有形物质部分可采用说明书配以图案和照片等方法，对其自然属性和社会属性进行详细的描述，以使受许人能够准确理解和把握，为制作特许经营手册和双方签订特许经营合同打下良好的基础。

特许权的无形技术部分主要包括专利、专有技术、经营诀窍和企业文化等内容，它是特许权的主体，是关键性的技术描述。其中难度最大的在于企业文化的描述和传递，企业文化是企业在长期的经营管理活动中培育形成的，具体包括企业使命、企业宗旨、企业格言、企业精神、企业价值观、企业管理风格、企业经营理念、企业经营目标等，是特许权的核心内容。无论是在特许权的设计阶段，还是在特许权授予阶段，或者是在特许经营体系营建、管理和维护阶段，企业文化始终起着决定性的作用。特许人应当根据本企业的经营范围、经营特点、服务对象、发展愿景，并结合个人的世界观、事业观和价值观等因素，来制定能有效促进企业进步的独具特色的企业文化，然后通过企业识别系统的导入逐步将企业文化外化为企业形象。

第三步：特许连锁体系的建立。特许连锁企业作为一个由总部自己的机构和众多加盟商与加盟店组成的庞大而复杂的系统，要求有严密和科学的管理。特许人通过特许连锁进行扩张的行为就是不停地复制单店的过程，特许人除了精心设计总部在人事、财务、物流、培训等各环节的管理制度之外，单店设计是特许网络建设的重中之重。单店既是特许连锁总公司的产品，又是特许经营体系的窗口，是特许连锁企业直接与顾客接触，直接展现优秀企业文化、优秀产品和高质量服务的一线阵地，单店的成败直接决定体系的成败。单店设计包括商圈与选址定位、单店盈利模型、商品与服务组合、单店企业识别系统导入等内容，即从零开始建设到维持正常运转的整个过程的设计，凭此设计可以建立起一个形象既定的单店营销终端。

单店复制最有效的方式是建设样板店，企业遵照成功的单店模式建设样板店，在样板店经营的过程中随时更改和记录关于单店的设计内容，总结并完善单店手册，接受加盟商参观。

第四步：特许连锁加盟体系推广。建立总部、样板店、单店设计以及相配套的各种手册为特许连锁体系的"复制"和"克隆"奠定了基础，接下来做的事情就是明确加盟开发的时间、区域、步骤，推广加盟体系，招揽加盟商。总部根据前期编制的系列手册设计和撰写加盟招募文件，包括加盟申请表、加盟指南、特许加盟意向书、特许经营合同、合同附件及特许经营授权书等。加盟文件的制定是推广体系的准则，应该由专业人士来完成。完成文件编制后，总部开始营建科学的招募规划，明确加盟条件，制定招商工作的流程和方法，组建招商加盟工作机构，并通过报纸、杂志、广播、电视和互联网等媒介把这些基本信息传递给社会大众，让有意者了解本企业的加盟事宜。加盟商到位后，总部需对加盟商进行完整的培训，通过培训让其了解特许人的业务开展程序、运作方式，更重要的是让加盟商理解特许人的经营理念和发展目标，加强特许人与加盟商的沟通，便于双方更好地合作。

第五步：完善监督、指导和质量控制体系。特许人完成对受许人的选择后，便应着手开始对受许人提供支持和指导，即初期培训。但对受许人的培训，不能只是开业前和开业期间的初期培训，还要为适应日常经营中千变万化的市场需要而进行持续培训。这些培训涵盖如何销售、如何对待顾客、如何经营、如何以团队方式开展工作等内容。此外，还包括为更好地适应特许连锁体系或研究引入新产品及服务效果而设置的后续培训和指导。除了培训，特许人还应在受许人遇到问题时提供知识和经验的支持，以帮助他们解决经营困境，防止更大的问题发生。另外，特许连锁有别于直营连锁，加盟商与总部立场的不同使得总部必须建立完善的督导职责，督导的目的就是要发现存在的问题，并及时加以改善，使连锁品牌终端风格和服务得以持续提升。在一个完善的特许连锁体系中，对受许人的监督、指导和有效管理是整个特许连锁体系拓展的关键，也是科学地对整个特许连锁体系实施有效控制与支持的基础。

（2）特许人对加盟商的选择。对于特许企业总部来说，特许事业是否成功，很重要的影响因素就是选择到合适的加盟商群体。总部和加盟商之间的关系并非雇佣关系，而是利益相依的战略合作伙伴关系。如果是直营连锁，总部和所有加盟店都是同一种资本或者说同一个公司出资，决策上的推行力最强。但是在特许连锁企业中，总部和所有的加盟店都是互相独立的法人，彼此独立核算，各自代表不同的利益主体。加盟商加入特许连锁企业的目的首先是自己赚钱，而不是被总部雇用，不是为总部管理企业和宣传品牌。总部和加盟商有共同的目的，但是出发点和立场又有所不同。特许连锁总部应慎重选择加盟商，一旦选定了某位加盟商，在合同生效期间是不能随意解除合伙关系的。而如果这位加盟商管理欠佳，资金缺乏，服务不到位，不仅会影响其加盟店的经营业绩，而且会对整个特许连锁系统造成极为不良的影响。因此，特许连锁总部应制定一整套完整的选择、考察和评审办法，并严格执行。

考察一：申请人的基本素质、管理能力和行业经验。加盟商的素质是决定加盟店成败的关键，加盟商具备良好的素质，甚至在一定程度上能弥补店址和资金的不足。合格的加盟商应该有一定的管理水平，虽然特许体系很大程度上接受总部统一领导，但日常的经营管理决策还是需要加盟商亲力亲为。加盟商应善于与他人合作和沟通，因为加盟店不仅要接受总部的管理，而且要与其他加盟店进行联系，与顾客进行友善的交流。总部往往要求加盟商具有一定的行业经验，但不一定拥有丰富的从业经验，甚至有些特许经营公司故意不吸收那些具有相关经营管理经验的申请人，这是因为他们希望自己的加盟商能完全按照自己要求的方式工作，这样有利于培训和控制。

考察二：申请人的资金实力。加盟商的资金实力反映其投资能力的大小。对于总部来说，加盟商的资金实力关系到特许费、管理费、保证金能否正常缴纳，能否在较好的地段开辟门店，能否承受商品和原材料的采购费用以及一些后续经营的费用支出，潜在受许人在开始时有足够的资金很重要，是加盟店能正常运转的保障。

考察三：店铺的地理环境和商圈的市场环境。对于门店经营来说，准确的选址等于成功了一半。在特许连锁关系中，加盟商往往是带着店铺加入特许加盟体系的，总部对于加盟店的选址十分重视，会根据自己的经营业务特点对加盟店的地理选择、物业结构和市场环境提出要求和标准，在签订加盟合同前还要对加盟商的门店地址和环境进行现场的考察。还有一些总部更是直接掌控选址权，如7-11便利店连锁门店均由总部确定店址，再交由加盟店经营。

考察四：申请人参与的意愿和投入的热情。加盟店经营管理虽然由总部统一决策，但门店日常运作仍由加盟商负责，加盟商参与的积极性在一定程度上决定了单店的成功。大部分加盟商积极肯干，因为他们才是加盟店真正的主人，加盟店的经营好坏与自己的切身利益密切相关。但也不排除一些加盟商以闲散资金投资，作为副业经营，这一点在全球餐饮业老大麦当劳的发展中得到了证明。当麦当劳连锁集团尚未成型的时候，创办人曾找一些经济实力雄厚的好朋友加盟，希望借助他们的实力打开市场。但事实证明，这些好朋友是麦当劳公司50多年历史上最差的加盟商，因为他们都不是以麦当劳生意为主，只是当作副业来投资，缺乏积极参与、全心投入的精神。就在创办人大失所望的时候，另一批穷人出身的加盟商给他带来了希望，这些加盟商是拿出毕生积蓄加盟麦当劳，并视麦当劳为自己唯一的奋斗目标。申请人参与的意愿和投入的热情直接关系到特许连锁发展的潜力。

📖 案例讨论

轻资产，快扩张

创立于2005年，已经成为中国发展最快的酒店集团之一的华住集团，运营酒店数量超过4200家，下辖多个子品牌，包括高端的美爵、禧玥、花间堂，中端的诺富特、美居、桔子水晶、桔子精选、漫心、全季、星程、宜必思尚品，以及平价的宜必思、汉庭、怡莱、海友等酒店品牌，满足从商务到休闲的个性化需求。

华住集团旗下多品牌酒店分别采用直营连锁和特许连锁的方式进行扩张，其中特许连锁模式又分为普通模式和加盟管理模式。

华住集团的加盟管理模式是公司从加盟酒店收取费用，不承担任何损失，也不分享加盟酒店的利润，一次签约时间为8~10年。公司收取的费用包括3部分：一次性收取加盟酒店8万~50万元特许经营费用，每月从加盟酒店的收入中抽取5%~6.5%的预订系统服务费和会员注册费。华住集团会向加盟管理的酒店指派经理并进行培训，经理拥有酒店人事任免和日常管理的权力。

普通模式与加盟管理模式的不同之处在于，华住集团不任命普通模式特许经营酒店的经理，对普通模式特许经营酒店收取的费用与提供的服务有关。

截至2018年底，华住集团旗下特许经营酒店合计超过3500家，占所有运营酒店的83%。相比直营，特许经营模式允许公司以轻资产的模式迅速扩张。

【思考】请分析华住集团对特许加盟模式的创新。

资料来源于文志宏：《特许经营实战指南》，中国工信出版集团2020年版。

（3）特许人的责任和义务。特许连锁总部越正规，对其加盟申请者提出的条件越苛刻，前期考察越严格，往往有越多的申请者对这些特许连锁总部趋之若鹜，原因就在于这些加盟体系的成熟和强大的盈利能力。通过总部和加盟商的等价交换关系，加盟商能够获得与其支付的加盟费及其他费用等值甚至物超所值的有形和无形资源。因此，一个成熟的加盟体系在收取一定的特许费后，必须采取一系列措施让加盟店有利可图，这是特许人的责任和义务。这些责任和义务主要包括以下4个方面。

第一，授予加盟商商标品牌、经营理念、管理技术等特许权。这是加盟双方交易的核心，加盟商通过特许连锁取得低风险创业的优势，就在于能够借助特许人的品牌优势、管理优势为自己的创业找一条捷径。加盟商之所以愿意支付一笔加盟费，目的就是取得特许人的品牌经营权。

第二，提供加盟商商品或原材料。如果说品牌商标、经营理念是特许人授予加盟商的无形资源，那么商品或原材料就是加盟商必须从特许人那里得到的有形资源。商品或原材料是连锁店经营的基础，是商标品牌的依托，总部在收取加盟费后有义务确保受许人的业务顺利开展，按照商品采购质量标准为加盟商提供商品或原材料。

案例讨论

周大福、海澜之家异曲同工

特许连锁体系商品卖不出去责任到底归谁？是总部还是加盟商？如何解决这个问题？周大福和海澜之家分别给出了两种相同又不尽相同的解决方案。

相同的是商品由总部提供给加盟商，但商品的所有权依旧归属总部。不同的是周大福总部确认售出的依据是商品真的销售给顾客，而海澜之家的加盟商在商品上自始至终都不需要出一分钱。周大福的加盟店由加盟商经营，海澜之家的加盟店则由总部的团队托管。

周大福采用的"存货拥有权、售出确认"特许经营模式指总部向加盟商收取与指定存货量对等的押金后，向加盟商发送商品，但总部保留存货拥有权，直至加盟商与顾客完成销售交易为止，然后总部按当时价格确认批发收益。在这种模式下，只有加盟商真正把商品最终销售给顾客，总部才能确认收入，这就可以使周大福加盟店的营业收入确认制度与其直营店保持一致，从而使总部的营业收入确认更加真实，减少因新开加盟店首次铺货而产生的营业收入泡沫，同时减少加盟商的销售压力。

　　海澜之家的加盟方式是加盟商负责加盟店的实体投资和日常运营费用，总部承担门店的运营管理和商品费用。这种方式可以借助总部更专业的运营团队，使加盟店的盈利可能性增大；总部对于加盟店的管理和参与性更强，总部更容易接触与获得一线的终端、市场、消费者状况和数据；加盟商只提供部分资金，无须参与加盟店的实际运营，更加省心省力；因为不承担商品的成本费用，加盟商没有销售风险、没有库存压力。但是，这种方式的最大缺点之一就是总部要承担单店运营不良的责任，比如海澜之家就因为门店商品销售状况不好导致大量的库存，而这些库存的成本属于总部，这就导致了股东和媒体对于海澜之家的高库存风险的质疑。实际上，海澜之家首次冲击IPO失败，就是因为38亿元库存占到总资产的56%，而成了上市的拦路虎。

【思考】周大福和海澜之家特许体系的根本差异在哪里？

资料来源于李维华：《特许经营新思维》，企业管理出版社2021年版。

　　第三，提供加盟商统一的企业形象运作。企业统一形象是加盟店给消费者最直观的视觉提醒和冲击，成功的统一形象可以通过色彩、布置让消费者对特许连锁系统有整体的印象。特许人为受许人提供形象策划、广告服务，将加盟商纳入特许连锁体系统一的企业形象运作中去，其实是在为自己做宣传，突出连锁企业广告宣传的规模效益。

　　第四，提供加盟商前期及后续经营的技术支持。建一家加盟店对总部来说，只是增加了一个销售网点，在收取了一定的特许费后，总部更加关心的是让加盟店有利可图，加盟店与总部要结成"利益共同体"，达到双赢。

2.受许人加盟选择与流程

　　特许连锁在国际上被称为第三次商业革命、21世纪主导商业模式、人类有史以来最成功的营销概念。目前，作为连锁经营的一种重要方式，无论是企业还是普通投资者，都对特许连锁给予热切关注。随着国内经济发展和人们收入水平的提高，居民投资创业意识高涨，中国的特许阶层已经出现，他们不具备自我创业的能力，但手上却积累了一定数量的资本，渴望投资赚钱，这就为特许连锁的发展提供了巨大的空间。

　　（1）受许人加盟流程。

　　第一步：递交申请。投资者在确定特许连锁总部后，可以直接向总部递交一份书面的加盟申请。有些特许人要求申请人必须到总部领取专门的申请书，详细清楚地填写有关专栏，并按规定交纳一定的申请费。

　　第二步：接受考察。总部收到加盟申请者提出的申请后，即着手对加盟申请者的个人和开店地点进行调查。首先与加盟申请者面谈，了解申请者的素质、能力、性格等，同时介绍总部经营的宗旨和经营内容；其次是派专人去实地考察，一方面对商圈内顾客需求的市场状况进行调查，另一方面调查加盟店的建筑、面积、租金等，为确定未来的营业指标做准备。

　　第三步：签订合同。总部在调查合格后即向申请者展示合同书，如果申请者没有异议，双方即可签订合同。合同是由总部提供的，申请者不能随意增减合同的内容，只能表示同意或不同意。如果合同中有不清楚的地方，申请者应立即指出，必要时可以咨询法律专家，若贸然签约，日后可能会出现麻烦。

第四步：交纳费用。合同签完后，申请者要交纳一定数目的加盟费、附加费、保证金、违约金等。收费标准因特许经营总部不同而不同，加盟商在签约之前应对此心中有数，减少不必要的支出。

第五步：店铺装修。一般来说，加盟店的设计和装修由总部来负责，总部的建筑设计部门会详细分析加盟店的物业特点、顾客的购买行为及商店的经营方案制订合理的商店装修方案，然后介绍建筑工程公司，并负责签订承包建筑合同。商店装修费用由加盟店承担，有些总部也可能提供部分资金支持。

第六步：接受培训。在店铺装修的同时，加盟店的店主到总部开设的培训中心或样板店接受培训或实习。培训内容包括开业所需的准备事项、计算机系统的操作管理、商店经营的技巧、人事、财务、销售管理的具体方法等。

第七步：开业准备。装修及培训工作结束后，即进入开店前的最后准备工作，内容包括：购置或从总部租借统一规格的货柜、货架、收款机、计算机设备等；根据总部的业务指导向总部订购货物，并按统一要求进行陈列；按照总部要求招聘店员并进行岗前培训；协助总部进行广告宣传及促销活动。

第八步：正式开店。上述所有工作完成后，加盟店就可以正式开店运营了。

知识链接

特许经营六大风险纠纷防范点

中伦律师事务所、中国连锁经营协会联合发布的《2020年度中国商业特许经营合同纠纷裁判白皮书》中显示，特许经营纠纷判决80%由受许人即加盟商提起，要求总公司即特许人返还或者支付相关费用是最为普遍的诉讼目的。

特许经营权即经营资源是特许连锁合同的关键内容，无论是特许人还是受许人，真实、完整的信息披露是双方合作的基石。实践中由于特许人未履行或未完全履行披露信息义务，导致加盟商要求解除合同的理由主要分为以下6类。

第一类：特许人不满足两店一年的资质且未向加盟商披露。

第二类：特许人未向商务主管部门备案且未向加盟商披露。

第三类：关于品牌实力、质量、毛利率等经营能力存在虚假陈述。

第四类：许可商标未注册、特许人不享有许可商标所有权或者许可商标没有知名度。

第五类：特许人或者加盟商未取得特定行业的资质许可。

第六类：未能披露《商业特许经营管理条例》第22条或者《商业特许经营信息披露管理办法》第5条规定的信息。

【思考】受许人通过加盟创业应如何防范法律纠纷？

资料来源于作者根据中国连锁经营协会公众号相关资料整理而成。

（2）受许人对特许人的选择。许多人认为在整个特许连锁体系中，特许人占据绝对优势地位，受许人是被控制的弱者。因为在大多数情况下，加盟合约的基本条款是由总部制定的，为维护整个系统的统一性，加盟商对合同条款几乎没有修改的余地，而且加盟商需要向总部交纳加盟金，这一环节是很多特许加盟诈骗发生的重灾区。但这种说法并不完全准确，事实上，特许人和受许人是通过互相考察、互相认识，才最终决定双方合作的。对于受许人来说，其完全有能力控制自己的命运，受许人可以通过在签订特许加盟合同前对总店进行全面的系统考察，来决定自己到底要不要加入该特许连锁体系。

考察一：对特许人经营业务领域的考察。加盟商创业第一步考虑的应该是投资的业务领域，即加盟的总公司是经营哪些类别的商品或服务。商品或服务是加盟店经营的基础，一般来说，开店生意要好，商品一定要有独特性、要有特色、要与众不同。作为加盟商必须了解特许人经营的商品或服务目前在市场中的状况如何，是处于成长期、成熟期还是衰退期，是否只是一种短暂的流行趋势；目前行业中有哪些竞争对手，各自的市场占有率是多少；有哪些替代商品或服务，各有什么优势、劣势；主要目标顾客是哪些人，目标顾客的消费行为特征等。

考察二：对特许人基本情况的考察。加盟商创业在选定经营业务领域之后，再考虑选择哪个特许加盟总公司，或者说选择哪个品牌。为了规避加盟诈骗陷阱，对特许人基本情况的考察首先应了解特许人公司的真实性、合法性。但真实性、合法性只是考察的起点，需要更进一步考察公司的背景和发展的历史以及公司目前所处的连锁发展阶段。虽然并不是发展历史越久，规模越大，公司就越成功，但这些指标在一定程度上还是能够反映加盟的安全度。一般来说，当特许连锁体系拥有 1~10 家门店时，尚处于探索阶段；拥有 11~40 家门店时，处于发展阶段；拥有 41~100 家门店时，该连锁企业已经处于成熟阶段；而当拥有 100 家以上门店时，则该体系为完全成熟阶段。但是门店数量还应与发展时间结合考虑，如果特许连锁体系的形成用时太短，则可能存在总公司盲目扩张的风险。

考察三：对特许人营运系统的考察。在大多数情况下，特许人会向受许人提供一系列服务，协助受许人获得营业场所并做好开张前的一切准备和开业后的服务与指导，也有一些特许人将开张前的所有准备工作一手包揽下来，他们选择好地点，进行装修、陈列等工作，等一切就绪后才将店铺交给受许人。无论是哪种情况，受许人都必须对特许人的加盟体系进行考察，考察内容包括：加盟特许连锁的费用具体金额和构成项目，加入特许连锁体系的详细步骤，从筹建到开张的时间安排，特许人提供怎样的前期、后期服务，服务质量和效率高低，经营中产生的利润如何分配等。

了解特许人营运系统情况最准确的渠道来自对现有加盟店的考察，了解他们对特许人的看法和经营经验，一些成熟的系统还会建立样板店供申请人参观，但申请人对样板店应谨防是否是"托"。如有可能还应了解顾客对该连锁系统的评价，几经调查，反复比较，权衡利弊，选择最令人满意的总部加盟。

考察四：对特许经营投入产出比的评估。所有投资者加盟特许连锁的目的都是赚钱，和其他任何投资一样，加盟前要做好投入产出比的评估。投入产出比与投资的风险有关，受许人要考虑投资的风险，也就是受许人能够接受多大的风险程度。有些受许人为尽量减少风险，会加盟比较成熟的特许加盟体系，在这种情况下，经营状况和盈利水平较为稳妥，但是相对应的加盟成本会比较高；有些受许人为了降低加盟成本，选择一些加盟费用较低甚至零加盟费的新兴加盟系统，这类加盟系统的风险较大，盈利能力较难估算。

📖 **案例讨论**

某火锅品牌的加盟经历

李先生一直想和朋友合伙经营火锅店，于是在网上搜索火锅店的加盟招商信息，了解到某重庆火锅在招加盟商后，李先生通过网络信息联系上公司业务员小张。小张说自己在餐饮行业干了20多年，这个项目肯定没问题，之后还邀请李先生和他的朋友去重庆总部实地考察。通过对公司总部的考察，李先生感觉项目还不错，出于对火锅的喜爱和创业的热情，当天就交了22.8万元的加盟费，并签了3份合同，包括一份代理合同、一份供货合同和一份培训合同，合作区域为湖南。

从总部回来之后，李先生回想加盟的过程太快了，也没有去直营店看看生意情况，感觉不太对劲，便以没找到合适的门面为由想让公司把钱退了，但公司不肯退款，还推荐了公司的另一个项目——某牛腩火锅。

李先生觉得推荐项目有一定的市场差异性就同意了公司的建议。之后，公司的选址老师过来帮忙找门面，但他只是随便找了一家店铺，说地理位置不是重点，主要是看产品的质量和个人的经营。找好店铺后，李先生和朋友就去公司学习牛腩火锅的制作，可是李先生感觉老师很不专业，理论只是随便讲了一下，厨房学习也就一个小时，整个培训就结束了。公司还说要考试，但其实答案都是直接给的，最后还发了毕业证，接着就要李先生去购买牛腩火锅的原材料。回来之后李先生开始店铺装修，总部提供了设计图，但是很不科学，厨房就把门面一楼占了一半，李先生无奈请人重新设计装修。等要开业时，公司派了一个年轻的指导老师来，但并未提供建设性的指导意见，店铺开业时，摆拍了两张照片就走了。

火锅店终于开业了，正值国庆黄金周期间，加上朋友过来捧场，但即使这样，开业当天半价活动也才做了2000元营业额，之后生意非常惨淡，甚至几天都没有一个客人。考虑到这样亏下去也不是办法，李先生就联系公司，要么退款，要么改进方案，没想到当初联络的业务员都离职了。公司勉强派了个老师过来看看就走了，也没有给出解决方案，之后就不再回复李先生的信息了。李先生亏损严重，加盟费也一直未退，可以说是血本无归。

【思考】李先生加盟的失败经历对你有什么启示？受许人应如何考察特许人？

资料来源于作者根据相关资料整理而成。

（3）受许人承担的责任。受许人承担的责任主要包括以下2个方面。

第一，交纳特许加盟费及其他费用。在特许加盟双方的交易关系中，受许人出资购买总部的经营管理权，按时交纳特许加盟费及其他费用是受许人获得经营权的前提。加盟门店需要向总部支付的特许经营费用包括 3 类：特许经营的初始费、持续费以及其他费用。

对于加盟商来说应该按时、按量支付合理的特许经营费用，减少特许经营关系双方的冲突与纠纷。在加盟全过程中，加盟商要提前、合理、科学地规划、实施资金战略，保证自己的加盟创业成功进行，同时拒绝总部不合理的费用，保护自己的正当权益。

第二，执行特许方统一的经营管理标准。一般来说，特许人需要顾全特许连锁体系的整体利益和长远利益，重视维护产品和服务的品质标准和品牌的良好形象，而受许人更倾向于快速收回投资或获得更高盈利，可能因此而急功近利，出现不执行统一产品或服务标准等有损品牌形象等状况，或者绕开特许人独自经营。因此，由于角色定位不一样，可能导致双方在经营理念上和行为上的差异，进而影响特许连锁合作关系。连锁经营本身是以统一为特色的，失去统一就失去了连锁经营存在的基础，因此，各家加盟店必须严格执行统一的经营管理标准。

特许加盟双方为了维护加盟系统的有序、健康运转都应该付出自己的努力。在合作之前，要对对方进行一个深入的考察和评估，明确双方的匹配度；一旦确定合作之后，双方都要全情投入，履行自己的职责，只有这样，加盟关系和加盟体系才能够牢固、持久，才能实现真正意义上的"双赢"。

单元三　自由连锁

一、自由连锁的起源

直营连锁和特许连锁发展起来之后，美国零售业开始出现一批大型企业，它们凭借不断增加的门店数量而累积的巨大采购量，在与上游供应商的议价中处于有利地位，能够拿到低价进货的优势，进而在市场竞争中具备了低价的绝对优势。规模庞大、实力雄厚的大企业集团在市场竞争中处于完全主导地位，占据了大部分的市场份额。而反观市场上一众的中小零售商，由

教学视频：自由连锁

于势单力薄，采购量有限，不具备与供应商讨价还价的实力，在采购成本方面无法与大型直营、特许连锁企业相比，进而在市场销售方面处于价格劣势，在竞争中纷纷败下阵来，几乎失去了生存空间。为了摆脱这种困境，一些中小零售商开始思考共同投资设立一个中介机构，负责共同进货、促销和广告，以降低成本。1887 年，美国 130 多家独立的中小食品零售商为了生存自愿联合，共同投资开办了一家食品批发公司，为参与的中小零售商提供采购平台，实现统一采购、联购分销，这是美国第一家自由连锁企业。可以说，自由连锁是中小企业为了对抗大型连锁店而自发形成的组织，是中小企业对抗大型连锁店的产物，也是自由连锁对直营连锁的对抗。

二、自由连锁的含义

自由连锁又称自愿连锁。

美国商务部对自由连锁的定义是："由批发企业组织的独立零售集团，即所谓批发主导型连锁企业集团，零售店铺成员经营的商品全部或大部分从该批发企业进货。作为对等条件，该批发企业必须向零售企业提供规定的服务。"

日本通产省对自由连锁的定义是："分散在各地的众多零售商，既维持着各自的独立性，又缔结着永久性的连锁关系，使商品的进货及事业共同化，以达到共享规模利益的目的。"

综上所述，自由连锁是由许多不同资本的零售企业，在保持各自独立的条件下，自愿组成批发企业，以此为主导建立一个总部指挥组织，在总部的指挥和管理下实行共同经营、统一采购、统一营销策略，以达到共享规模效益的目的。

自由连锁主要存在于中小企业中，其核心是共同进货，形成"联购分销"的机制，这也是中小企业加入自由连锁系统的最大原因。

📖 案例讨论

自由连锁成就国际化程度最高的超市

以"联手合作，大家获益"为宗旨的SPAR成立于1932年，总部位于荷兰，是一个在"De Spar"名义下的零售店自愿连锁，目的是确保在欧洲的独立零售商和批发商与零售店的自愿连锁合作。

SPAR目前在全球35个国家经营1.5万多家超市，年营业额超过340亿美元，是全球最大的超级市场自由连锁集团，同时也是国际化程度最高的超市体系，门店分布在欧洲、非洲、亚洲、美洲和澳大利亚。

每个国家的SPAR门店都在其自由连锁体系下从事独立的商业活动，不同国家的SPAR门店获得的奖励和表扬充分证明了这一体系的成功。新业务的开发还在继续，保证了SPAR仍然是世界最大的零售食品店连锁品牌之一，也证明了SPAR的成功源于持续性。2004年，国际SPAR开始进入中国市场，其总裁高登·康贝尔博士宣布，将在中国开设购物中心和超市，并与中国的独立零售商形成战略合作伙伴。2004年底，国际SPAR与山东家家悦完成了第一家中国合作伙伴的签约。

【思考】国际自由连锁组织进入中国对中国连锁零售业有何影响？

资料来源于作者根据相关资料整理而成。

三、自由连锁的特征

（一）资产独立性

自由连锁组织往往由众多分散的中小零售商加盟成为成员，这些零售商一般都是独立的、小型的，商店资产归业者所有，经营者就是所有者。因此，总部和门店之间、门店与门店之间的资产都是相互独立的。

（二）财务独立核算

资产的独立性决定财务的独立核算。自由连锁组织各门店在财务上是独立的，与总公司没有从属关系，利润的支配权在各独立的零售店。总部和门店之间甚至没有特许经营权的买卖关系，门店不需要缴纳加盟费，只需要定期以一定金额向总部上交管理费，用以支持总部为门店进行服务的各项费用。

（三）经营权部分集中

自由连锁组织中，各门店在经营上也是相互独立的，只是在部分活动上保持关联，如统一订货和送货，统一使用信息与广告宣传，而销售方面门店有很大的自主权，每个门店甚至可以使用各自的店名商标。共同进货才是自由连锁的核心，通过共同进货，中小零售商也能和超级市场、百货商店一样，获得低廉的进货价格，以此与大型零售商竞争。但共同进货也不一定百分之百统一到总部，门店也可以拥有部分商品独立的采购权。

（四）门店与总部是协商服务关系

自由连锁组织中，总部与各加盟的成员企业是通过合同作为纽带联系在一起的，合同是各成员之间通过民主协商制定的，而不是特许连锁那样的特许经营合同。总部对门店主要是服务功能，而不是决策功能，相互之间关系相对松散。根据自由原则，自由连锁体系中的各门店可以自由加入连锁体系，也可自由退出。

📖 案例讨论

京东便利店"百万计划"

2017 年 4 月，刘强东在其个人社交平台上宣布"百万京东便利店计划"，即未来 5 年京东将在中国开设超过 100 万家京东便利店，其中一半在农村，5 年后将实现中国版图上每个自然村都有一家京东便利店的目标。

消息一出，业界震动。因为全球连锁经营商业模式走过了 160 多年的历程，目前门店数最多的的确是一个便利店品牌，即起源于美国，发展于日本的 7-11 便利店，经过 70 多年的发展，其门店数量是 7 万多家。而京东便利店"五年一百万"的目标令大家诧异和怀疑。

但京东便利店的 100 万家并不是指新开的数量，而是整合已开设在各级市场，特别是深入县、镇、村的传统杂货铺，纳入京东的体系中来。京东不参与直接的经营管理，只是输出品牌和货源，因此从本质上来看，京东是要组建一个便利店的自由连锁组织。京东对收编的小店采用零加盟费、零管理费、零培训费，只收取"质保金+装修费"的模式。大于 100 平方米的门店收取 2 万元费用，60~100 平方米的门店收取 1 万元费用，小于 60 平方米的门店收取 5000 元费用。

收编后的门店采用"京东便利店"的统一形象标识，分为 100%进货和部分进货 2 种方式，店主在京东掌柜宝下单，由京东负责物流配送到店，而 100%从京东进货的门店将得到更多市场活动等方面的支持。

【思考】为什么说京东便利店属于自由连锁模式？

资料来源于《刘强东宣布，5 年开 100 万京东便利店！》，搜狐网，2017-04-12。

四、自由连锁体系的构建

（一）自由连锁构建的原则

1.共同行动原则

因为自由连锁本身在形式上是比较松散的，为达到最初的目的，自由连锁企业必须积极开展共同行动，总公司要尽心尽力指导，加盟店应全心全力配合。

2.职能明确原则

共同行动不是一哄而上，而是体现职能明确，总部要做好决策、培训、信息化建设等战略和规则制定，而加盟店要执行好总部的决策，突出做好销售活动。

3.调整协调原则

自由连锁以吸引中小店铺为主，各个加盟店之间业务相同、规模相似，而且地域相对较近，难免会出现内部的互相竞争。有益的竞争能给整个体系带来活力，提高加盟店的管理水平，但是过度的竞争不仅达不到最初的连锁目的，反而会造成严重的内耗。总公司在其中要做好系统内部各加盟店之间的调整、协调工作，避免加盟店之间的恶意竞争。

4.服务社区原则

参与自由连锁的一般是中小企业，大多在社区中开拓市场，这些中小企业要有自己的合理定位，那就是为社区中的居民服务，事实上这也是中小企业相较于大型企业的竞争优势。大型企业由于场地大，往往选择郊区，而将社区这一广阔的市场空间留给了中小商业组织。

案例讨论

从杂货店到自由连锁门店

日本有家食品零售店地处北陆汕的中央商业街，已有70年的历史，是家庭式的商店，知名度很高。零售店采取有限公司的组织形态，资本200万日元，店员有店主夫妇、儿子及3个员工，营业面积120平方米，经营食品及相关调味料等，一直以来经营得还算顺利。但自从另一家著名商店在该商业街开办连锁商店后，顾客大量转移，营业额降低了10%～20%，并开始出现赤字，店主不得不考虑如何才能摆脱危机。

店主面临着两种生存选择：一是改卖其他商品或投资产业，二是加盟某个自由连锁组织。改卖其他商品同样面临着百货商场的威胁，投资其他产业等于重新起步，更是艰难，因此店主放弃了转业的念头。

店主对自由连锁组织有一定了解，他觉得连锁经营既可以实现规模效益与大商店抗衡，又可以自行经营自己的店面。自由连锁采取统一采购、统一广告、统一促销等共同性行为，可有力地保护成员的利益，因此店主决定加盟一个自由连锁组织。

店主经过分析比较，选择了总店位于名古屋的 T 自由连锁组织。这个连锁组织已有180家连锁店，其营业额排名位于日本前20名以内，有较好的发展前途。店主通过一个熟识的批发商介绍，加入连锁组织。

店主向连锁组织部门提出申请，部门分区负责人与店主花了5天时间，将商店现状与连锁规则逐一进行分析，包括店铺的内外装潢、招牌、通道、店面、店内的色彩、照明设备与照明程度、陈列方法、货架、进出口通道、商品的结构与数量等。

经过分析比较后，总部决定对店铺进行3个方面的改善。首先，进行店铺装修，改变这家店铺已保持了30多年的内外装潢，按照连锁组织的整体特征进行装修；其次，减少商品数量，以目标顾客的需要来组织货源，大幅度地减少货物库存；最后，引进销售信息管理系统，纳入总部的信息网中，加强信息沟通和商品管理，提高订货效率。

店主筹集了70%的资金，其余向银行贷款解决。加盟后从整体形象上看，毫无特色的食品零售店转变为现代化的小型超级商店，顾客入口、出口分离，增设了自动门，并采取自动贩卖方式。从商品结构上看，生鲜品以外的商品有70%从总部进货，大大降低了成本和费用。从营业状况上看，顾客迅速增加，营业额提高了30%。

【思考】店主为何放弃独立经营？该店如何实现从杂货铺到自由连锁门店的转变？

资料来源于作者根据相关资料整理而成。

（二）自由连锁体系构建的条件

1.有现存可供连锁的商店

筹建自由连锁组织不是营建若干新的零售店，而是对现有门店进行整合，因此必须有现存可供连锁的商店，并且它们都有自由连锁的要求。选择自由连锁对象时，必须选择经营同类商品的小型零售商店，它们星罗棋布，分散在不同区域，无力与大零售商店抗衡，资金实力比较弱。这些零售企业条件大体相同，为数众多，都愿意为了寻求共同的规模效益而结合。一个自由连锁组织选择30~40个小零售商店，就可以达到规模效益，有足够数量的小型零售店是筹建自由连锁组织的前提。

2.有连锁的必要

自由连锁组织的出现是市场竞争的必然结果，其直接原因在于大型零售企业采取了连锁店的形式向市场渗透，全方位地占领市场，这使众多的批发商和小零售商面临着倒闭的危险，因为任何一家小型独立店都不可能与实力大于自己百倍、千倍的大型店抗衡。尽管每个独立店都有自身的利益，也存在着矛盾，但为了生存不得不联合起来，通过统一行为创造规模效益。因此，在筹建自由连锁组织时，不能违背这一客观要求，要认真分析市场竞争态势、连锁店和独立店的优点，如果各独立店经营顺利，发展前景良好，那么没有必要加入自由连锁组织。

3.有龙头企业

由于自由连锁组织是众多中小企业的自愿组合，因此必须有经营实力较强、业务关系良好的龙头企业提出连锁建议，使众多小型商店能以其为核心进行运作。这个龙头企业起着穿针引线、化零为整的重要作用，没有龙头企业，自由连锁只能成为一句空话。在一个自由连锁组织中可以有一个龙头企业，也可以有几个龙头企业；龙头企业可以是零售企业，也可以是批发企业或是生产企业。

单元四　连锁经营类型选择

一、优缺点比较

（一）直营连锁的优点与缺点

1.直营连锁的优点

（1）有效利用内部资源。直营连锁企业可以打破各门店的界限，统一调配资金、设备、商品及人员，统一开发和运用整体资源，将适当的资源在适当的时间放到适当的位置，以便发挥其最大的价值。

（2）总部门店合理分工。总部负责经营决策和管理标准的制定以及整个连锁体系的设计，各连锁门店可以将主要精力放在商品销售管理和改善服务上。

（3）全面降低经营成本。由于采用集中采购方式，直营连锁企业可以通过大批量采购，大幅度降低采购成本、经营成本和商品价格，还可以统一进行企业的财务、人力资源开发与管理、配送、广告宣传等业务，减少管理费用，降低经营成本。

（4）决策推行效率高。在直营连锁形式下，连锁总部能以投资者的身份对所有门店实施全面、严格、统一、规范的管理，各门店无权脱离总部经营管理制度的约束而独立经营，每个门店都能较好地处理局部利益和整体利益、眼前利益和长期利益的关系，保证所有门店的管理水平达到完全的统一化和规范化，可全面提高连锁企业的经营管理水平和连锁企业的整体市场竞争力。

2.直营连锁的缺点

（1）投资金额大，扩张速度慢。由于直营连锁由公司总部统一开发，投资主体单一，每一个门店都是由总部投资开设并派人经营的，因此直营连锁在发展连锁分店时，需要大量的资金投入。若总部资金不足，企业的发展速度和连锁规模的扩展将会受到限制，不能及时取得规模效益，直营连锁要求连锁总部必须具有较强的经济实力和管理能力。

（2）经营风险大。直营连锁的每个门店都是由该连锁企业独资开设的，由于各门店的地理位置、经营管理存在差异等，可能致使部分门店经营失败，此时直营连锁总部就要承担所有的风险。

（3）门店缺乏灵活性。直营连锁采用集中化的统一管理，各项权力高度集中于连锁总部，门店的经营效益与员工的利益关系不够密切，各门店经理均由总部指派，他们是公司的雇员而不是所有者，可能导致门店人员的积极性、创造性和主动性等方面都受到影响。加上总部往往远离市场，因此对于市场的瞬息万变反应滞后，而处在市场第一线的门店权力有限，不能对市场的变化做出灵活应对。

（二）特许连锁的优点与缺点

特许经营是一种双赢的商业模式，对于总部来说，特许经营具有低成本扩张的优势，而对于加盟商来说，特许经营具有低风险创业的优势。

1.对于特许经营连锁总部

特许连锁具有以下5个方面的优点。

（1）在资金有限的情况下，迅速扩大业务。在资金、人力等资源有限的情况下，总部无须动用自己的资本设置门店，也能获得迅速扩大业务领域的机会，提高知名度，加速连锁化事业的发展。

（2）在新进市场降低商业风险。总公司在开辟新市场时，面对可能存在的风险，可以通过特许加盟的方式，一方面避免资金投入风险，另一方面降低市场拓展风险，将品牌授予当地的加盟商经营，试探市场反应，也可借助加盟商对于当地市场的了解，完善总部品牌在新市场的开发和立足。

（3）加盟费和特许权使用费等具有融资功能。通过特许加盟的方式，总部不但不需要自行投资兴建门店，而且每增加一家门店还能收到一笔加盟金、特许权使用费、管理费、保证金等资金，在一定程度上这些资金具有融资的功能，总部可利用筹集的资金用于品牌维护、技术更新、广告宣传等体系建设。

（4）发挥门店经营者积极性，经营者即为所有者。相比于直营连锁，门店经理是连锁总部的雇佣者，总部通过特许加盟的方式将门店的管理者从经营者推到所有者的位置，这使得门店的管理者有了更大的工作热情和责任，将自己的事业同总部的命运联系起来。

（5）灵活有效收集商业信息，调整连锁策略。连锁经营管理决策均由总部做出，门店需要严格执行，但是总部在决策制定的过程中同样会听取门店的意见，特许门店由不同的加盟商经营，他们对于市场有不同的经营看法，能够给总部提供更全面的商业信息和建设性意见，辅助总部的经营决策。

特许连锁具有以下3个方面的缺点。

（1）加盟商闹独立，难以控制。加盟商踏入特许经营一段时间后，如果门店经营业绩良好，很多加盟商可能认为完全是自己勤劳智慧的结果，对于总部所谓的秘诀和实际指导，早已抛到脑后，认为没有总部也可以，因此产生一种独立感，企图摆脱总部的指导和监督；而如果门店经营业绩不好，大多数加盟商会认为是总部的责任，继而产生失望和不满的情绪，希望尽早解除加盟合同。由此可见，不管门店经营好坏，总部和加盟商要实现长久的合作较为困难。

案例讨论

"狗不理"品牌一度失控

"狗不理"始创于清朝咸丰年间，距今已有 150 多年的发展历史，在海内外有较高声誉。"狗不理"已被国家商标局认定为中国驰名商标，受到国家保护。2005 年 2 月 28 日，该企业通过上市竞拍实现国有资产整体转让，投资人以 1.36 亿元入主"狗不理"，并承担了 5000 多万元的债务。

改制前的"狗不理"在传统国有体制下面临生存和发展困难，在一段时期内不加选择地在各地建设了大量加盟店和联营企业，其中存在很多问题，最终导致"狗不理"品牌在国内外鱼目混珠，支离破碎。

一是加盟合作项目标准低下，给钱就开店。当时"狗不理"在各地有 70 多个加盟店，加盟费最低的一年只有 5000 元，许多加盟商使用"狗不理"牌匾，却没有实力维护品牌，在短期行为经营下，"砸牌子"现象十分突出。

二是"狗不理"加盟合同不规范，商标使用权被层层倒卖。"狗不理"在长春、哈尔滨等地建有加盟企业，这些企业可以无期限、随心所欲地使用"狗不理"品牌；天津的加盟商则将"狗不理"品牌倒卖他人，用来生产打着"狗不理"品牌的调料。

三是合资项目管理失控，经营随意性大。国内一些企业擅自在美国、澳大利亚、日本等国家和地区非法注册"狗不理"商标，并签订大量外包合同。

由于品牌严重失控，投资人承担了"狗不理"的巨额债务，而"狗不理"品牌的控制使用权却只剩下了 1/4，"狗不理"品牌不再完整。为拯救"狗不理"品牌，企业改制后投入了大量的精力和资金，却因为过去签订的不规范合同的制约而陷入困境，有关企业也对"狗不理"的品牌规范行为采取了对抗态度。狗不理集团作为商标的唯一持有人，却管不了商标使用人，造成"狗不理"产品在国内外市场上十分混乱，真假难辨。

【思考】特许加盟总公司应如何保护自己的品牌、商标和秘方？

资料来源于《天津"狗不理"品牌失控维权无计》，大众网，2007-06-12。

（2）形象受个别经营不好的加盟商影响。总部的决策失误会使加盟商的利润和前途受到损害，同样加盟商经营失败也会降低整个体系的声誉。有些加盟商一旦熟悉了运作过程，就会觉得总部的若干作业规定不尽合理。如果是基于善意可以向总公司提出，但如果是自作主张就会出现问题，特别是对销售的商品在自家店内擅自改变制造的方法，更改加工的时间，或是调换作业的顺序，以致总部的种种规定都不能被执行。总部的作业规定，一定有其鲜明特色，擅自更改就丧失了它的特色，尤其品质方面更是如此。品质一旦不稳定，特色一旦丧失，顾客是很敏感的，慢慢地就会选择远离。

（3）加盟店主不能胜任时，无法更换。总部在挑选加盟商时一般十分谨慎，国外的特许组织总部往往愿意找产权清晰、资金力量不雄厚、学历不太高、需要通过努力才能维持生意的中小生意人。这些人在利益相关的情况下，可能会倾尽所有积蓄和精力来经营，但这种理想的店主并不好找，尤其总部发展较快时，要找到足够数量的合适的加盟商有些困难，若一旦滥竽充数，经营一段时间后发现加盟商不能胜任时，总部无法更换，不能像直营店长那样可以辞退换人。

2. 对于特许连锁加盟商

特许连锁具有以下几个方面优点。

（1）使用总部的商标和品牌。当加盟商购买一项特许经营权时，他实际购买了特许人多年苦心经营的业务经验和被证明是成功的运作方式以及在市场上具有一定知名度和市场价值的商标和品牌。新品牌的建设会面临高额的成本和巨大的风险，然而一个经过市场考验的品牌会帮助新门店较为顺利地开始经营。

（2）保证货源和产品质量，降低采购成本。大多数的小本经营者无力购买批量商品，无法取得规模采购的低成本，而特许连锁体系的加盟商就可以享受到总部已经建立起来的采购渠道的低价优势，也减少了小本经营者寻找供应商、讨价还价、商品检验等业务流程的工作。

（3）得到系统的经营管理培训和指导。拥有一套成熟高效的管理方法无疑是企业成功的基础。创业者要独自摸索出一套可行的管理方法，往往需要很长的时间。但如果投资者加入特许连锁企业，就不必一切从头做起，尽管可能没有专业知识和管理经验，也可以立即得到总部的管理技巧、经营诀窍和业务知识方面的培训，在进行事业活动的全过程中始终可以得到帮助，获得总部提供的市场调查结果和发展计划。

（4）专心致力于销售活动。加盟商通过加入特许体系，接受总部的业务指导，由总部送货上门，听取总部的促销建议，还可以使自己从商业经营诸多繁杂的事务中摆脱出来，专心致力于销售活动，服务于消费者，掌握第一手的商业信息，大大提高经营的成功率。

特许连锁具有很多优势，但是任何事物都有两面性，特许连锁也一样有利有弊，既有其诱人的魅力，也有其无法否认的缺陷。因此，必须对其有清醒的认识，扬长避短，才能少走弯路，开拓成功的事业。

特许连锁具有以下几个方面的缺点。

（1）经营受到严格约束，缺乏自主权。加盟商加入特许连锁企业后，其付出的最大代价是经营的自由度受到限制。从商店的布置、商品的陈列、经营的商品品种、商品价格定位、促销活动、经营的器材、经营方式甚至营业员的行为、语言、着装都必须跟总部规定的步调一致，加盟商只有服从总部安排的义务。

经营管理缺乏自由度可能使投资者失去应变能力。比如，加盟商发现附近竞争对手与自己经营的商品雷同，但售价比较低，抢走了更多的客流，在这种情况下，如果是单店经营，则店主可能通过改变经营商品、降价、促销等方式予以迅速回击，但是如果是加盟店则没有这种权利。因为所有特许加盟商经营的商品、价格定位、促销活动等都是由总部统一制定的，任何商店均不能擅自改动，否则就是违反协议。加盟商遭遇这种情况，只能向总部反映，如果总部不愿为了个别加盟商而改动全线商品价格，则加盟商也无计可施，只能眼睁睁地看着邻店抢走生意。即使总部接受加盟商的反馈，也需要花费更长的时间去协调所有加盟商的利益，再调整经营策略，对单店来说可能会出现决策的时滞性。

通过特许加盟创业尽管风险较小，但加盟商可能受诸多规则限制，生意难有较大突破，所以在考虑加入特许连锁体系时一定要充分考虑到自主权的问题。加盟商也要考虑自身的特性，如果是自主性特别强的个人，可能也不适合通过特许加盟实现创业。

（2）总部决策失误，加盟商受到牵连。加盟商加入某特许连锁体系，就等于将自己的投资得失全部与总部挂上了钩，投资成败在很大程度上受总部的影响。尽管加入特许连锁体系可以降低创业和经营的风险，但也并不意味着就没有风险，特许经营失败的例子不在少数，而这些失败的例子中很多都是由于总部决策失误导致的。如果总部在制定企业战略的决定上出现失误，有可能使整个加盟体系遭受损失，甚至全盘失败，特许体系的加盟商也因此一荣俱荣，一损俱损。

📖 案例讨论

"上岛"商标大战累及加盟商

20世纪80年代，陈文敏在中国台湾地区创建"上岛咖啡"，1998年"海南上岛"成立，游昌胜任董事长，陈文敏任总经理。2001年1月，陈文敏注册成立"杭州上岛"；7月，"海南上岛"公司撤销；8月，游昌胜的"上海上岛"成立。2002年5月，上海上岛依法受让原海南上岛所有的"上岛（及图）"注册商标。2003年8月，上海上岛以侵犯商标权将杭州上岛告上法庭；年底，杭州上岛也将上海上岛告上法庭，称上海上岛商标所有权的取得不合法，不受我国法律的保护。2004年7月，国家工商总局商标评审委员会做出裁决，上海"上岛（及图）"商标与台商陈文敏此前于中国台湾地区申请注册的"上岛（及图）"商标，无论是文字与图形组合方式还是整体外观，均无法从视觉上加以区分，因此"上岛（及图）"商标应予撤销。

但令人不解的是，上海上岛在商标被撤销、商标权属未定的情况下，仍然在大规模发展加盟店，并收取每家每年2万元的"商标使用费"。很多加盟商身陷其中，有人更是一口气签下5份加盟合同，店面也已进入装修阶段。当得知"上岛"商标已被撤销时，加盟商目瞪口呆，他们虽然听说过上海上岛和杭州上岛的商标之争，但上海上岛告诉他们，杭州上岛已经失去了"上岛"商标的使用权，目前唯一可以使用该商标的只有上海上岛一家。上海上岛总公司从未就商标被撤销一事通知过加盟店，他们对此一无所知。

【思考】上海上岛总公司的做法给加盟商的哪些方面带来了损失？

资料来源于《上岛咖啡"内讧"加盟商或受连累》，新浪网，2004-07-27。

（3）加盟动机偏颇。所谓加盟动机偏颇就是很多加盟商认为既然是加盟就可以什么也不干，一切交由总部来管理。由于加盟商处处服从总部领导，听从指挥，会使自己变得过分依赖于总部，而失去洞察力和经营动力。他们错误地以为总部有责任事事关心加盟商，帮助他们经营决策，送货上门，招揽顾客和日常服务，但很多是需要加盟商自己努力的。

特许连锁总部和特许连锁体系成功并不表示任何加盟商加入这个体系必然成功。必须牢记总部和加盟商是两个事业体，总部提供给加盟商的是一套加盟营运模式，加盟商必须按照总部的经验和指导按部就班地切实执行，才有可能获得成功。即使总部所提供的加盟营运模式是放之四海而皆准的，尽管总部发挥指导、督促的功效，但门店日常的经营管理活动仍然需要加盟商亲力亲为，否则仍然可能导致加盟体系成功而单店失败的结果。

（4）过分标准化的产品和服务，缺乏适应性。加盟商加入特许体系后，将接受总部统一的采购，经营统一的商品和服务，这种高度统一的标准化商品和服务提高了经营效率。但由于各个加盟商所处的市场环境不同，有可能会出现另一个弊端，即商品无法满足各地差异化的需求。在某个地区很流行、销量很大的商品，在另一个地区可能不流行，但加盟商只能销售总部统一的商品或服务。

当然，总部为了扩大市场影响力，保持竞争力，在经营策略上也会尽量追随时代潮流，为符合区域需求不断进行调整。但由于整个企业规模较大，任何改动从设想、计划到实施需要一段时间来有条不紊地进行，而且往往从全局出发，不会只顾及某个加盟商的具体情况。

（5）发展速度过快，总部后续服务跟不上。很多总部为了单纯追求公司的规模化，盲目扩张，更有甚者为了收取更多的加盟费而快速招揽加盟商，使得加盟店数量迅速增长，区域范围迅速扩大。但总部的物流系统、后勤服务、管理能力却无法相应增强，对加盟商不能进行有效的帮助和指导，削弱了总部的控制力，使连锁系统名存实亡，成为一盘散沙。

绝大多数特许连锁体系会建立督导制度，总部经常自上而下派遣督导员进行经营和技术上的指导，但总部的督导人员有时并不了解当地门店的情况，使督导徒有虚名，甚至出现瞎指挥的现象，而加盟商还要为这种瞎指挥上交一定的服务指导费，不但增加加盟商的负担，而且使经营雪上加霜。

（6）加盟商退出或转让合同受限制。加盟商与总部签订合同后，在合同期限内必须照章办事，不能随意更改或退出，如果在这一时期内门店经营不太理想，或因其他原因想中途退出，一般总部出于自身利益考虑不会轻易同意，除非总部明显违背合同，才可以通过法律程序解决，而且加盟商要考虑时间和资金成本。即使在特许合同终止后，如果从事类似的商业活动，仍然可能受到诸多限制。

（三）自由连锁的优点与缺点

1. 自由连锁的优点

（1）门店保持独立，经营灵活主动。在自由连锁中，各门店独立核算、自负盈亏、人事自主，拥有所有权与一定程度的经营自主权，具有较好的灵活性、互补性和发展潜力，能够使加盟企业优势互补、资源共享，增加商业的附加值。由于加盟商的经济利益与门店经营好坏直接挂钩，因此各门店经营管理者的主动性和积极性高涨。另外在自由连锁体系中，由于原来门店有经营自主权，所以其原有的一些被消费者认可的特色还可以保留和发展，特别适合中小企业发展连锁经营。

（2）统一进货，降低成本，实现规模效益。自由连锁最大的优势是规模效益优势，在自由连锁体系中，各成员店既可以保持一定的独立性，又可以享受统一进货、统一经营的好处，自由连锁组织在向供应商购买商品时，由较大的购货规模带来较强的议价能力，能为各成员店带来成本上的下降，提高企业的竞争力。

2.自由连锁的缺点

（1）控制力不强，统一性较差。在自由连锁体系中，总部与各成员的关系是松散型连锁形式，各成员店的独立性比较大，总部对各成员店的统一领导力往往会受到限制，就有可能出现凝聚力和约束力较弱、管理比较松散、连锁关系不稳定、很难发挥出集中统一运作的优势等缺点。

（2）利益冲突多，决策较迟缓。由于组织稳定性、统一性较差，特别是在经营战略、经营方针和经营决策等方面的管理效率不如直营连锁高，决策比较迟缓，很难快速适应市场的变化。在日常经营活动中，效率将直接影响连锁体系的竞争实力。而利益多元又可能出现一些只顾本店利益，不顾连锁经营整体利益的行为，也可能在一些重大经营问题上出现意见分歧、矛盾，难以达成协调一致。

二、适应性选择

连锁企业总部进行扩张时选择开设何种类型的连锁门店，需要考虑自身的资源条件，比如资金实力、管理能力、主营业务、业态大小，也要考虑现阶段的战略目标，是更看重门店统一标准化还是更看重扩张速度，同时还需要考虑外部环境，比如市场风险、法律成熟度等。

（一）直营连锁适用的行业

直营连锁比较适于大型商品零售业，特别是百货商店和超级市场，主要原因是这类企业需要巨额的投资和复杂的管理，如果采用特许连锁的方式来发展，难度较大。

（二）特许连锁适用的行业

特许连锁比较适应于制造业、服务业、餐饮业以及其他小型零售业等领域。那些名气大、经营管理方面有独到经验的企业，通常以商品或服务等作为联结的纽带。

（三）自由连锁适用的行业

相较于直营连锁和特许连锁，自由连锁在国内外的普及度并不高。自由连锁比较适应的行业与各国商业经营的传统风格有着密切关系。在美国，自由连锁以批发企业为主导，在日本则以零售企业为主导，在很多国家由于中小零售商缺乏持久的合作精神，物流配送水平不高，发展自由连锁的难度相对较大。

案例讨论

星巴克连锁变更之路

星巴克（Starbucks）——美国一家连锁咖啡公司，是目前全球最大咖啡饮品零售商，也是唯一把店面开遍五大洲的世界性咖啡品牌。

对于爱喝咖啡的人来说，星巴克是一个耳熟能详的名字，星巴克的成功并不仅仅在于其咖啡品质的优异，轻松、温馨、人性化的环境氛围才是星巴克制胜的不二法宝。因为星巴克咖啡馆所渲染的氛围是一种崇尚知识，尊重人本位，带有一点"小资"情调的文化。在星巴克咖啡馆里强调的不仅是咖啡，更是文化和氛围。

1971年4月，在美国的西雅图帕克市场，星巴克第一家店正式开业，当时星巴克只卖咖啡豆，不卖一杯杯煮好的咖啡。直到1983年，时任星巴克市场部经理的霍华德·舒尔茨去了趟米兰，被米兰咖啡馆里的气氛所感染，受到启发，开始出售咖啡饮品，并逐渐从西雅图宁静的咖啡豆零售小店转变成国际性饮品连锁店。

1.直营拓展全球市场

20世纪90年代开始，星巴克逐渐成为全球一道文化风景线，而这些店面全是直营店而非加盟店，全由星巴克公司自有资金经营。自成立以来，星巴克对外宣称其整个政策都是坚持走公司直营店方式路线，在全世界都不要加盟店。

2.特许进入中国市场

1999年，星巴克在进入中国市场的时候，却放弃了他在全球坚持了30多年的直营道路，而以授权的方式进入中国。1999年1月，经总公司授权，星巴克在中国的第一家咖啡店在北京开设；2000年，星巴克又以授权形式进入上海。此后星巴克在北京、上海、宁波、青岛、大连、成都和重庆等城市均以加盟方式开设了100多家门店。

3.中国市场回归直营

短短几年时间，中国区成为星巴克全球业务中的一个亮点：香港星巴克分店开业第一个月就创下了全球最快盈利纪录；上海星巴克发展堪称奇迹，在2年内就获得了3200万元的利润；任何一家中国星巴克店盈利周期大大短于海外星巴克门店，中国成为星巴克仅次于美国的第二大市场和最大的海外市场。

2004年，星巴克在青岛建立大陆第一家独资直营的星巴克。同年10月，星巴克宣布收回在京津地区的特许经营权，转为直营。2005年，星巴克收回中国各地特许经营权，转为直营，并表示今后在中国市场也不会再发展特许经营业务。

【思考】请分析星巴克发展过程中在直营连锁和特许连锁之间摇摆的行为。

资料来源于作者根据相关资料整理而成。

✖ 任务训练

一、单选题

1. 连锁经营根据_____可以分为直营连锁、特许连锁、自由连锁三种类型。

A. 商品集中程度　　　　　　　　　B. 地区集中程度

C. 所有权和经营管理权集中程度　　D. 行业集中程度

2. _____是总部拥有完全的所有权和经营权，人、财、物、产、供、销全方位统一管理的模式，是管理最全面、最规范的连锁类型。

A. 直营连锁　　　B. 特许连锁　　　C. 自由连锁　　　D. 自愿连锁

3. _____是指具备独有商品、独特经营技术、特色服务方式或驰名商誉等优势的企业或个人，将这些优势以订立合同的方式授予其他企业或个人在一定区域内经营，并收取一定费用的商业形式。

A. 直营连锁　　　B. 特许连锁　　　C. 自由连锁　　　D. 自愿连锁

4. _____是中小零售商为对抗大型连锁店而自发形成的组织。

A. 直营连锁　　　B. 特许连锁　　　C. 自由连锁　　　D. 正规连锁

5. 以下对于直营连锁的特征描述有误的是_____。

A. 资产一体化　　　　　　　　　　B. 经营管理权高度集中

C. 财务统一核算　　　　　　　　　D. 总部和门店属于平等合作关系

6. 分店不具有企业法人资格的连锁经营形式是_____。

A. 直营连锁　　　B. 特许加盟　　　C. 自愿连锁　　　D. 以上都不对

7. 自由连锁的核心是_____，也是中小企业成为自由连锁店的最大诱因。

A. 共同配送　　　B. 共同进货　　　C. 共同销售　　　D. 共同仓储

8. _____是指特许者赋予受许者在指定区域销售特许权的权利，即受许人在该区域可以独资经营，也可以转授权给下一级受许人。

A. 单体特许　　　B. 区域特许　　　C. 二级特许　　　D. 代理特许

9. 在特许连锁关系中，加盟商按双方合同约定在销售业绩或者利润中按照一定的百分比向特许人定期支付的费用是_____。

A. 加盟费　　　　　　　　　　　　B. 特许权使用费

C. 保证金　　　　　　　　　　　　D. 装修费

10. 对于鼓励个人创业有明显优势的是_____。

A. 直营连锁　　　B. 特许连锁　　　C. 自由连锁　　　D. 自愿连锁

二、简答题

1. 直营连锁、特许连锁、自由连锁有什么异同？

2. 连锁企业应如何选择连锁经营模式？

三、案例分析题

达芙妮，风起直营

2020 年 8 月底，一代鞋王达芙妮宣布：彻底退出中高档品牌实体零售业务，关闭旗下所有品牌业务销售点。创建于 1990 年的达芙妮主要从事制造及销售女鞋，曾是中国最成功的鞋业品牌之一，2003 年至 2013 年 10 年间，其总店铺数由 739 家发展到 6702 家，增长了 8 倍之多。在到达巅峰期仅 1 年之后，2013 年达芙妮的营收开始下滑，伴随着业绩惨淡，达芙妮开启门店收缩模式，至 2020 年 8 月全国不足 300 家。分析达芙妮衰败的原因，除了最后一根稻草——疫情影响之外，近几年其创新能力不足、品牌形象老化、销售模式落后等才是至关重要的因素，而其门店连锁模式近几年也几经变更，但终究难逃关店命运。

2012 年之前，为了迅速提高市场份额，拓展推广渠道，达芙妮在二、三线及以下城市招收了大量的加盟商。达芙妮当年为加盟商开出优厚的条件：3 年 2 万元加盟费，保证金 5000 元；公司统一培训与管理，定期有区域主管负责监管及指导；区域保护；货品价格为 4.5~5 折，年底返利 20%~30%，整体算下来拿货相当于 3~4 折。到 2012 年上半年，达芙妮全国门店 5968 家，其中直营店 4958 家、加盟店 1010 家，主要集中在县级市。随着三、四线城市渠道意义日益重大，各品牌渠道下沉，成为兵家必争之地。达芙妮也逐渐将重心转向三、四线城市，过去几年内为达芙妮打下三、四线城市市场基础的全国上千家加盟商，在达芙妮看来其使命已经完成，并且在一定程度上阻碍了体系的发展。发力直营店，放弃加盟商，将原本只开在大中城市的直营店向县级市场延伸成了达芙妮最为现实的选择。2012 年，达芙妮为解决发展及库存问题，宣布暂停加盟业务。达芙妮单方面宣布要和加盟商解约，以推动直营发展，这导致 2012 年 8 月底，达芙妮的全国加盟商共 800 多人齐聚上海讨说法。2012 年 9 月 12 日，湖北地区的加盟商将达芙妮在孝感的 4 家直营店封堵了 6 天，导致达芙妮公司的这 4 家直营店停止营业。这就是著名的达芙妮"渠道门"事件。2015 年上半年，达芙妮 6221 家门店中，加盟店缩减到了 590 家。

达芙妮的"削藩"行为在一定程度上是想效仿 ZARA。作为全球第一大快销时尚品牌，ZARA 在全球的门店基本上都是直营门店，而国内鞋服企业都是"直营+加盟"，甚至还有代理环节，这使得国内企业在时尚更新和库存控制方面与 ZARA 存在较大差距。

问题：

1. 结合达芙妮对直营连锁和特许连锁的选择分析两种模式的优缺点。

2. 采用加盟鞋服企业为什么在时尚更新和库存控制方面与采用直营连锁的 ZARA 存在较大差距？

3. 企业如何根据自身和环境选择合适的连锁模式？

四、实训安排

调研本地某连锁企业，了解其开设门店的类型构成，分析其选择的原因，掌握直营连锁体系、特许连锁体系或自由连锁体系的设计，理解各连锁类型的经营特点和运营方式。

实训目的：使学生通过实践了解连锁经营的基本类型，能够区分每种连锁类型的优缺点和适应性，掌握连锁企业选择的原因。

实训步骤：

（1）教师布置任务，讲清楚目的和要求；

（2）学生自由组合成立调查小组，每组 3~4 名同学；

（3）各小组初步查找资料，讨论确定调查对象；

（4）各小组针对各自调查对象进行现场调查，收集一手资料；

（5）各小组根据收集到的信息，围绕调查主题展开讨论，撰写调查报告；

（6）各小组汇报调查报告，教师进行中期和后期指导，引导学生提炼结论。

项目三

连锁经营的主要业态

本项目介绍连锁经营的主要业态,掌握当下餐饮业、服务业、零售业中主流业态的基本特征和发展趋势,培养学生创新意识,善于从新商品、新技术、新模式的角度对传统业态进行改造,思考线上线下业态的创新融合;理解零售业是与人民生活息息相关的行业,树立为消费者美好生活奋斗的行业使命感,分析商业模式成功的原因,探讨零售业态创新的动力。

项目构成

知识目标

1.理解业态的含义。

2.掌握业态的划分依据。

3.掌握各业态的基本特征。

能力目标

1.了解各行业主要业态产生和发展的原因。

2.分析各行业主要业态的经营管理策略。

3.培养各行业主要业态的创新思路。

案例导入

快闪店，火成零售新宠

快闪是"快闪影片"或"快闪行动"的简称，是最近在国际上流行的一种短暂行为艺术，是许多人用网络或其他方式，在一个特定的时间和地点，出人意料的同时做一系列指定的歌舞或其他行为，然后迅速离开。永远在创新中的零售业也引入了这一新概念，所谓"快闪店"，顾名思义是如闪电般快速的一种新型零售模式，俗称Pop-up shop的品牌游击店，是指在商业密集发达的地区设置临时性的铺位，供零售商在较短时间内推销其品牌，抓住一些季节性的消费者。快闪店已经被界定为创意营销模式结合零售店面的新业态，是品牌线下流量获取的新兴渠道，讲究的是一种娱乐精神，用不同的创意灵感刺激着消费者的神经，捕获了一批善变、喜新厌旧的年轻消费群体。

从全球来看，快闪店受到了古驰、香奈儿、兰蔻、草间弥生等各行业一线品牌的青睐，风靡全球。越来越多的大品牌也加入快闪店的营销战略当中，Hermes（爱马仕）将一堆几何木条拼装，搬到了京都的洗衣店；LV（路易威登）把一群"非洲野兽"引到了百货商场；Kenzo开着蓝色波点的咖啡车；Adidas（阿迪达斯）把人装进了巨大鞋盒……极具创意的主题设定为品牌快闪店提供了内容保障，同时掀起了社会舆论的热潮，这些都迅速成了社交媒体和消费者的谈资，迅速达到了为品牌造势的效果。

2021年9月15日，国内知名奶茶品牌茶颜悦色的官微发文宣布撤出位于深圳文和友的快闪店。伴随着"市井博物馆"深圳文和友2021年4月2日的开业，茶颜悦色以快闪店的形式首次登陆深圳，原计划限定3个月的快闪店在文和友曾引发"超6万人排队，代购费炒到500元"的盛况，后延期至9月15日，最终于半年时间止步。

这场"6个月限定"的快闪店实验宣告结束，也进一步强化茶颜悦色暂时不做一线的想法。进驻一线城市，高门店费用和供应链问题对品牌来说，要么亏钱，要么涨价。由于茶颜悦色主打薄利多销的策略，价格带调整非常敏感，涨价容易伤及品牌定位。在此之前，茶颜悦色一直以圈地自娱的慢扩张姿态立足于新茶饮圈，目前仅在长沙、常德和武汉设有直营店，茶颜悦色在深圳的这波玩法更像IP的联合运营，而不是一次真正意义的市场扩张。

【思考】请分析快闪店对品牌传播的作用。

资料来源于《新零售时代下，快闪店成互联网们新宠？》，搜狐网，2017-08-15。

📖 课程思政

零售创新，让生活更美好！

逛超市结账不用排队等候，手机扫码付款，即买即走；进快餐店用餐，通过自助点单机选择好就可以等待叫号取餐；服装店里3D试衣镜让消费者通过电子屏目录挑选衣服，随着手指翻动，一件件衣服自动"穿"在身上；"智慧书屋"里，只要"刷脸"、微信"扫一扫"或"指纹识别"，就可以进入书屋，利用自动化设备完成注册、借书、还书等一系列流程。

近年来，在消费升级、新技术发展等因素推动下，"新零售"概念迅速发酵，各路企业新零售实践风起云涌，线上与线下零售巨头"合纵连横"，传统厂商努力转型改造。回顾改革开放40多年，中国消费市场几次堪称革命性的商业变革，都发源于零售终端这个离消费者最近的地方。第一次变革是以连锁卖场为代表的现代零售渠道崛起，抓住机遇的企业迅速走向全国，掉队者只能苟安一隅；第二次变革是以电商为代表的线上零售平台崛起，抓住机遇的企业赢得话语权，掉队者门可罗雀，甚至退场；第三次变革正在拉开帷幕，新零售在新消费和新技术的驱动下崭露头角，对企业商业模式乃至整个商业社会的改革即将深入展开。这次变革将越发彻底，也越发无可逃避，唯有投身其间才能卓然出众。

零售业的每一次变革都致力于为消费者提供更优质的商品、更低廉的价格、更有效率的渠道，永远为国人的美好生活服务，而人民对美好生活的向往是无止境的。习近平总书记说：人民对美好生活的向往就是我们的奋斗目标。这句话在零售行业中得到了最直观的体现，零售业，创新永远在路上！零售业创新，让生活更美好！

单元一　业态概述

一、业态的概念

业态是指店铺为满足不同消费需求，按照既定的战略目标，有选择地运用商品结构、价格政策、销售方式、商圈选址、规模及形态等手段，提供商品销售及相关服务的种类化经营形态。通俗地说，业态是门店的经营方式，即如何销售。

教学视频：业态概述

连锁经营广泛应用于各大商业流通领域终端，其中与人们生活最密切相关的是餐饮业、服务业和零售业等。在这三大行业中的连锁门店都可根据经营方式划分为不同业态，如餐饮业可分为快餐业态、快卖业态、休闲餐厅业态、风味餐厅业态等，服务业可分为租赁业态、培训业态、家居业态、娱乐业态等，而零售业可分为超级市场业态、百货商店业态、便利店业态、专业店业态等。行业、业态划分如图 3.1 所示。

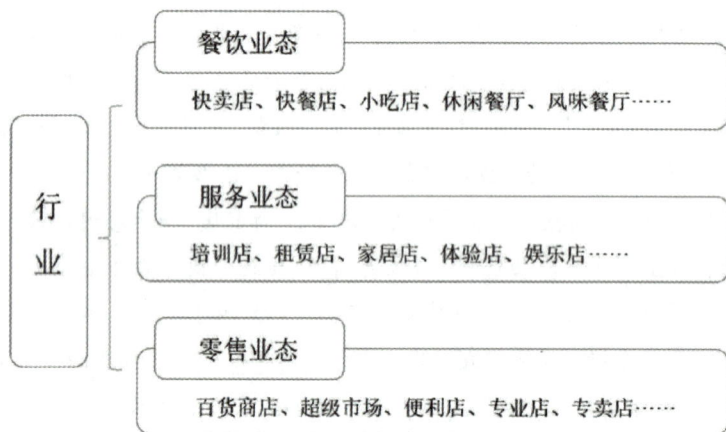

图 3.1　行业、业态划分

业态划分的判断依据主要是商品结构（卖什么）、目标顾客（卖给谁）、经营方式（怎么卖），之所以形成不同业态的根本原因是消费者需求的差异，而消费者需求又受到所处宏观环境、地域文化、群体特点等大背景因素影响，因此，业态分析根本上是消费者需求分析。业态分析思路如图 3.2 所示。

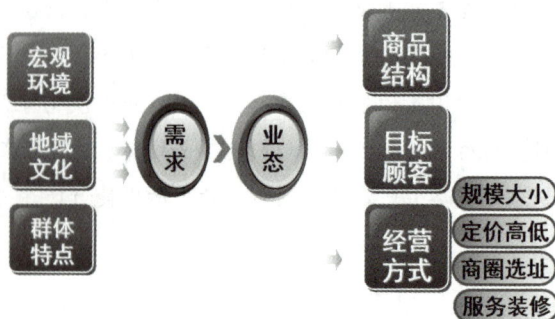

图 3.2　业态分析思路

知识链接

多元化业态矩阵

　　需求差异性决定了业态的多元化，根据消费者生活节奏不同，业态可分为快业态和慢业态；根据消费者购物习惯不同，业态可分为大业态和小业态；根据消费者消费能力不同，业态可分为高业态和低业态。品牌在创始业态饱和，需要继续扩张市场时往往选择业态创新，满足更广大范围消费者的需求，或满足原有消费者不断变化着的需求。

　　业态矩阵的本质可以从以下角度来解读。

　　多品牌运营。每种业态差异化命名，各自代表一种品牌。业态品牌的衍生方式各异，或关联性命名，或无关联性命名。大润发旗下大润发、中润发super、小润发mini就是关联性命名，并在业务定位上相区隔。大润发为大型商超店，中润发super为精品商圈店，小润发mini为新零售社区店。再如，喜茶业务体系按喜茶、喜小茶、喜小瓶等多品牌运营，每个品牌代表一条业务线。喜茶深挖高端、直营发展，主打一、二线城市；喜小茶定位中低端、加盟扩张；喜小瓶则为饮品业务线。无关联性命名则各业务线独立纵深发展，如KK集团打造多品牌矩阵：精致生活集合店品牌KKV、大型美妆集合品牌THE COLORIST调色师、全球潮玩集合品牌X11和极致性价比的迷你生活集合品牌KK馆。

　　多场景整合。零售场景包括渠道场景和消费场景，渠道场景为零售环境，消费场景为消费文化及氛围。零售业态进入精细化时代，营销场景可无限细分，如新茶饮消费场景主要为下午茶、购物逛街、聚餐、看剧、工作、约会、请客、学习等，渠道场景有限，但消费场景可高度细分。喜茶母公司美西西打造多业态、多渠道场景与多消费场景，主推标准主力店以及主打外卖的喜茶GO店，还包括热麦店、黑金店、LAB店、PINK店、DP店等特色主题店。如喜茶GO店主打线上外卖及店销外带场景；热麦店作为标准店融合烘焙产品售卖；PINK店以红粉颜色为场景主题，主打女性消费市场；DP店主打个性化主题非标艺术店；LAB店主打科技赋能、先锋场景、产品实验室……

　　梯队化发展。根据生命周期理论，没有哪一种业务可"长生不老"。波士顿矩阵把企业的多项业务划分为高市场份额和高增长率的明星业务、高市场份额和低增长率的现金牛业务、低市场份额和高增长率的待确定业务、低市场份额和低增长率的瘦狗业务。多业态组合也如此，也存在头部业务、腰部业态及尾部业态，各有使命。头部业态面临衰退考验，寻找第二、第三增长曲线成为必答题，但难免试错。海底捞持续推进多业态、多品牌布局，如Hi捞小酒馆、乔乔的粉、汉舍中国菜、Hao Noodle、十八㕛、捞派有面儿、百麸私房面、新秦派面馆、饭饭林、秦小贤、蜀清等品牌，积极寻找第二增长曲线。然而，乔乔的粉、百麸私房面等品牌运营并不成功。2021年11月，海底捞官宣关闭约300家店铺，更凸显其寻找新增长业态的紧迫性。

　　【思考】请分析品牌如何进行业态组合。

　　资料来源于贾昌荣：《新零售业态多元化，打造最佳业务矩阵》，销售与市场网，2021-12-23。

二、餐饮业态

我国餐饮行业的发展经历了超过 10 年的快速发展期，目前从发展规模、经营水平、盈利能力等多方面均呈现出良好发展态势。目前，我国餐饮业分类主要是基于传统的饮食行业分类方法，根据不同的经营行为和营销手段，可分为以下 8 种主要的业态类型，每种业态在目标顾客、商品结构、服务方式等方面均有自身的特点。

（一）快卖店

快卖店是指以柜台式销售为主，配以简单服务功能的餐饮零售店。食品品种单一、操作简单，多见于早餐供应、盒饭等，大部分快卖店以外卖服务为主。目标顾客主要为工薪阶层、学生和小区居民，价格低廉、经济实惠，店面营业面积在 5~10 平方米，主要选址在学校附近、工业区、饮食街或大型居民小区内。在我国，此种业态初始于 20 世纪 90 年代后期，最先开始于盒饭业，后扩展到早餐、小吃等。

（二）快餐店

快餐店指以餐桌服务和柜台式销售相结合的餐饮零售店，主要供应午餐和晚餐，提供简单的服务，因快速供应而大受欢迎。目标顾客群体广泛，包括工薪阶层、学生、社区居民等，价格以中低端为主，店面营业面积在 10~100 平方米。中国快餐连锁店的发展受到国外快餐连锁店的影响发展迅速，目前全国有上百个以经营中餐和西餐为主的快餐连锁品牌，如广东真功夫、上海永和豆浆、台湾德克士、杭州老娘舅等。

📖 案例讨论

温州"饭摊"走上连锁道路

"饭摊"是温州人对本地中式快餐店特有的传统称呼，注重效率和经济实惠的温州人造就了独特的"饭摊"文化。从 20 世纪 90 年代末到现在，从街边夫妻店到品牌连锁发展，十年间，温州饭摊量增质升，如今已成为一个产业，在整个温州餐饮业中占有重要的一席之地。

温州很多饭摊打出"单位食堂，家庭厨房"的宣传口号，与之相对应的是温州年轻人拖家带口上饭摊，将自家厨房变成摆设的地方特色。快速的生活节奏造就了庞大的外出就餐人员群体，给温州饭摊带来了多年的繁荣。近几年间，各种品牌、风格各异但格局基本相同的饭摊在温州四处扩张。虽然冠之以饭摊之名，但这些品牌统一的店招、简洁干净的用餐环境、种类多样的菜品，用更准确的说法，它们应为中式连锁快餐。温州传统饭摊业已一步步告别了夫妻店和老板娘亲自记账的时代，形成了企业化管理、标准化操作、工厂化配送、规模化经营。

经营品牌化——现在的温州饭摊，不再是过去散落在街边的无名小店。近几年，叶氏兄弟、新饭碗、金勺子、大光明、天天等一大批品牌"饭摊"涌现出来并被市民熟悉。它们有着统一的店招、简洁干净的用餐环境、种类多样的菜品，而原先的路边摊则渐渐失去竞争力。

数量规模化——温州市连锁快餐企业纷纷加快扩张步伐，尤其是在温州市区的布点速度。目前，天天中餐厅有 24 家门店、"新饭碗"饭摊 11 家、"叶氏兄弟"饭摊 7 家、"大光明"饭摊 10 家，还有建勇饭摊、黄府饭摊、和庆园、一粒米等品牌，仅在市区的连锁饭摊就不下百家。温州饭摊的规模化发展并不仅限于本土，也有连锁企业开始尝试"走出去"战略。"新饭碗"目前在上海、杭州、义乌等城市已开设分店，业内多家连锁企业也有向其他城市扩张的想法。

管理企业化——目前温州连锁饭摊已经形成了企业化管理机制，标准化操作、工厂化配送、规模化经营和科学化管理成为业内人士共同追求的目标。由于饭摊多提供炒菜类熟食，怎样让菜品标准化是让所有企业感到头疼的难题，很多快餐品牌已尝试统一厨房、工厂化配送模式。

【思考】请分析温州中式快餐对民间资本的吸引力。

资料来源于《从街边店到品牌连锁　温州饭摊十年做成产业》，温州网，2009-08-12。

（三）小吃店

小吃店是中国发展最早的餐饮业态，以餐桌服务和柜台式销售相结合的餐饮零售店，主要供应中国地方特色的小吃，如天津狗不理包子店、重庆的赖汤圆、马兰拉面、江苏老妈米线、上海吉祥馄饨等现在均以连锁形式遍布于中国各地。目标顾客主要为国内外游客、逛街休闲市民。价格中、低档均有，经济实惠。店面营业面积在 5~50 平方米左右，主要选址在商业中心的饮食街。

案例讨论

街头小吃变身网红餐厅

20 世纪 90 年代初，一部分沙县人背着木槌和鸳鸯锅背井离乡，成为最早一批到福州、厦门做小吃的沙县人。从路边摊到店面，他们最初只卖 3 种食物：拌面、扁肉和茶叶蛋，制作方便，成本低，却很受欢迎。当时在厦门，一碗拌面卖 1 元，每天能卖出三四百碗，加上别的小吃，一天利润能有四五百元，比在家种地收入多。于是，亲戚带亲戚，朋友带朋友，越来越多的沙县人背井离乡，到全国各地经营小吃店谋生。

沙县小吃的遍地开花与当地政府部门的大力推动不无关系。早在 1998 年，为推广沙县小吃，沙县政府就成立了"小吃办"，先后组织到上海、杭州等各地开推介会，2004 年沙县小吃刚打入上海市场时，县政府为每一位开店业主补贴 1000 元。到了 2007 年，沙县小吃打入北京市场时，前 100 家店的补贴提升到了每家 3000 元。经过多年的耕耘，沙县小吃已经成为国民小吃，从一线城市到县城，都可以看到它的影子。

　　沙县小吃开始走出国门，攻占全球。沙县小吃日本店是海外店中的"嫡子"，由沙县政府亲自授权，开业初期，广大日本人民顶着烈日排起长队，5 小时营业额就突破 20 万日元；论对沙县小吃的热情，谁都比不过美国人民，位于美国纽约第八大道上的沙县小吃，开业 3 个小时就被迫关张，原因就是人太多，存货被提前扫荡一空；想打动优雅的法国人民，不做点改动是不行的，法国沙县小吃位于巴黎北部的库尔布瓦市，除了中文，店面的招牌还打上了沙县小吃的法国艺名——Sha Village，菜单上特意添加了法国人爱吃的鸡肉馅扁肉，展现了对法国人民足够的诚意。

　　【思考】请分析沙县小吃规模和市场扩张的核心竞争力。

资料来源于《TA 是小吃届的扛把子！》，金羊网，2018－01－14。

（四）食品专卖店

　　食品专卖店是以柜台式销售为主的食品零售店，销售一个品牌或系列包装的特色食品。目标顾客主要为国内外游客和当地市民，店面营业面积在 10～50 平方米，选址在大型商业街内、饮食街或居民区。此种零售业态发展于 20 世纪 90 年代中期，受西方影响较大，最常见的是面包店，目前国内大大小小的面包连锁品牌上千余家，经营面包或点心，由于方便、新鲜、各具特色被普通老百姓所接受。广东的凉茶专卖店普及，所谓"茶"实际为传统药方熬制出的中药，与传统茶馆不同的是广东凉茶店采用柜台式销售，不提供堂食场所。著名的黄振龙凉茶店目前已有 500 多家连锁店，并扩展至香港、台湾等地区。

（五）休闲店

　　休闲店定位于"休闲"，因此服务功能相对较多，包括环境、服务人员、食品清洁程度和食品质量。主要供应咖啡、茶等饮品或甜品、小零食等休闲食品，目标顾客主要为青年、白领阶层以及商务人士，价格定位以中、高档为主。店面营业面积在 50~500 平方米。进入 21 世纪，我国经济的发展带动需求的迅速增长，休闲连锁店发展空间也迅速扩大。比较知名的休闲连锁店如绿野仙踪、上岛咖啡、伯乐居茶馆、老舍茶馆等。

📖 **案例讨论**

切换赛道拔头筹

一年入账 25 亿元，仅用 2 年时间新开门店 400 家，经历 5 轮融资，资本抢滩入局，估值 130 亿元，市占率高达 18%，这是网红奶茶品牌奈雪的茶创业 6 年交出的傲人成绩单，营收连续飙涨，已奠定其新茶饮头部品牌的地位。

定位高人一筹，打造大店模式。

大多数奶茶品牌以快卖店业态切入市场，一般是一二十平方米的街边小店，以外卖为主，而奈雪的茶不走寻常路，创业之初就果断拔高自己的定位，直接对标星巴克，选择在综合体中开设 200 平方米左右的大店，平均客单价 43.3 元，远高于同行 35 元的水准。一分价钱一分货，奈雪的茶一改茶饮行业多年以奶精冲制的弊端，原材料以鲜果、鲜奶和优质茶叶为核心打造鲜果茶。

锁定都市白领，突出社交体验。

奈雪的茶将目标人群定位于一、二线城市 20~35 岁、中高收入都市女白领。市调显示，年轻都市女白领对奶茶产品具有天然的喜爱和感知，她们把茶饮当成"女性的啤酒"，经常隔三岔五喝一杯，月均消费 200~300 元，潜力巨大。为挖掘市场潜力，维护固有客源，奈雪的茶更是不断深化场景，以"春·镜""夏·花""秋·月""冬·雪"四季门店概念吸引有个性、有格调的都市女性；在茶包装细节上，设计出符合女性纤细易握的"奈雪杯"，杯盖上的凹槽经过特别设计，能避免女生口红沾在杯子上，让女生爱不释手；在产品上，采用当季时令水果限期推出新品，满足女性尝新的特性。

【思考】请分析奈雪的茶与其他奶茶品牌的业态区别。

资料来源于吴勇毅：《奈雪的茶凭什么能抢跑 IPO？》，销售与市场网，2021－06－16。

（六）风味餐厅

中国把餐厅分为西餐和中餐，这里不做进一步划分。餐厅以提供正餐为主，服务功能齐全，所有食品现场制作，品种丰富，讲究味、色以及环境的融合。如我国比较出名的湘菜、粤菜、川菜、东北菜等都以连锁餐厅的形式在国内发展。目标顾客主要就餐场景是当地市民请客吃饭、家人朋友团聚等。店面营业面积在 100~500 平方米，价格定位以中、高档为主。比较出名的连锁品牌店如全聚德、黑天鹅、秦妈火锅、德庄火锅、毛家饭店、西餐厅绿茵阁、小肥羊等。

📖 **案例讨论**

餐饮顶流海底捞

海底捞——这个神奇的火锅店从 1994 年成立，24 年后走上中国火锅行业的顶峰。2018 年 5 月 17 日，海底捞在港交所递交上市申请，招股书显示海底捞在全球拥有和经营 320 家餐厅，其中中国（不含香港和台湾地区）196 家，新加坡、日本、韩国和美国等共 24 家。

海底捞在中国火锅餐厅市场中远远领先于其他餐饮集团，2017 年海底捞占火锅餐厅市场份额 2.2%，排名第二的品牌所占比例则不到 1%。海底捞也是火锅餐厅集团中，在海外扩张和收入增长最快的公司。海底捞不只是中国火锅界的扛把子，也是中国餐饮界的大佬。现在的网红店基本都是因为高颜值的店主或食物而走红，而海底捞则是因为它的服务。一个火锅店，除了提供火锅之外，还提供美甲、擦鞋等各种服务，至于给单独就餐的客人送玩偶、给身体不适的客人准备合适的饮品、给客人送小礼品等都不在话下。之前海底捞也出过负面新闻，但它的回应相当诚实，相比于现如今很多公关痕迹严重、推诿、避重就轻的回应来说，简直是一股清流。海底捞以"变态"的服务而闻名，有条件努力为客人服务，没有条件创造条件也要为客人服务。去过的客人还想去，没去过的客人看到网上的评论好奇又期待，形成良性循环。火爆、受顾客信任、品牌形象传播广泛……这是所有行业都想要的效果。

【思考】请分析海底捞如何能成为中国餐饮的顶流品牌？

资料来源于《海底捞——中国火锅界的老大哥》，搜狐网，2018-05-21。

（七）酒楼

酒楼提供比餐厅更多的食品种类、更全的服务功能和更大的营业场所，集宴请与餐饮功能为一身，许多酒楼提供 2 个以上的菜系品种。目标顾客除了针对一般市民外，商业往来人士以及企事业单位均是重要服务对象，店面营业面积一般在 1000 平方米以上，价格定位以高档为主。由于资金投入大以及菜系难以标准化等原因，以连锁形式出现的品牌酒楼相对较少。

（八）美食广场

美食广场是一种新兴餐饮零售业态，初见于 20 世纪末，提供综合性的餐饮服务，由多个独立的餐饮商铺组成，食品品种丰富，但服务功能简单，价格经济实惠，目标顾客为当地普通逛街休闲的市民和外来游客。选址一般在大型购物广场高层或著名的商业街内，单层设计，店面营业面积一般在 500 平方米以上。我国各大城市商业街区均能找到美食广场的踪影，但目前很少以连锁形式出现，处于萌芽阶段。

三、服务业态

根据服务经营业态形成因素并结合我国目前服务业经营现状、经营行为和营销手段分析，服务业门店经营业态主要可以分为以下 6 种类型，包括：专业服务、租赁服务、咨询服务、培训服务、家居服务、体验服务。

（一）专业服务

专业服务门店是以零售门店销售某一种单一服务项目的业态，主要提供生活服务产品，如美容美发店、汽车美容店、洗衣店、冲印店、家电维修中心等，目标顾客以当地居民为主，店面营业面积在 10~200 平方米，选址在学校、工业区、居民区附近。在我国，此种连锁业态发展较早，是目前规模最大、服务人群最广、发展速度最快的服务零售业态。消费者必须到门店接受服务，并且服务产品质量在最后时刻才得以体现，这是区别于其他业态的重要特征。

（二）租赁服务

租赁服务也是以零售门店销售服务的业态，产品为某种实物商品的使用权。区别于专业服务门店的是，租赁服务本身是无形的，但需要有形产品作为载体，如汽车租赁、服装租赁、音像制品租赁、图书租赁等。同时，服务主要过程本身不在门店内实现，需要消费者自身在店外体验，门店转让的是某一商品的使用权，而非所有权。店面营业面积一般在 30~100 平方米，选址在学校附近、工业区、居民区内等。在我国，此种服务业态初始于 20 世纪 90 年代初期，发展速度较慢，原因是此种业态产品附加值较低、规模效应不明显、市场需求较不稳定。

（三）咨询服务

咨询机构是以零售门店或公司性质销售服务的业态。产品为各种咨询信息服务，如房产中介服务、婚姻中介服务、职业介绍、法律咨询、个人理财服务等，传递和接受服务过程主要在服务机构内完成，服务产品以提供信息、经验、知识为主，服务质量很难在传递过程中体会，需要服务结束后一段时间得以完全体现。店面或公司营业面积在 30~100 平方米，选址在商业区、工业区、居民区附近等。在我国，此种服务业态初始于 20 世纪 90 年代初期，发展速度较快，特别是房产中介机构近 10 年来发展迅猛，几乎每个成熟的居民小区均有它的身影。

（四）培训服务

培训机构是以公司性质为主、门店销售为辅的业态。产品为各种知识或技能的培训服务，如舞蹈培训机构、语言培训机构以及各种以营利为目的的职业技能培训机构等。传递和接受服务过程主要在服务机构内完成，服务产品以经验和知识为主。店面或公司营业面积在 50~500 平方米，选址在商业办公区、居民区等。在我国，近几年培训企业数量增长很快，主要培训品牌的门店增长率超过 20%，集中在北京、上海、广州为核心的华北、华东、华南地区，三个区域的培训教育机构门店数占全国总数的 75% 左右。

（五）家居服务

家居服务是以公司性质为主、门店销售为辅的业态。产品为各种家居劳动服务，服务形式主要为上门服务，如搬家公司、房屋装修公司、快递服务公司、家政服务公司等。服务产品主要为劳动，服务产品质量在服务过程中就能得到体现。公司营业面积一般根据公司规模大小相差较大，选址在商业办公区、居民区等，门店经营形式较少，主要通过户外广告和口碑进行推广。这种服务业态形成于20世纪90年代初，随着市民生活节奏加快，对生活品质要求提高，目前我国各大城市均有当地著名的家居服务企业。

📖 案例讨论

二十年只做一件事——为了干净

自1997年成立以来，带有马蹄莲标志的1400多家福奈特洗衣店（1100多家前店后厂洗衣店及300多家收衣点）已经遍布全国31个省、自治区、直辖市的310多个城市。

福奈特品牌的发展得益于一套独特的服务模式、经营模式和管理模式。公司团队不断调研顾客对于洗衣服务市场的需求，除了常规的洗衣业务以外，近年来福奈特还增加许多新的服务项目，如鞋包清洗、上门清洗地毯和布艺沙发、上门拆装窗帘和清洗、玛奴拉创意定制和刺绣等服务以满足不同顾客的需求。

作为传统洗衣行业，在互联网蓬勃发展的今天，福奈特也开展了全渠道的经营模式，开通了官方微信，并着力打造给顾客带来更好体验的App会员服务系统。顾客通过这套系统可以利用手机随时随地下单和查看订单，安全无忧地享受高质快捷的洗衣服务。而且福奈特坚持在距离顾客最近的、看得见的店面里完成客衣的清洗流程。"看得见的洗衣店"不仅为顾客带来了最快24小时的取衣服务，更重要的是让顾客可以监控全部洗衣流程。方便顾客收取衣物的福奈特自动取衣柜也进入运行阶段，自动取衣柜的上线使福奈特顾客体验到更加便捷、高效的取衣服务。

【思考】请分析服务业发展连锁模式的难点。

资料来源于孟莹、朱丽筠：《二十年只做一件事——为了干净》，《连锁》2017年第10期。

（六）体验服务

体验式服务机构是以门店经营为主的业态。产品主要为各种旅游娱乐和个人服务项目，服务形式强调消费者的过程体验，因此服务质量在传递过程中将得以充分体现，此种服务机构有旅馆、旅行社、电影院、健身中心等，服务产品设计和传递相对复杂。此种服务机构门店面积规模大小相差较大，少则几十平方米，多则几万平方米，选址主要在商业重地、重要旅游景点和娱乐场所附近。我国个人消费能力提高是促使这一服务业态迅速发展的主要原因。

📖 **案例讨论**

不卖年卡也能活

一直以来，健身房因为占地面积大、经营成本高、重度依赖现金流而难以快速复制，较少形成规模较大的连锁品牌。而消费者提到健身房就联想到强压式买年卡，因为只有年卡才能让健身房回笼资金活下来。但对于顾客来说，办年卡试错成本大，而且多数健身房的课程内容难以适应年轻人的需求，教练专业能力参差不齐，流动性大，体验不佳。很多人办了年卡，但实际上没去几次，留下不良印象，很难再产生办卡的冲动，无论对于健身房还是健身者都是恶性循环。

所以，当超级猩猩一入市，便引起消费者和同行的疑问：它怎么活下去？怎么赚钱？因为超级猩猩不卖年卡，按次收费。超级猩猩的运营模式是通过零售提供健身团体课产品，打造按次付费、不办年卡、拒绝推销、微信预约的特色连锁健身房品牌，致力于影响更多人健身。超级猩猩未来将围绕不同运动生活场景，打造生活方式品牌，全方位满足用户训练、饮食、装备、旅行、收纳等需求。

截至2019年，超级猩猩已经完成了D轮3.6亿元融资，在全国有分布于8个城市的100多家直营门店。超级猩猩是如何做到活下来，赚到钱的呢？

一、注重课程质量，回归健身本质

按次消费意味着对课程的要求更加严格，消费者在一节课的体验不好，就不会继续消费。课程内容是否优质是用户上课体验是否良好的决定性因素，也是决定用户是否会复购课程的依据。为了更好地提高课程质量，超级猩猩创立了超猩学院，根据中国健身人群的特性，调查本土化的健身需求和审美，打造出具有品牌原创的团体课程。目前，超级猩猩有100多种团体课，能够满足不同用户的健身需求，且课程还在不断迭代和更新中。

根据公开数据，超级猩猩小程序当月留存高达60%~70%，3个月留存也有50%以上。这张非常漂亮的成绩单可以证明，超级猩猩的用户黏性是极高的，也间接证明了其课程内容的优质。

二、雇用优质教练，打造传播口碑

教练是健身房和消费者接触的入口，超级猩猩非常看重对教练的培养，员工中超过一半是教练，他们不兼职销售，这也是与传统健身房最根本性的差异点。教练的薪水由底薪和课时费构成，与教练的星级以及课程的满员率和复购率相关。这样的规定在打破传统健身房盈利模式的同时，也逼着教练去提供更好、更加优质的服务，去吸引学员复购和裂变。超级猩猩有80%的购课新用户是通过老客户的口碑传播渠道带来的。

三、降低运营成本，设计收费模式

超级猩猩门店没有前台，没有销售，没有淋浴室，服务人员只有猩猩管家（负责卫生清洁工作），教练也只是快上课时才到店。整个门店基本没有人工服务，主要依靠顾客自助，在开课前30分钟，通过小程序发放门店密码，学员们到店后自助开门，换好衣服等待上课。

超级猩猩采用零售制销售课程，目前单节团课定价范围在69~159元，私教课则是定价在350元和500元两档，课时收费是超级猩猩的主要营收来源。另外，健身房还设计了其他收费项目，如洗澡、报课、食品、摄影、按摩等，建立以配套服务为核心的模式。

超级猩猩的爆红并非偶然，而是花尽心思，精准定位用户痛点并解决痛点的必然结果。

【思考】请分析超级猩猩的盈利模式。

资料来源于《超级猩猩：这家按次消费不卖卡的健身房是怎么火遍全国的？》，搜狐网，

2020－07－28。

四、零售业态

所谓零售是指将货物和服务直接出售给最终消费者（个人或团体）的所有活动，这些最终消费者为了个人生活消费而不是商业用途消费。商品的分销渠道始于生产而终于零售，主要由制造商、批发商、零售商和最终消费者4个环节构成。零售意味着货物或服务在流通领域结束，消费领域开始。

零售活动往往具有以下特征：①直接将商品出售给消费者，不包含各类批发商和进出口商；②出售的是生活资料，而非生产资料；③出售的是有价商品而非无偿商品；④属于流通领域而非生产领域和消费领域。

商品零售业态从总体上可以分为有店铺零售业态和无店铺零售业态两大类。国家市场监督管理总局和国家标准化管理委员会于2021年3月9日联合发布，并于2021年10月1日开始实施的《零售业态分类》新标准中按照零售店铺的结构特点，根据其经营方式、商品结构、服务功能以及选址、商圈、规模、店堂设施、目标顾客和有无固定营业场所等因素将零售业分为：便利店、超市、折扣店、仓储会员店、百货店、购物中心、专业店、品牌专卖店、集合店、无人值守商店等10种有店铺零售业态和网络零售、电视或广播零售、邮寄零售、无人售货设备零售、直销、电话零售、流动货摊零售等7种无店铺零售业态，并规定了相应的条件。

（一）有店铺零售业态

有店铺零售是指有相对固定的、进行商品陈列、展示和销售所需要的实体场所和设施，并且消费者的购买行为主要在这一场所内完成的零售业态。有店铺零售业态包括便利店、超市、折扣店、仓储会员店、百货店、购物中心、专业店、品牌专卖店、集合店、无人值守商店等10种。

1.便利店

便利店是以销售即食商品为主，满足顾客即时性、服务性等便利需求为主要目的的小型综合零售形式的业态。根据服务对象的差异可以分为社区型便利店、客流配套型便利店、商务型便利店、加油站型便利店等。

（1）社区型便利店位于社区周边，主要顾客群体为社区常住人员。

①选址：位于社区周边。

②商圈与目标顾客：目标顾客为社区内常住人员，客流稳定。

③营业面积：一般在50~200平方米，货架组数在15~25组。

④商品（经营）结构：以日常生活用品、饮料、烟酒、应急性商品以及部分生鲜商品为主。根据社区的档次不同，商品结构有所不同。

⑤商品售卖方式：开架销售，自助服务，在收银台统一结算。

⑥服务功能：营业时间通常在16小时以上，可提供线上订货及多种便民服务。部分便利店可提供送货上门或顾客自提服务。

（2）客流配套型便利店位于公共交通枢纽以及景点、商业中心、医院、高校、园区等人流较为密集的区域及周边，顾客群体以上班族、出行人群和特定人群为主。

①选址：位于火车站、公交站、码头、机场、地铁站等公共交通枢纽以及景点、商业中心等人流量较为密集的区域周边。

②商圈与目标顾客：顾客群体以上班族和出游人群为主。

③营业面积：一般在50~120平方米，货架组数在15~25组。

④商品（经营）结构：以饮料、香烟、即食商品、休闲食品、报纸杂志为主，位于旅游景点的店铺销售旅游纪念品。

⑤商品售卖方式：开架销售，自助服务，在收银台统一结算。

⑥服务功能：营业时间通常在16小时以上，以提供即食品服务（早餐、盒饭）、手机充电、ATM取款、上网等服务为主。

（3）商务型便利店位于写字楼集中的区域及周边，顾客群体以办公人群为主。

①选址：位于写字楼集中的区域及周边。

②商圈与目标顾客：顾客群体以收入较高的商务人士为主。

③营业面积：一般在20~80平方米，货架组数在10~20组。

④商品（经营）结构：以鲜食盒饭、即食商品、现冲饮料、新鲜水果、功能性饮料、蜜饯糖果、时尚小商品为主。

⑤商品售卖方式：开架销售，自助服务，在收银台统一结算。

⑥服务功能：营业时间通常在16小时以上，提供早、中、晚即食商品，以及信用卡还款、上网等服务，部分提供线上订货服务，设置就餐简易设施。

（4）加油站便利店依托加油站，顾客群体以司乘人员为主。

①选址：位于加油站内。

②商圈与目标顾客：顾客群体以司乘人员为主。

③营业面积：一般在10~120平方米，货架组数不等。

④商品（经营）结构：以食品、饮料、香烟、应急商品、汽车养护用品为主。

⑤商品售卖方式：开架销售，自助服务，在收银台统一结算。

⑥服务功能：营业时间通常为24小时，提供ATM取款等金融服务，以及洗车等汽车相关服务。

2.超市

超市是以销售食品、日用品为主，满足消费者日常生活需要的零售业态。根据营业面积可分为大型超市、中型超市、小型超市；根据生鲜食品营业面积占比的不同，可以分为生鲜食品超市和综合超市。

（1）大型超市营业面积大于或等于6000平方米，商品种类丰富，满足一站式购物。

①选址：市、区商业中心或城乡接合部、交通要道以及大型居住区。

②商圈与目标顾客：辐射半径2千米以上，目标顾客以居民、流动顾客为主。

③营业面积：6000平方米以上。

④商品（经营）结构：以各类生活用品、包装食品及生鲜食品为主，一次性购齐，注重自有品牌开发。

⑤商品售卖方式：开架销售，自助服务，在收银台统一结算。

⑥服务功能：通常设置不低于营业面积40%的停车场，营业时间12小时左右，可提供线上订货服务。

（2）中型超市营业面积在2000～6000平方米，商品种类较多，满足日常生活所需。

①选址：市、区商业中心、居住区。

②商圈与目标顾客：辐射半径2公里左右，以商业区目标顾客、社区便民消费为主。

③营业面积：2000～6000平方米。

④商品（经营）结构：以日常生活用品、包装食品及生鲜食品为主，单品数少于大型超市。

⑤商品售卖方式：开架销售，自助服务，在收银台统一结算。

⑥服务功能：营业时间12小时左右，可提供线上订货服务。

（3）小型超市营业面积在200～2000平方米，食品类商品品种较多，满足日常生活必需。

①选址：市、区商业中心、居住区。

②商圈与目标顾客：辐射半径1千米左右，以社区便民消费为主。

③营业面积：200～2000平方米。

④商品（经营）结构：以包装食品及生鲜食品为主，提供日常生活必需品。

⑤商品售卖方式：开架销售，自助服务，在收银台统一结算。

⑥服务功能：营业时间12小时左右，通常提供便民服务，可提供线上订货服务。

（4）生鲜食品超市是生鲜食品营业面积大于或等于总营业面积的1/3，满足消费者日常生活必需的零售业态。生鲜食品的有效单品数量通常占总单品数的30%及以上。

①选址：社区周边，大型购物中心的配套业态。

②商圈与目标顾客：辐射半径2千米左右，以商业区目标顾客、周边居民为主。

③营业面积：200～6000平方米。

④商品（经营）结构：以生鲜食品、包装食品为主，配置必需的非食商品，总经营品种在7000～15000种。

⑤商品售卖方式：开架销售，自助服务，在收银台统一结算。

⑥服务功能：营业时间12小时左右，提供生鲜食品简单处理、加工服务。可提供线上订

货服务。

（5）综合超市经营品种齐全，满足顾客日常生活用品一次购齐的超市。非食品单品数量占比较高。

①选址：市、区商业中心、居住区。

②商圈与目标顾客：辐射半径 5 千米左右，以商业区目标顾客、周边居民为主。

③营业面积：2000~10000 平方米。

④商品（经营）结构：非食品类商品单品数较多，经营品种齐全，在 15000~30000 种，满足顾客日常生活用品一次性购齐。

⑤商品售卖方式：开架销售，自助服务，在收银台统一结算。

⑥服务功能：营业时间 12 小时左右，可提供线上订货服务。

3.折扣店

折扣店是店铺装修简单，提供有限服务，商品价格低廉的一种小型超市业态。通常拥有 2000 个左右单品，自有品牌商品数量高于普通超市的自有品牌商品数量。

（1）选址：居民区、交通要道等租金相对便宜的地区。

（2）商圈与目标顾客：辐射半径 2 千米左右，目标顾客主要为商圈内的居民。

（3）营业面积：300~500 平方米。

（4）商品（经营）结构：商品价格一般低于市场平均水平，自有品牌占有较大的比例。

（5）商品售卖方式：开架自选，统一结算。

（6）服务功能：用工精简，为顾客提供有限的服务，有些可提供线上订货服务。

4.仓储会员店

仓储会员店是以会员为目标顾客，实行储销一体、批零兼营，以提供基本服务、优惠商品和大包装商品为主要特征的零售业态。

（1）选址：城乡接合部的交通要道。

（2）商圈与目标顾客：辐射半径 5 千米以上，目标顾客以中小零售店、餐饮店、集团购买和流动顾客为主，只面向会员营业。

（3）营业面积：5000 平方米以上。

（4）商品（经营）结构：以大众化衣、食、日用品为主，自有品牌占相当部分，商品品种在 4000~12000 种左右，实行低价、批量销售。

（5）商品售卖方式：自选销售，出入口分设，在收银台统一结算。

（6）服务功能：设相当于营业面积的停车场，有些可提供线上订货服务。

5.百货店

百货店是以经营品牌服装服饰、化妆品、家居用品、箱包、鞋品、珠宝、钟表等为主，统一经营，满足顾客对品质商品多样化需求的零售业态。百货店通常被叫作百货商店。

（1）选址：市、区级商业中心、历史形成的商业集聚地。

（2）商圈与目标顾客：目标顾客以追求时尚和品质中高端消费者和差旅人员为主。

（3）营业面积：10000~50000平方米。

（4）商品（经营）结构：商品种类齐全，以服饰、鞋类、箱包、化妆品、礼品、家庭用品、家用电器为主。

（5）商品售卖方式：采取柜台销售和开架销售相结合方式。

（6）服务功能：注重服务，逐步增设餐饮、娱乐、休闲等服务项目和设施，功能齐全。

6.购物中心

购物中心是由不同类型的零售、餐饮、休闲娱乐及提供其他服务的商铺按照统一规划，在一个相对固定的建筑空间或区域内，统一运营的商业集合体。购物中心可分为都市型购物中心、区域型购物中心、社区型购物中心和奥特莱斯型购物中心等4种。

（1）都市型购物中心是以满足顾客中高端和时尚购物需求，配套餐饮、休闲娱乐、商务社交等多元化服务的零售业态。

①选址：城市的核心商圈或中心商务区，街区型或封闭型建筑结构。

②商圈与目标顾客：商圈半径可以覆盖甚至超出所在城市，满足中高端消费者购物、餐饮、商务、社交、休闲娱乐等多种需求。

③营业面积：50000平方米以上。

④商品（经营）结构：购物、餐饮、休闲和服务功能齐备，时尚、休闲、商务、社交特色较为突出，含40~100个入驻品牌店铺。

⑤商品售卖方式：各个入驻品牌店铺独立开展经营活动，由一个机构统一管理。

⑥服务功能：提供停车、咨询、休息、免费无线上网、线上销售及其他人性化服务。

（2）区域型购物中心是以满足不同收入水平顾客的一站式消费需求，购物、餐饮、休闲和服务功能齐备，所提供的产品和服务种类丰富的零售业态。

①选址：位于城市新区或城乡接合部的商业中心或社区聚集区，紧邻交通主干道或城市交通节点，以封闭的独立建筑体为主。

②商圈与目标顾客：商圈半径约在5千米以上，满足不同收入水平顾客的一站式消费需求。

③营业面积：50000平方米以上。

④商品（经营）结构：购物、餐饮、休闲和服务功能齐备，所提供的产品和服务种类丰富，含40~100个入驻品牌店铺。

⑤商品售卖方式：各个入驻品牌店铺独立开展经营活动，由一个机构统一管理。

⑥服务功能：提供停车、咨询、休息、免费无线上网、线上销售及其他人性化服务。

（3）社区型购物中心是以满足周边居民日常生活所需为主，配备必要的餐饮和休闲娱乐设施的零售业态。

①选址：位于居民聚居区的中心或周边，交通便利，以封闭的独立建筑体为主。

②商圈与目标顾客：商圈半径约在3千米以内，以满足周边居民日常生活所需为主。

③营业面积：10000~50000平方米。

④商品（经营）结构：以家庭生活、休闲、娱乐为主，配备必要的餐饮和休闲娱乐设施，服务功能齐全，含 20~50 个入驻店铺。

⑤商品售卖方式：各个入驻品牌店铺独立开展经营活动，由一个机构统一管理。

⑥服务功能：提供停车、咨询、休息、免费无线上网、线上销售及其他人性化服务。

（4）奥特莱斯型购物中心是以品牌生产商或经销商开设的零售商店为主体，以销售打折商品为特色的零售业态。

①选址：在交通便利或远离市中心的交通主干道旁，或开设在旅游景区附近，建筑形态为街区型或封闭型。

②商圈与目标顾客：商圈辐射所在城市或周边城市群，目标顾客为品牌拥护者。

③营业面积：50000 平方米以上。

④商品（经营）结构：以品牌生产商或经销商开设的零售店为主体，以销售打折商品为特色，含 40~100 个入驻店铺。

⑤商品售卖方式：各个入驻品牌店铺独立开展经营活动，由一个机构统一管理。

⑥服务功能：提供停车、咨询、休息、免费无线上网、线上销售等服务。

7.专业店

专业店是以专门经营某一大类或相关商品及服务为主的零售业态。例如，办公用品专业店、玩具专业店、家电专业店、药品专业店、服饰专业店、体育用品专业店、家居建材专业店等。

（1）选址：在交通便利或远离市中心的交通主干道旁，或者市、区级商业中心以及百货店、购物中心内。

（2）商圈与目标顾客：目标顾客以有目的选购某类商品的流动顾客为主。

（3）营业面积：根据商品特点而定。

（4）商品（经营）结构：以销售某类商品为主，体现专业性、深度性，品种丰富，选择余地大。

（5）商品售卖方式：采取柜台销售或开架销售方式相结合。

（6）服务功能：现场从业人员具有丰富的专业知识，可提供专业性购买和使用建议。

8.品牌专卖店

品牌专卖店是以专门经营或被授权经营某一主要品牌商品为主的零售业态。

（1）选址：在市、区级商业中心、商业街以及百货店、购物中心内。

（2）商圈与目标顾客：目标顾客以中高档消费者和追求时尚的年轻人为主。

（3）营业面积：根据商品特点而定。

（4）商品（经营）结构：以销售某一品牌系列为主，销售量少、质优、高毛利的商品。

（5）商品售卖方式：采取柜台销售或开架销售方式，商店讲究陈列、照明、包装、广告等。

（6）服务功能：注重品牌声誉，从业人员具备丰富的专业知识，提供专业性服务。

9.集合店

集合店是指汇集多个品牌及多个系列的商品，可涵盖服饰、鞋、包、文具、电子产品、食品等多种品类的零售业态。

（1）选址：在市、区级商业中心、商业街以及百货店、购物中心内。

（2）商圈与目标顾客：目标顾客为品牌特定消费者。

（3）营业面积：通常在 300~1500 平方米。

（4）商品（经营）结构：汇集多个品牌及多个品类的商品，产品间有较强的关联性。

（5）商品售卖方式：采取柜台销售或开架销售方式。

（6）服务功能：注重品牌声誉，从业人员具备丰富的专业知识，提供专业性服务。

10.无人值守商店

无人值守商店是指在营业现场无人工服务的情况下，自助完成商品销售或服务的零售业态。

（1）选址：位于大卖场、社区、办公楼周边、购物中心内等可以补充其他业态销售的区域。

（2）商圈与目标顾客：目标顾客为周边客群，追求快捷方便。

（3）营业面积：通常为 10~25 平方米。

（4）商品（经营）结构：以饮料、休闲食品、应急性商品为主。根据区域不同，商品结构有所不同。

（5）商品售卖方式：采取自助销售方式。

（6）服务功能：一般 24 小时经营。

（二）无店铺零售

无店铺零售是指不通过实体店铺销售，由厂家或商家通过通信、网络、无人售货等设施设备进行宣传和销售，并通过物流配送或消费者自提等方式将商品送达消费者的零售业态。无店铺零售包括网络零售、电视或广播零售、邮寄零售、无人售货设备零售、直销、电话零售、流动货摊零售等零售业态。

1.网络零售

网络零售是指通过电子商务平台、物联网设备等开展商品零售的活动。根据经营模式的不同，网络零售可分为网络自营零售和网络平台零售。网络自营零售是经营者利用自有网络平台或第三方电子商务平台，自主经营、销售商品的零售业态；网络平台零售是电子商务平台通过为商品经营者提供网页空间、虚拟经营场所等相关服务，助其完成商品交易的零售业态。

（1）目标顾客：有上网能力，追求便捷、省时、省力的消费者。

（2）商品（经营）结构：根据目标顾客设定产品结构，品种多样。

（3）商品售卖方式：在线交易。

（4）服务功能：送货到指定地点或指定自提点，部分提供退换货及其他售后服务。

2.电视/广播零售

电视或广播零售是以电视、广播作为商品展示、推介渠道，提供使用效果、方法等推介内容并取得订单的零售业态。

（1）目标顾客：以电视观众、收音机听众为主。

（2）商品（经营）结构：商品具有某种特点，与市场上同类商品相比，有一定差异性。

（3）商品售卖方式：以电视、广播作为向消费者进行商品宣传、展示、推介的渠道。

（4）服务功能：送货到指定地点或自提点。

3.邮寄零售

邮寄零售是以邮寄商品目录为主，向消费者进行商品展示、推介，并通过邮寄等方式将商品送达消费者的零售业态。

（1）目标顾客：商品目录或报纸、杂志的阅读者。

（2）商品（经营）结构：商品包装具有规则性，适宜储存和运输。

（3）商品售卖方式：以商品目录、报纸、杂志向消费者进行商品宣传，消费者事先打款，通过邮购或者快递方式收到货物。

（4）服务功能：邮寄或快递到指定地点。

4.无人售货设备零售

无人售货设备零售是通过售货设备、智能货柜或贴有支付码的货架等进行商品售卖的零售业态。

（1）目标顾客：以交通节点、商业区等流动顾客和固定区域（如办公区、生活区）顾客为主。

（2）商品（经营）结构：以饮料、预包装食品和简单生活洗化用品为主，商品单品数通常在30种以内。

（3）商品售卖方式：通过自动售货机、无人货架、智能货柜等设备，消费者自助购买。

（4）服务功能：机械化自动服务。

5.直销

直销是在固定营业场所之外，直销企业招募的直销员直接向最终消费者推销产品的零售业态。

（1）目标顾客：根据不同的产品特性，目标顾客不同。

（2）商品（经营）结构：商品以某一类或多品类为主，系列化。

（3）商品售卖方式：销售人员直接与消费者接触，销售其产品。

（4）服务功能：送货到指定地点或自提点。

6.电话零售

电话零售是通过电话完成销售的零售业态。

（1）目标顾客：根据不同的产品特点，目标顾客不同。

（2）商品（经营）结构：商品单一，以某类品种为主。

（3）商品售卖方式：通过电话完成销售。

（4）服务功能：送货到指定地点或自提点。

7.流动货摊零售

流动货摊零售是通过移动售货车或其他展示、陈列工具销售食品、饮料、服饰、鞋帽等日常消费品的零售业态。

（1）目标顾客：随机顾客。

（2）商品（经营）结构：商品单价较低，满足即时性、冲动性购物需求。

（3）商品售卖方式：面对面销售。

（4）服务功能：立刻获得商品。

零售业的创新主要集中在商品创新、技术创新和业态创新上。2016年杭州云栖大会提出新零售概念，严谨地说，零售是不分新旧的，真正分新旧的是业态，所以更准确的说法应该是零售新业态。零售新业态是以消费者体验为中心的数据驱动的泛零售形态，其根本始终是为消费者提供更优质的商品、更低廉的价格、更有效的渠道，真正回归零售本质。

单元二　百货商店

一、百货商店的发展

19世纪中叶，工业革命在西方国家的爆发促进了交通运输的发展和商品流通手段的革新，极大提高了社会生产能力和商品线的丰富。工业革命不仅改变了生产力和生产方式，而且改变了人们的生活方式，商业活动呈现极大的繁荣。经济状况的好转带动人们对于消费提出更高的要求，造就了城市居民的享乐阶层，各种类型的商店相继出现，零售业由传统的小型店铺形态过渡到大型商场形态。

教学视频：百货商店起源和基本特征

百货商店也叫百货店，首创于法国。1852年，在法国巴黎出现了世界上第一家百货商店，叫"本·马尔赛"（Bon Marche）百货商店，本·马尔赛在法语中意为"好市场"，可见人们对于商品品质和购物环境有更高的追求。随后，百货商店形式很快就传到了英国、美国及日本等地，各国都出现了在当地极具影响力的百货商店，甚至成为一个国家商业繁荣的象征。至第二次世界大战，西方百货商店经历了从成长期到成熟期的发展，170多年来，百货公司仍是零售商业的主要形式之一。

百货商店的产生被称为零售业的第一次革命，美、日、法等国的大型百货公司销售的商品

多在 25 万种以上，最高的达到 50 万种。百货商店的定位是综合化的，经营的商品几乎无所不包，消费者不必到布店去买布、到服装店买服装、到帽店买帽子、到鞋店买鞋子……走进一家百货商店可以买全几乎所有的日常用品，早期的百货商店力求满足人们生活中方方面面的需要。

　　中国第一家百货商店是 1900 年，即清朝末期由俄罗斯商人秋林在哈尔滨投资开业的秋林百货公司，而目前国内百货业最发达的地区是上海。

🛒 连锁资料库

秋林洋行

　　1900 年，中国第一家大型百货商店在哈尔滨开业，顾客盈门，轰动一时。当时秋林洋行这栋带地下室的二层楼，用现在的眼光看是微不足道的建筑，但在当时却是一栋了不起的宏伟建筑，大楼的艺术造型具有欧洲的巴洛克建筑风格，古朴优美，受到各界瞩目。楼内设施也独具风格，因当时哈尔滨还没有发电厂，秋林洋行就自设发电设备，到了晚间，当挨家挨户还是煤油灯照明时，秋林洋行却是灯火通明，彩灯闪烁，楼内还设有取暖、上下水设备，整个营业室宽敞明亮，巨大橱窗使人赏心悦目，堪称哈尔滨一大景观。

　　日俄战争后，哈尔滨被迫开放为商埠，欧美各国人士纷至沓来，开洋行、设银行、办教堂，剧院、报社、学校也大量出现，导致社会高消费阶层日益膨胀。于是秋林洋行突出了高档商品的经营，与欧美市场结成姻缘，欧美时髦商品成为秋林洋行的主流，如英国的呢绒毛料、德国的五金器皿、美国的食品罐头、哥伦比亚的留声机、法国的化妆品等名贵百货，收罗备至，秋林洋行被社会舆论称为百货之王，无与伦比。

　　【思考】请分析秋林百货的商品结构和目标顾客。

资料来源于作者根据相关资料整理而成。

二、百货商店的基本特征

　　零售业态之间主要通过商圈选址、卖场规模、目标顾客、商品结构等标准进行区分。早期的百货商店定位于所有的日常用品，甚至还有卖食品、糕点、咸菜的，力求满足所有人的所有需要，可以说是无差异化时代和无定位时代，但现代百货商店经营过程中已逐渐形成自身的特色。现代百货商店是以经营日用工业品为主的综合性零售商店，根据不同商品部门设销售区，开展各自的进货、管理、运营，满足消费者对中高端时尚商品多样化选择要求的零售业态。

（一）商品结构

现代百货商店满足的是消费者基本生活需求解决之后消费层次提高的要求，因此，百货商店销售的是注重质量、品牌、档次的时尚商品，是中高端商品的首选业态。针对中高端时尚商品，百货商店种类齐全、数量繁多，以经营时装和女士用品为主。

（二）目标顾客

由于百货商店的商品结构以中高端时尚商品为主，因此其目标顾客主要集中于中高端的消费者、追求时尚的年轻人以及城市中出差旅游的流动人口。又因以经营时装和女士用品为主，百货商店也被称为"太太们的乐园"。

（三）经营特点

1.商圈选址

百货商店是一个城市商业繁荣的象征，往往选址在城市的最核心商业区，商业繁荣，交通便利，人流量密集，租金高昂，通常也会成为地区的商业地标；另外，大型百货商店的入驻还能起到磁铁效应，吸引众多中小商铺在周边聚集，带动一个商圈的发展。

2.经营规模

营业面积大、经营商品多是百货商店最基本的特征。不同国家对百货商店的经营规模有不同的要求，如德国要求销售面积超过3000平方米，法国要求销售面积至少为2500平方米，日本则要求销售面积至少为1500平方米（大城市要超过3000平方米）。中国百货商店依据规模大小分为3类：大型百货商店营业面积5000~10000平方米，中型百货商店营业面积1000~2000平方米，小型百货商店营业面积200平方米左右。大规模的卖场可以招揽更大的客流量，营造出热烈兴旺的气氛，从而刺激购买消费。目前的百货商店更是呈现出巨型化发展的趋势。

3.商品定价

百货商店以经营中高端时尚商品为主，因此销售商品的价位往往比较高，其中不乏高端奢侈品。

4.环境设施

百货商店的主要目标顾客是中高端消费者，因此在环境设施上比较豪华，服务也比较周到，尽可能给消费者提供较好的软硬件购物条件。

三、百货商店的经营模式

由于百货商店经营规模大，所以内部管理上改变了传统的经验管理方式，实施了部门化、职能化、专业化的管理，从而使商业管理走向科学化。百货商店常用的经营模式包括联营、自营2种。

教学视频：百货
商店经营模式

1.联营模式

联营模式是指零售商与商品生产商或代理商联合，由零售商提供经营场地，生产商或代理商提供商品，双方根据合同规定，按照一定方式和一定比例分配销售收入的方法。联营模式是目前中国百货业普遍采用的经营模式。

其优点在于：对于百货商店方而言，经营风险和成本较低，商品的销售和库存风险都由供应商承担，对于流动资金要求较低，无须买断商品，商场内专柜装修和营业员工资也都由零售商承担。但其缺点在于：对毛利率缺乏直接的控制，因为百货商店对商场的商品销售并不直接负责。

2.自营模式

自营模式是指百货商店独立承担商品的采购、库存、上架、销售和顾客售后服务等所有环节的经营模式。

其优点在于：百货商店对于销售商品的种类、价格、促销等自主性强，而且利益独享。但其缺点在于：商品销售、库存的风险要由零售百货商店自行承担，成本很高。

📖 案例讨论

娃哈哈吹响进军零售业的号角

娃哈哈首家精品商场——娃欧商场（WAOW PLAZA）于2012年11月29日在杭州滨江钱城正式开业，标志着宗庆后进军零售领域的构想终于落地，这是娃哈哈在精品零售市场打响的第一枪。根据宗庆后的构想，3~5年内，娃哈哈计划在二、三线城市投建100个娃欧商场，累计投资规模将上百亿元。

娃欧商场定位于国际高档精品百货，自营销售二、三线欧洲设计师品牌产品，以年轻、时尚的都市金领和新型家庭为主要客户群体，倡导"新时尚，轻奢侈"的消费理念。

然而，娃欧商场开业几个月后，门庭冷落、生意惨淡，即使在春节前后的传统百货销售旺季，商场也是门可罗雀、冷冷清清。2014年6月，娃欧商场因为亏损严重难以支撑，甚至拖欠商场租金，宗庆后跨界商业零售的首次试验宣告失败。

【思考】请分析娃欧商场失败的原因。

资料来源于作者根据相关资料整理而成。

四、百货商店的业态创新

经过 170 多年的发展，百货商店这种传统业态为了适应不断变化的环境，也在不断创新。

（一）摩尔业态

所谓摩尔是"MALL"的译音，全称"SHOPPING MALL"，意为超级购物中心，是百货商店业态发展巨型化的结果。摩尔业态是指在一个毗邻的建筑群中或一个大型建筑物中，由一个管理机构组织、协调和规划，把一系列的零售商店、服务机构组织在一起，提供购物、休闲、娱乐、饮食等各种服务的一站式消费中心，在国内摩尔业态更多被称为购物中心或城市综合体。

教学视频：百货商店业态细分

业态的发展需要符合社会商业经济的整体状况，而摩尔业态的出现及发展往往是在经济繁荣、人们生活需求层次提高的时期。发展摩尔业态应具备以下条件。

1.居民消费水平已经适应发展摩尔的需要

摩尔业态庞大的规模以及高端的定位，要求所辐射的区域有比较高的经济发展水平和居民收入水平，人们消费意识强烈，否则难以支撑这种大型业态的持续经营。近几年我国消费者从功能性消费进入享受型消费，早期的步行街以及各类街铺已经无法满足消费者的需求。消费者需要符合场景的消费整合，摩尔业态以消费者为中心，把购物、休闲、娱乐多个场景连接融合。

2.城市发展的方向需要发展摩尔业态

从城市发展的角度看，大型超级购物中心的建设将增加和改善城市的功能，提升周围地区地价上升，土地增值，带动周围地区的发展，促进就业，改善服务功能，成为城市经济发展的动力。从总体来看，我国的商业设施还有较大的改造发展空间，城市综合体取代街铺，成为线下消费的首选，以城市综合体为核心打造城市多元化中心。

3.提升商业层次需要发展摩尔业态

城镇化进程和消费场景融合，改变了线下消费，这是零售升级。人们对购物、消费的环境要求越来越高，不再满足于单一的购物目的，而是希望将购物和休闲、娱乐等结合在一起。超级购物中心的出现适应了人们的这种需求，它具备购物与服务等多种功能，是百货店、专业商店和其他服务业聚集在一起的不同业态、业种的组合。另外，超级购物中心也成为一个地区吸引国际高端品牌入驻的重要载体，带动了百货商场的业态改造和门店升级。

📖 案例讨论

谁托起购物中心的未来？

1996 年，中国第一家真正意义的购物中心——广州天河城开业，此后伴随着中国经济的高速发展和城市化进程的快速推进，购物中心业态在国内各大城市掀起了一股投资热潮。到

2013年，我国购物中心存量便迅速突破一亿平方米，随之而来的就是行业竞争急速加剧，到2015年我国购物中心存量相对增速开始同比下降，而增量在2017年达到峰值约5500万平方米后也开始逐年减少，同时每年的"增量/存量"比值近年也呈持续下降态势。从总体上来说，购物中心行业将呈结构性增长，行业存量增速逐渐放缓，但三、四线城市增速仍高于一、二线城市；从存量规模上来看，三、四线城市少于一、二线城市，但其与后者规模比值在逐年增大。

行业竞争激烈，于购物中心运营企业而言，规模扩张之外，找准目标受众和提高运营能力成为生存发展的核心。

一、年轻人狂欢

购物中心最早以年轻人为主力消费群体，他们有一定的消费能力，对新事物有着强烈的敏感度，社交需求旺盛。以餐饮、娱乐等体验性项目为主要商品结构的购物中心满足了年轻群体对时尚潮流生活的需求。

二、小手拉大手

当大人们已经习惯了两点一线的生活时，孩童们却总是希望去更大的空间里玩耍。近年来，在购物中心发展最为活跃的领域中，除了餐饮和娱乐之外，首推亲子活动。随着"二胎""三胎"政策的实施，儿童产业进入转型和升级期，产业更加细分，线上线下开始全方位地融合，家庭的经济生态圈已经在形成。一个孩子至少会带来两个家长，在周末的时候有可能会带来四个和六个家长，对其他的零售领域诸如餐饮等起到了不容小觑的客流发动机的作用。

三、新社区中心

从公共生活空间的角度看，社区成为人们重要的生活场景，随着人们对生活品质要求日益提高，社区经济也越来越受到零售人的关注。社区购物中心是近年来最新出现的细分业态，很多知名房产建设的新楼盘会自带规模不等的购物中心。传统大型购物中心需要的是"格调"，给消费者提供与日常生活不一样的体验，而社区购物中心恰恰相反，需要的是"温度"，更加体现生活气息，满足人们日常生活需求的便利性和品质性。

四、银发族乐园

购物中心不仅仅属于年轻人，新时代的老年群体消费能力和消费理念已大大不同于传统认知，特别是城市中刚刚退休的低龄老年人，是真正有钱有闲的群体。随着我国老龄化社会的日益显现，无论是人口数量还是购买力、购买动机，老年群体都是未来零售业可以增长的市场潜力空间。

【思考】请分析在下沉市场发展购物中心的可行性。

资料来源于中国连锁经营协会：《2018—2019年度中国购物中心发展力报告》，2019年6月。

（二）奥特莱斯业态

"奥特莱斯"是英文"Outlets"的中文音译，其英文原意是"出口、出路、排出口"的意思，在零售商业中专指由销售名牌过季、下架、断码商品的商店组成的购物中心，因此也被称为"品牌折扣购物中心"。

奥特莱斯最早诞生于美国，迄今已有近百年的历史。奥特莱斯最早就是"工厂直销店"，专门处理工厂尾货，后来逐渐汇集，慢慢形成类似于超级购物中心的大型购物中心，并逐渐发展成为一个独立的零售业态。虽然"工厂奥特莱斯"（Factory Outlet）这种业态在美国已有百年的历史，但真正有规模的发展是从 1970 年左右开始的。目前，在美国、欧洲、日本甚至东南亚国家均已出现这种业态并呈现蓬勃发展的态势。

奥特莱斯吸引顾客有以下 3 样法宝。

1.驰名世界的品牌

荟萃世界著名或知名品牌，品牌纯正，质量上乘。奥特莱斯不同于一般商场，它卖的虽然是库存货和折扣货，但绝对都是国际大牌。一般的国际顶级品牌通常不打折，或者不在正价店里销售打折商品，会影响其形象，但是高端品牌同样有断码、尾货、过季商品，而奥特莱斯的特性决定了奥特莱斯是国际大牌消除库存的最好场所。

2.难以想象的低价

商品一般以低至 1~6 折的价格销售，物美价廉，消费者趋之若鹜。奥特莱斯一般都在城郊如上海青浦、张家港、香港城等，远离市区传统核心商圈，地价成本就比较低，而且奥特莱斯的货品都是厂家直销，可以把中间利润降低，最终降低销售价格。

3.方便舒适的氛围

远离市区，交通方便，货场简洁、舒适。奥特莱斯虽然销售打折商品，但毕竟是国际大牌，售价仍然不菲，针对的顾客群体是品牌意识较强的中高端人群，因此需要提供良好的购物环境和便利的停车场，以便改善消费者的购物体验。

单元三　超级市场

一、超级市场的发展

超级市场（简称为超市）是 20 世纪 30 年代初在美国诞生的，但其实超级市场的雏形在 1916 年便出现了。1916 年 9 月 9 日，第一家自助服务商店在美国田纳西州孟菲斯市开业，它的经营者克伦斯·桑德斯在 1917 年将这种由消费者自行在货架上挑选商品然后统一结账的零售店经营模式申请了专利，这就是超级市场的雏形。

20 世纪 20 年代后期，美国经济陷入了大萧条的危机时期，人们收入下降，开始节约生活成本，此时费用上升的百货商店很难适应当时的经济形势，于是以低成本、低利润、低价格为竞争优势的超级市场应运而生，受到了消费者的欢迎。1930 年 8 月，真正意义上的现代超市首次出现在美国纽约长岛，这就是"金·库伦商品市场"。

知识链接

早期的超级市场

1930 年 8 月，一位名叫麦克尔·库伦的商店经理创办了世界上第一家超级市场——金·库伦超级市场。到 1932 年，他已拥有 8 家商店，随着其他革新者的纷纷登场，很快出现了更多的超级市场。美国的第一批超级市场通常开在远离城市的郊区，选择废弃的仓库、牲口棚、空车库和厂房；室内地面粗糙，房顶缺乏装修，货架未上油漆，商品随处堆放。与那时通常的杂货店相比，早期的超级市场最明显的特点是顾客自选商品，并且商场附近有宽敞的免费停车场。由于营业费用降低，超级市场内的商品售价比其他商店的售价要低。而且，它们通常也是为了招揽顾客而做亏本生意，因而，经济危机中的美国市民宁愿驱车数十英里，也要远道来购买这些廉价商品。到了 1935 年，相继涌现出了更多价格上更吸引人的超级市场。

【思考】请分析早期超级市场的定位选择。

资料来源于张谦、达今：《连锁大鳄，价格攻势事与愿违》，《销售与市场》2003 年第 4 期。

中国最早的超市出现在广东。1990 年 12 月，广东东莞美佳公司开设了国内第一家真正意义上的超市，略早于上海的联华超市和华联超市。而提到中国的超市，除了国外零售企业的大卖场和上海的知名连锁超市之外，走"农村包围城市"道路的温州永嘉超市自成一派，在中国超市行业中悄无声息地扩张着自己的势力。

知识链接

中国超市之乡

1992 年，温州市永嘉县花坦乡人朱清众与亲戚开始在上海做小百货生意，掘到第一桶金后，他于 1998 年在瑞安梅头开出永嘉人的第一家超市。原来一起开小百货店的老乡得知朱清众的超市生意火爆后，便纷纷将坚守多年的小百货店生意转型，筹集资金，前赴后继开起了超市。据有关部门和超市老板不完全统计，温州市永嘉县花坦乡、枫林镇、大若岩镇等地的农民在江苏、上海、安徽、浙江和福建等地开出的超市，总数已经超过 10000 家，年销售额超过 300 亿元，为社会提供就业岗位几十万个。

永嘉县的超市经济又创造了一个"中国第一"。2008 年，永嘉被授予"中国超市第一县"的招牌。2010 年 1 月 16 日，"温州国嘉超市管理服务股份有限公司"完成了工商注册的核名程序。国嘉超市的目标是整合遍布全国的永嘉人超市，打包成为一家统一品牌的超市巨无霸，然后上市，使之进入现代资本运作体系，与外资零售业巨头展开正面竞争，成为中国的沃尔玛。

【思考】请分析温州永嘉超市属于哪种连锁类型及其未来的发展趋势。

资料来源于《永嘉人在全国开出逾万家超市　年销售额超 300 亿元》，浙江在线，2009 - 02 - 06。

二、超级市场的基本特征

超级市场是以食品和日用品为主，自助式售货，一次性集中结算，以满足消费者对基本生活用品一次性购足需要为经营宗旨，低价大量销售的商业经营形态。

教学视频：超级
市场基本特征

（一）商品结构

超级市场经营的商品是品项齐全的消费者日常生活最需要的生鲜食品、一般食品和日用百货杂货。一般食品应占全部商品构成的 70% 左右，而是否经营生鲜食品，以及生鲜食品所占的比重又会成为子业态细分的依据。

（二）目标顾客

超级市场是以居民消费为主，以家庭为主要销售对象，以家庭主妇为最基本的目标顾客。

（三）经营特点

1.商圈选址

国外大型超市往往选址在郊区，地价成本低，是实现超市低成本运营、低价格竞争的重要条件。但在国内，20 世纪 90 年代超市刚刚进入中国市场的时候，由于消费习惯和交通条件的限制，大型超市仍然布局在核心商业区，这也造成了国内超级市场经营成本居高不下。近几年，随着城市交通条件的改进和人们消费观念的转变，国内大型超市也开始向近郊等地价成本较低的区域转移。

2.经营规模

超级市场要满足居民消费者对生活必需品一站式购物、一次性购足的需求，经营的商品品类要十分齐全，一般超市经营商品品种不会少于 6000 种。比如沃尔玛等一些大型卖场销售的商品品种更是多达 10 万种，面积达几万平方米。

3.商品定价

超级市场提供的是人们生活中最基本的食品、日用品等，消费频率非常高，因此人们对于这些商品的需求弹性低，价格敏感度高。全球知名连锁超市品牌一般都是尽可能降低经营成本，以低价给消费者最直接的利益，进而在市场竞争中取胜。超级市场属于低毛利的状态，但这并不会影响超市的总体效益，因为低价销售能带来薄利多销的效应。

4.环境设施

超级市场是以消费者自助服务为特点的，卖场中较少安排服务销售人员。随着电子技术的兴起，收银员岗位也大量收缩。自助式服务使消费者从紧逼性推销的压力下解放出来，自由地选购商品，从而增加了购物的乐趣，也节约了购物时间。早期的超市为了节约成本，环境设施比较简陋，现代超市环境能够满足人们舒适购物的需求，通过卖场布局和商品陈列营造消费氛围，但其当然无法和百货商店豪华的环境相比。

知识链接

放弃通道费有多难

　　所谓超市通道费是指零售商借助自己的优势渠道资源，向进场销售商品的供应商收取的名目繁多的各项费用。第一个收取通道费的家乐福，20世纪90年代进入中国后把在发展中国家的扩张模式带到中国，提出向供应商收取通道费，赚取旱涝保收的后台利润，这让家乐福得以快速低成本扩张，一时风光无限。在房租、人工、水电三座成本大山压力下，很多零售商无法仅凭前台利润维持正常运营，后台就成了重要的利润来源。通道费像一件好看实用的外衣，零售商们穿了这么多年，早已适应了它带来的光鲜与温暖，供应商与生产商也早把这件外衣看成是零售商的必备之物，进而演变为行业规则，想要脱掉这件外衣并不容易。

　　家乐福风光的时代，实体零售商处于强势地位，这让通道费的收取变得畅通无阻。但现在大卖场早无往日风采，通道费也成为业内人士批判的焦点。收取通道费轻松容易，靠通道费盈利的大卖场不努力加强经营与采购能力，不依靠价廉物美吸引顾客，而是退化成了收取租金的二房东，本质上已经不是专业的零售商。

　　"成也萧何，败也萧何"，现在许多零售商的生存模式都依赖通道费，但谁都知道，通道费不可能一本万利地永远维持下去，总会有零售商试图做出改变。早在2003年，步步高曾取消了进场费，步步高当初的计划是降低费用，从而降低进价，但实行后发现供应商提供的进价仍和其他零售商一样，仅实行了半年，步步高不得不暂停。2021年，罗森宣布在江浙沪地区摒弃进场费、开户费。罗森提出免收一些费用，这并不是突发奇想，它大概用了两年时间做了各项前期准备工作，有了铺垫之后，才做出免收费用的决定，也仅在江浙沪地区实行。

　　"万物皆有裂痕，那是光照进来的地方"，摒弃通道费不仅仅是一家零售商的个体行为，其必然是在行业发展、零售商发展、零供关系发展等诸多变化之后提出的一个更符合当下零售经营的一种方式。

　　【思考】请分析超市是联营还是自营？

　　　　　　　　　　　　　　资料来源于《零售商真能放弃通道费吗？》，联商网，2021－09－13。

三、超级市场的业态创新

　　业态的发展需要满足消费者需求，而消费者的需求是不断变化的，因此商业业态要持续发展，就要根据消费者需求的变化而不断变化。

教学视频：超级
市场业态细分

（一）传统食品超市

　　传统食品超市营业面积一般为300~500平方米，其经营的商品内容是一般食品和日用品，

食品占全部商品构成的70%左右，但其中生鲜食品构成不足30%，其主要目标顾客是家庭主妇。

早期出现的超市基本上为传统食品超市，传统食品超市发展起来之后在很大程度上挤占了传统食品店、南北干货店、粮油店、杂货店的市场份额。

但由于传统食品超市仅是对传统小商店的替代，其商品经营的综合度是不够的，无法真正满足一次性购物需求是其最大的缺陷，而这种缺陷最集中地反映在无法综合地经营生鲜食品。其唯一的优势是离居民区近，具有购物上的便利性，然而当便利店发展起来之后，这种便利优势也就让位于便利店了。为此，这种超市是不可能成为超市的主力化业态的。

（二）标准食品超市

标准食品超市也称生鲜食品超市，其经营面积一般在1000平方米左右，与传统食品超市相同，标准食品超市也是以经营食品和日用品为主，食品占全部经营商品构成的70%左右，其主要的目标顾客也是家庭主妇。

与传统食品超市有所不同，标准食品超市是以经营生鲜食品为主，生鲜食品约占全部食品构成的50%，可以说标准食品超市是在传统食品超市的基础上，强化了生鲜食品的经营。

通过这一经营内容的增加使消费者购买频率增加，几乎每天要进行的购买行为——买菜在超市中得以实现。因此，它对传统商店是一个在内容和形式上较为完整的替代，使超级市场对消费者基本生活用品真正实现一次性购足，创造了最初的较为完整的形式和内容。

但早期，由于我国国内消费者的购买能力和购买习惯适应于农贸市场的销售方式以及中国生鲜食品的生产和流通较为落后，无法从供应链上满足标准食品超市的发展，因此我国标准食品超市的发展相对缓慢。特别是在中国传统食品超市发展的初期，外资超市就以大型综合超市业态在中国发展，中国超市业态几乎错过了标准超市这一发展业态。但随着国内消费意识的改变和农产品深加工和流通技术的改进，近年来，标准食品超市在国内逐步发展起来。

📖 案例讨论

一招鲜，吃遍天

超市引入中国20多年，中国人的消费习惯发生了很大变化，购物从小店转移到商品种类齐全的超市，但新鲜的蔬菜、水果等食物买卖主要还是发生在传统的农贸市场。这一点开始被一家叫永辉的超市逐渐改变了。

2000年以后，我国国内超市行业竞争已经十分激烈，如何在强敌环伺的环境中生存是一个十分困难的问题，起步于福建的民营超市永辉发现大卖场生鲜这一块

业务较为薄弱，决定以生鲜为突破口，避免与实力雄厚的"洋巨头"和国有超市正面交锋。

永辉在购物环境上率先把生鲜区扩大，把3000多种农产品作为主营产品；在购物习惯和商品价格上，保持对农贸市场的价格竞争优势，满足消费者自选的购物习惯；在生鲜农产品经营中，提高供应链能力，做到了价格低、损耗低、质量优和保鲜度高。

近年来，生鲜已经成为实体超市和电商平台最为关注的品类，国外发达国家生鲜食品一般会由一家主导型超市供应，市场份额占30%左右，在中国市场中，这样的企业市场份额还不到1%。很多线上线下企业都将目标锁定在占领中国生鲜市场尽可能大的份额上，这也是新零售的目标之一。截至2020年，中国生鲜零售市场规模超5万亿元，随着人均可支配收入和消费支出的提高，生鲜产品作为我国的基础消费品之一仍将保持稳定增长态势。

【思考】请分析生鲜品类对于零售企业的意义。

资料来源于《永辉超市，一招鲜，吃遍天》，道客巴巴，2020-03-27。

（三）大型综合超市

大型综合超市是在标准食品超市经营食品、日用品基础上，增加百货类商品而形成的超市形态。大型综合超市一般还需配备与营业面积相适应的停车场，一般的比例为1∶1。大型综合超市的商品品种繁多，可达两三万种，可以全方位地满足消费者对基本生活用品一次性购足的需要。

一般而言，大型综合超市食品类和非食品类各占商品构成的50%左右。由于大型综合超市的商品品种繁多，商品组合广度大，能最大限度地满足广大目标消费者对吃、穿、用等日常生活用品一次性购足的需求，真正实现一站式购物、一次性购足。

（四）仓储式超市

仓储式超市是实行储销一体、低价销售，提供有限服务并采取自我服务销售方式的零售业态。营业面积一般在10000平方米以上，并配有较大规模的停车场，目标顾客除了家庭居民之外，还包括小杂货铺、小酒店等。仓储式超市实际是用零售的方式来完成批发配销业务的商店，是批发配销型的主力化业态，大有发展前途。

仓储式超市具有以下特点：一是采取会员制，这是它区别于其他超市的最大特点；二是采取仓储式货架陈列商品，商场本身兼有仓库功能；三是采取C&C（Cash and Carry）的销售方式，即现购自运的销售方式。

案例讨论

Costco——仓储式超市中的魔法世界

2019年8月27日，美国大型零售商好市多（Costco）中国大陆市场首家门店在上海闵行区开业，当天吸引了大量客流，很多商品出现了抢购热潮。售价1498元一瓶的茅台被抢光，爱马仕包也被瞬间抢空。除了超市内人山人海，停车场更是直接爆满，等候时间至少3个小时。开业5小时后，Costco不得不发布"下午卖场暂停营业"的公告，开业第二天又发布"每日限流2000人"的公告。

好市多是美国最大的连锁会员制仓储式超市，也是该业态的创始者，成立以来致力于以最低的价格提供给会员高品质的商品。在美国，好市多一直被认为是沃尔玛唯一害怕的公司，那么好市多与沃尔玛同为超市，又有何不同呢？

首先，好市多定位于较高收入的消费群体，目标受众比沃尔玛窄。好市多认为要吸引富裕的小生意人，这些人不仅舍得在生意上花钱，只要质量有保证、价格好，也愿意为自己花钱。美国家庭平均年收入38000美元，但好市多商业会员的平均年收入是57000美元。

其次，好市多的商品品类更集中，只有沃尔玛的1/10。沃尔玛门店平均有5万种产品品类，一应俱全，导致了超市面积大，运营成本、人力成本、物流成本、管理费用普遍都很高。而好市多只有5000种品类，同一个品类，就比如油，沃尔玛可能有50款，好市多只挑其中5款性价比最高、品质最好的产品。这样一来，9000万会员集中去买同一款产品，采购量大了，自然采购的价格就降低了，物流成本也降低了。

最后，好市多的超低价比沃尔玛更有竞争力。好市多所有商品的毛利率不超过14%（一般超市在15%~25%），一旦超过要汇报CEO。比沃尔玛更低的售价如何赚钱呢？除了品类集中，做大单品采购量之外，好市多不是完全靠卖产品赚差价的普通超市，主要是通过高性价比的产品圈用户，收取会员费以及通过会员跨界赚钱。好市多1年商品销售利润为10亿美元，但会费收入高达35亿美元。

【思考】请分析Costco的主要目标顾客及其特点。

资料来源于《探秘好市多：仓储式卖场中的魔法世界》，财富新闻网，2019-08-28。

纵观国际上超级市场90年的发展历史，从传统食品超市、标准食品超市，一直到大型综合超市，超级市场走的是一条规模不断扩大、功能不断齐全、技术不断创新的发展道路，而这一切的发展在中国是在短短的3年时间（1995—1997年）里发生的，超级市场所有的模式一下子在中国都出现了。因此，中国的超级市场发展是在短期内从前超级市场时代（以中小型超市发展为主的时代），进入了后超级市场时代（以大型综合超市发展为主的时代），在中国的有些地区甚至跨过了前超级市场时代，直接进入了后超级市场时代。

单元四　便利店

一、便利店的发展

作为一种零售业态，便利店起源于美国，其兴起的主要原因是在超级市场步入大型化与郊外化后，给购物者带来在距离、时间、商品、服务等诸多方面的不便利。超级市场远离购物者的居住区，到超级市场购物需驾车前往；超级市场卖场面积巨大，商品品项繁多，购物者要花费大量的时间和精力去挑选商品，还需忍受大排长龙等候结账之苦。以上种种都使得那些想购买少量商品或满足即刻所需的购物者深感不便，由此促成了便利店的出现。1946 年，美国得克萨斯州的南方制冰公司创立了世界上第一家便利店——7-11。在美国，1957 年只有 500 家便利店，但到 1990 年已有 84500 家，平均 2940 人便拥有一家便利店，销售额接近 1000 亿美元，因此有人认为便利店是西方零售业的"爆发户"。

🛒 **连锁资料库**

便利店第一家——7-11

　　7-11 是世界上最大的便利店企业，也是便利店这一业态的首创者。从 1946 年创立至今，7-11 虽然历经风雨，却始终保持便利店业界的领先地位。目前，7-11 在全球 19 个国家和地区拥有直营和特许连锁店超过 7 万家，美国 7-11 和日本 7-11 公司曾多次跻身世界零售百强。

　　1927 年，南方制冰公司在得克萨斯达拉斯成立，其所属的零售店铺在出售冰块的同时，还应顾客要求开始尝试销售牛奶、面包和鸡蛋，从而为消费者提供方便。这就是便利店这一零售业态的萌芽，而南方制冰公司的这些零售店铺就是 7-11 便利店的前身。

　　1945 年，南方制冰公司正式改名为南方公司。1946 年，南方公司将下属所有的门店统一更名为 7-11 便利店，取其"早上 7 点开门，晚上 11 点关门"之意。但在 20 世纪 90 年代初，由于其他领域投资失败，南方公司申请破产。

　　在美国南方公司衰落的同时，日本 7-11 却在迅速发展。1973 年，日本伊藤洋华堂出资向美国南方公司购买 7-11 区域代理权，最初的公司名为"约克七"。1974 年，日本第一家 7-11 店铺开始营业，同年底店铺就发展到 15 家门店；1978 年，公司改名为"日本 7-11"；1989 年，日本 7-11 店铺数接近 4000 家；1991 年，日本 7-11 甚至出手帮助美国南方公司走出困境；目前日本 7-11 的店铺数已大大超过美国 7-11。

　　【思考】请分析日本 7-11 发展超过美国母公司的原因。

　　　　　　　　　　　　　　　　　　资料来源于作者根据相关资料整理而成。

二、便利店的基本特征

　　所谓便利店是指位于消费者附近，以经营即时性商品为主，满足顾客便利性需求为主要目的，采取自选式购物方式的小型零售业态，其最大的特点就在于便利。

教学视频：便利店基本特征

（一）商品结构

便利店的商品结构大致可以分为食品、非食品和服务3类。食品类商品是便利店的主力商品，至少占全店商品构成的50%以上。非食品类商品的品项很多，是构成便利店商品结构的一个重要方面。便利店的商品一般具有适量性、急需性、即时消费性、应季性和调剂性的特点。服务性商品具有很大的发展空间，是便利店经营的另一大特色，也是便利店与其他业态竞争的最大优势。便利店的商品结构还会由于每家门店的选址不同而体现不同的特色。

案例讨论

社区的保姆

优质服务一直以来被认为是便利店最核心的竞争力。起步较早的国外便利店麻雀虽小，五脏俱全，只有100平方米左右的便利店提供的日用消费品可达上千种，不仅仅是快速消费品，还提供给特定的人群特定的服务。比如订票、代收、订购、送货上门、快递、公用电话、快餐等服务，服务功能越齐全就越能扩大消费群。

目前国内的便利店，虽然个别也有销售茶叶蛋和包子，提供水、电、煤气缴费等服务，但其他的便利服务涉及较少。因此，便利店还停留在"小型超市"的模式上，提供的商品以随身消费为主，品种少、价格贵、交通便利，但是提供的便利服务还不多。这与我国互联网发展快速、很多民生服务均已实现线上办理有关，但距离消费者近仍然是便利店作为实体渠道最明显的优势。虽然不应当鼓励便利店提供非常繁多的其他服务，这有悖于便利店的经营本质，但是谁先打好服务这一张牌，谁就能在市场取得先机。便利店应定位为社区的服务中心，甚至做"社区的保姆"。

【思考】请分析新零售时代便利店可以提供哪些服务功能？

资料来源于作者根据相关资料整理而成。

（二）目标顾客

一般而言，便利店的目标顾客主要是年轻的上班族，这些人群时间观念强、效率意识强，对价格相对不敏感。但便利店作为一种小型业态，即使同一品牌的便利店也会因选址不同而有不同的目标顾客，如开设在社区中的便利店以居民为主要目标顾客，开设在车站、码头的便利店以流动人口为主要目标顾客，开设在学校的便利店以学生为主要目标顾客，开设在医院的便利店以病人和护理人员为主要目标顾客，开设在加油站的便利店以司乘人员为主要目标顾客。现在便利店拓展的区域越来越广，专有的目标人群也越来越细分化。

（三）经营特点

1.商圈选址

便利店作为提供便利性商品的小型业态，灵活性和渗透性极强，基本上在城市中较为核心的商圈都有，能够填补大型业态消费空隙，消费者从任一地点出发徒步 5~7 分钟即可到达一家便利店。根据国外便利店发展经验，3000~5000 人可以支撑一家便利店。目前，便利店开始逐步向三线以下市场布局，各个便利店品牌已经进入拼地盘的时代。

2.经营规模

便利店规模较小，20 平方米即可开设便利店，一般较大也不会超过 300 平方米。正是由于其规模小，因此拓展的灵活性极强，而且顾客在小卖场里选购商品，完成消费的效率非常高。

3.商品定价

相比于超级市场的价格，便利店商品定价会稍高，这取决于多方面原因。一方面，由于便利店是单位经营成本较高的业态，无论是房租、人工、水电的单位成本都比超级市场高；另一方面，便利店满足顾客突发性、零散性需求，顾客价格敏感度也较低，因此便利店商品价格略高于超级市场有其合理性。

4.环境设施

便利店环境布置也以消费者便利性为主，货架比较低，方便顾客拿取。除了商品之外，提供给周边消费者诸如微波炉加热、复印打印、零钱换取、充电打气等附加服务。

三、便利店的组织形式

便利店最好采取连锁组织形态，因为作为小型业态，单店是无法实现规模效益的，只有走连锁经营的道路，通过扩大门店数量才能够使得便利店这样的小型业态实现品牌效益、市场效益和成本效益。

教学视频：便利店组织形式

特许加盟连锁经营是便利店发展的主要方式。当用直营方式开设了一定数量的便利店后，就可以开始考虑用特许加盟连锁的方式来进行发展，这是因为在一定数量加盟店的运作过程中，总部的管理中心和配送中心已发展成熟，可以采取加盟连锁方式继续发展。便利店单店虽然规模小、投资少，但便利店往往快速批量上市，总部资金实力不足将影响便利店的规模效益；从便利店内部经营机制上说，必须把经营者推向业主的地位，让加盟商发挥积极性和灵活性的优势，小型的便利店才能真正经营得好；从投资额度和管理复杂度来说，便利店的规模更适合普通加盟商，是普通加盟商能够承受的投资额度和管理复杂度；从主营业务来看，便利店经营的实体商品本身标准化较高，加盟经营不影响连锁体系运营质量，而服务性商品主要属于社区生活属性，加盟商比总部更了解周边市场。

因此，运作成功的便利店企业往往采取大公司与小业主相结合的模式，便利店总部采用连锁经营实现规模化、标准化运作，便利店门店通过特许加盟方式吸纳投资人开店，实现灵活性、本土化经营。

📖 **案例讨论**

美宜佳创造共赢模式

　　2017年，美宜佳门店数量突破1万家，成为当之无愧的中国便利店之王。美宜佳创造了一个消费者、加盟商、员工、供应商与总部合作共赢的发展模式，走出了一条具有中国特色的便利店发展之路，为行业的发展树立了榜样，成为中国最具本土特色的便利店行业成功典范。

　　作为总部，应该想尽办法让加盟商盈利；作为加盟商，应该抱着盈利的期望，而要真正统一这些不同个体的思想和行为，必须一切从他们的根本利益出发。美宜佳确立了"三个坚持"：坚持走特许加盟之路，坚持门店利益至上的服务宗旨，坚持社区便利生活中心的市场定位。这三个坚持促使美宜佳不断探讨门店与总部的共赢模式，促使美宜佳积极面对门店批评而不断完善和进步，促使美宜佳想尽办法提升单店的盈利能力。

　　从2001年开始，美宜佳就开始重视利用现代信息技术来为门店服务，搭建起一整套全方位的加盟店服务支持体系，其中包括投资策划、采购配送、培训与营销等支持，有效保障单店经营管理和提升，也让加盟体系得以稳健发展。2015年，美宜佳又着手构建自己的数据驱动运营体系，建立门店全渠道营销体系，并与第三方专业公司合作对门店店长、员工进行培训认证，来帮助门店持续提升经营水平和盈利能力。

　　从1997年到2006年，美宜佳开出了1000家店铺，逐步深入珠三角市场。在南粤大地精耕细作14年之后，美宜佳才走出广东。从2014年到2016年3年间，美宜佳先后进入了福建、湖南、湖北、江西、河南、广西和重庆，其发展版图已经延伸到8个省46个城市，全国布局蓄势待发。不到3年时间，美宜佳省外分店已经超过600多家，全部是加盟店。而让人感叹的是，美宜佳几乎没有在任何媒体上做广告投入，基本上靠加盟者的口碑相传。这是千万个加盟店主对美宜佳的最高赞赏，也是美宜佳对加盟店"全心全意为门店服务，全力以赴为门店争取利益"服务宗旨的最好写照。

　　【思考】便利店为什么往往以加盟方式扩张？

　　资料来源于徐素莹：《张国衡：单店盈利是加盟体系的生命线》，《连锁》2017年第10期。

四、便利店的业态创新

　　中国连锁经营协会发布的"中国城市便利店指数"显示，近年百强便利店企业年销售增长率和门店数量增长率保持两位数，是实体零售企业中增长最快的业态。从发达国家的经验来看，当人均GDP超过10000美元时，该国便利店将会进入爆发增长期。2019年中国人均GDP首次超过10000美元，也从一个侧面印证了我国便利店将迎来快速发展阶段。但作为实体店铺，便利店同样遭遇了店面租金上涨，人力成本上升，同业态比邻竞争，其他诸如电商、超市业态竞争

教学视频：便利店业态创新

等多方压力，因此，便利店同样应不断创新以满足消费者需求。

1.跨界

便利店是距离消费者最近的业态，根据不同的商圈选址及商圈内消费者的需求特点，可以向快餐店、咖啡厅、书店等业态延伸，借助自身的品牌优势，抢占不同的细分市场，特别是电子商务相对难以触及的领域。

📖 **案例讨论**

7-11走人情味的社区空间路线——Big 7

近年便利店跨界书店、美妆店、咖啡厅、水果店，甚至结合健身房，打破过往众人对便利店的想象。2018年底，7-11在台湾地区台北公馆商圈推出全新未来商超形态，并将名称定为"Big 7"，让人人口中的"小7"，摇身一变成为丰富多元的"大7"。

"Big 7"是源于生活的新营运模式，提出"第五消费空间"多元复合新概念，以"好邻居"的身份进入消费者的日常生活，将咖啡、阅读、糖果、美妆、烘焙与便利店整合在单一门店内，这是目前业界复合种类最多，也是目前台湾地区面积最大的7-11门店。

咖啡店——7-11打造全新精品咖啡品牌"！＋？ CAFE RESERVE"不可思议咖啡馆，以惊叹号＋问号，传递"一杯令你惊讶且好喝到找不到文字形容的不可思议咖啡"理念，咖啡品项数多达22种，分为意式咖啡、精品手冲、风味饮品、其他饮品四大类别。

书店——在线书店"博客来"此次与7-11合作开设首家复合实体书店，紧邻咖啡及烘焙专区，同时更结合32席座位，是超商业界首次规划完整具有阅读氛围的书香空间，该区域选择复古瓷砖的地板，搭配木质桌椅，并用许多沙发取代过去制式座位形态。

烘焙店——与咖啡香、书香连成一气的则是结合集团烘焙know-how打造烘焙复合店，店内提供包装面包、现烤面包、Mister Donut及冷藏甜点专柜，共超过70种商品可供选择。

糖果店——首创超商内"糖果屋"，全区以粉色系少女风格打造，从天花板延伸到两侧墙面有大面积的圆点设计，地板则使用花瓣造型的地砖相呼应，以3台马车造型作为陈列设计的专柜，将糖果当成饰品，分别摆设"欧美热销""不败肖像"以及"日韩独家"3种商品类别。

美妆店——旗下K·Seren美妆品牌也同步亮相"Big 7"复合店，并推出全新"洗沐专区"，提供给出差旅行的顾客有多达近30种洗沐商品。

【思考】请为内地便利店提供跨界思路。

资料来源于《7-11走人情味的社区空间路线　推新型门店"Big 7"》，联商网，2019-01-09。

2.牵手

近年来，电商行业发展的势头迅猛，对百货商店、超级市场带来了很大的冲击，然而便利店的市场因为自身的一些特性，受到的不利影响相对较小，甚至还能弥补电子商务的很多先天不足，成为电子商务落地最想牵手的伙伴。巨头们缘何对便利店情有独钟，从商业业态的特点来说，便利店是内地生活中最接近消费者的，服务方面可以做到随时送达，承担零售业"最后一公里"职责。因此，在线上线下大融合的趋势下，这种业态对于电商企业来讲是最适合合作的，便利店正成为互联网企业开抢的香饽饽。不少电商平台看到了便利店市场的潜在商机，甚至投资开起了自家品牌的便利店，这其中就包括了京东集团的京东便利店、苏宁集团的苏宁小店、顺丰的嘿客等。

🛒 **连锁资料库**

嘿客面向谁?

2014 年 5 月 18 日，518 家顺丰"嘿客"在国内集体亮相，除青海、西藏外，所有省、自治区、直辖市都有涉及。与传统便利店不同，嘿客是社区综合服务平台，除日常消费外，还集预约体验、便民服务、金融服务、快递服务于一体。嘿客门店中没有实体商品和货架，商品信息展示在墙上的图片或屏幕中，消费者通过门店中的电脑下单，到货后门店自提。

2015 年 5 月 18 日，一年来备受争议的顺丰嘿客度过了自己的一周岁生日，并迎来了自己的升级版"顺丰家"。顺丰内部高管说："从内部讲，我们对嘿客蛮满意的。我们非常成功地把快件的末端和门店结合进来，就凭这一项，嘿客有它巨大的价值。"

【思考】请分析嘿客的目标受众。

资料来源于作者根据相关资料整理而成。

单元五　专业店

一、专业店的发展

专业店的发展历史应该是最为悠久的，在百货商店和超级市场等多品类集中售卖的大型零售业态出现之前，世界上基本都是单一类别或者单一产品售卖的小型专业店铺。专业店可以说是伴随着商品交换的出现而出现的，随着生产力的发展和社会分工的出现，各行业的生产者为了满足自身在生产和生活方面的需要，产生了相互交换商品的需求。最早的手工工匠们开始开设独立的门店，出售自家的商品。这是人类需求多样化和劳动生产力提高的必然结果，是人类社会从事各种劳动的社会划分及其独立化、专业化的表现。中国古代的门店基本上都具有专业店的性质，如铁匠铺、裁缝铺、包子铺等，世界各地早期基本上也都是按照商品类别开设专营门店的。专业店在发展过程中除了经营单一商品之外，也呈现出集中销售某一专业领域商品的趋势，提供相关深度的产品，如药店、粮油店、南北干货店等。

所谓专业店是指以经营某一大类商品为主，并且具备丰富专业知识的销售人员和适当的售后服务，满足消费者对某大类商品的选择需要的零售业态，是以类别来划分的商业店铺。

🛒 连锁资料库

《清明上河图》里的商铺

《清明上河图》是中国十大传世名画之一，为北宋画家张择端所绘，现藏于北京故宫博物院，属国宝级文物。绘画以长卷形式生动记录了中国12世纪北宋都城东京（今河南开封）的城市面貌和当时社会各阶层人民的生活状态，是北宋时期都城商业繁荣的见证，也是北宋城市经济情况的写照。

全图大致分为东京郊外春光、汴河场景和城内街市三部分，其中街市以高大的城楼为中心，两边屋宇鳞次栉比，街上行人如梭、摩肩接踵、川流不息。沿街店铺有餐饮酒店，如"孙家正店""十千脚店"等，店面宏大气派；有住宿旅店，如"久住王员外家"，来往流动人口众多，客店生意兴隆；除此之外，基本上都是专营的商品零售店铺，如医药和香药铺、彩帛铺、鞋履铺、面食铺、纸马铺、木器铺、书画铺、水果铺等。

北宋为了适应商品经济的发展，官府允许商家面街而市，这大大促进了商业的繁荣，店铺数量骤增，而且店铺专营性强，分类明细。北宋的商品交易在质和量上都达到了空前的水平，商业中的专业区分更细，如医药、香药、书画等必须由专门人员具体操作。数量众多的同行业店铺之间势必存在商业竞争，仅从各家店铺门口的招牌已经看到丰富的广告元素，可见竞争之激烈。

【思考】请分析专业店的起源。

资料来源于沈天鹰：《〈清明上河图〉中的店铺经济》，《中州古今》2000年第6期。

二、专业店的基本特征

专业店最显著的特点在于"专"，体现在各个方面的特点集中。

教学视频：专业店基本特征

（一）商品结构

经营商品"专"。专业店内经营的某类商品品种齐全，技术含量高，能够满足某一市场的特殊需求，专业店的这种优势是其他综合性商店不能比拟的。比较适合开专业店的商品包括：如钟表、首饰等贵重品；如家电、汽车等耐用品；如五金、药品、建材等对规格型号要求严格的商品；如棉布、服装、丝绸等花色品种选择性强的商品。

（二）目标顾客

专业店的目标顾客通常有较为明确的目的性，他们对商品的专业性、技术性要求比较高，

有些甚至对品牌意识比较强，忠诚度较高。

（三）经营特点

1.商圈选址

选址多样化，根据不同商品面向的消费者而定，多数店铺开设在繁华商业区、商业街、居民区等。

2.经营规模

营业面积根据经营商品的特点而定，如经营家电、汽车等大宗商品的专业店，涉及众多品牌，规模相对比较大，如国美、苏宁等不乏上万平方米的大型专业店，而一些社区内的五金材料店铺可能不足 5 平方米。

3.商品定价

专业店价格定位与所经营的商品项目有关，经营家电、汽车、信息类产品等大宗耐用品价格相对较高，而家用五金、药品等价格可能非常低。

4.环境设施

专业店在环境设施装修和服务项目提供方面会突出"专"的特点，在专业店里的销售人员通常是某类商品经营的行家，能够提供针对性的服务，他们能够帮助消费者进行消费设计，根据消费者特点，为其提供个性化服务、多功能服务、灵活性服务甚至专场服务，指导消费，这些是综合性卖场难以做到的。

三、专业店的业态创新

专业店的发展没有一成不变的模式，从全球专业店的发展现状来分析，明显地表现出以下几个发展的趋势。

（一）品牌专卖店

专业店在发展过程中呈现出两个方向发展趋势，一个方向是集中销售专一领域的商品，提供相关深度的产品，如药店、粮油店、南北干货店等；另一个方向是品牌概念凸显之后，集中提供某一品牌的商品，也逐渐呈现高档化、精品化的趋势，我国诸多老字号如张小泉、瑞蚨祥等，都出现了品牌专卖店业态。

品牌专卖店是指专门经营或授权经营某制造商品牌，适应消费者对品牌商品选择需求的零售业态，是以品牌来划分的商业店铺。

1.个性强化形象

从目前来看，品牌往往为了打造独立的、区别于竞争对手的形象才开设门店。专卖店在当下电商崛起等渠道多元化的情况下，宣传意义甚至大过于销售作用。但凡成功的品牌，其形象都是个性鲜明的，成为消费者购买产品的选择导向。企业只有及时、准确地将这种形象传递给目标消费者，获得消费者关注，引起消费者共鸣，这种形象才是有效的，而这种传递的重要实现途径便是开设品牌专卖店。专卖店具有鲜明的个性，这种个性表现在经营的商品上，批量小又有文化附加值，有些商品还有一定的垄断性；服务上，有很强的针对性和亲情感；建筑设计上，不一味追求现代，而是别具一格，具有较强的形象魅力，加上很多专营店引入企业形象识别系统（CIS），则进一步从视觉上突出了它的个性。

2.体验强化服务

当电商在中国崛起的时候，人们感叹电商的威力，把消费增量都简单地归结为电商的功劳。在电商狂欢式的销售战绩下，实体店却陷入了关店潮的黑暗时刻，在经历了措手不及的慌乱阶段之后，实体店开始逐步站稳脚跟，寻找自身对抗电商甚至与电商融合的优势。体验是消费者购物过程中非常重要的环节，是实体店的核心优势，也是电商无法企及的。特别对于品牌专卖店的商品，无论是贵重的奢侈品，或是家电、家居、信息、汽车等耐用品，还是花色品种选择比较多的生活用品，用户购买前的体验都是不可或缺的。品牌商家通过专卖店为用户提供体验，有助于提升整体的销量。专卖店不仅承载了商品的销售渠道功能，而且有服务的功能，包括售前、售中、售后服务，专卖店也是商品服务延伸的平台。

3.电商强化销售

在这个"无商不电"的时代，即使传统零售业也可以从电商渠道分得发展红利。电商只是一种销售的方式，实体店也可以利用，实现"两条腿走路"，线上线下分工合作，线下主要负责服务体验和形象宣传，线上主要负责商品销售。未来品牌专卖店必然还会存在，但意义可能不同于以往，不再以销售盈利为主要目标，而是成为体验店、品牌形象店，起到引流、体验场所和品牌展示的作用，成为人们社交或者休闲的场所，而销售业绩的任务主要由线上渠道实现。在实体店建设成本高涨的情况下，缩减实体门店数量，可以降低企业成本，提高销售效率。

案例讨论

坪效仅次于苹果——小米之家的秘密

28天卖了10亿元，这是小米之家300多家门店2018年2月的销售额。小米CEO雷军曾公布过小米之家的数据：小米之家门店平均在200平方米，年均营业额在6500万到7000万元，坪效达27万元一年，仅次于全球坪效最高的零售店——苹果，苹果的坪效为40万元。

小米之家高坪效的秘密包括以下几个方面。

选址。留心观察过小米之家的人很容易发现一个有趣的现象：小米之家很少开在华为和OPPO、vivo等手机厂商的门店旁，也很少像苹果一样租用商圈的核心店面。很多小米之家开在无印良品和优衣库旁边，因为小米的用户和无印良品、优衣库的用户高度重合。

转化率。如果只卖手机、电视和路由器，用户平均可能要1年以上才会进店一次，所以小米之家的产品线不断拓宽，而其中更为关键的一环则是"小米生态链"。除了手机之外，小米之家还有充电宝、手环、耳机、平衡车、电饭煲、自行车等20~30种品类，超过300个SKU。进店下单的顾客，单人平均成交产品数为2.7个。低价高频，这是小米高坪效的终极武器。

体验为王。2017年9月27日，小米的全国首家旗舰店在深圳万象天地开业，由设计过苹果第五大道旗舰店的Tim Kobe操刀设计。为了给门店一种通透的感觉，同时为二楼引流，小米在二楼打掉了150平方米的楼板。在这家旗舰店，每一位店员手里都有一个移动POS机，当用户决定购买的时候，不需要跑到柜台去，而是由离自己最近的店员用移动POS机完成下单、支付的操作。同时，小米还规定，店员不经允许，不准去打扰客户，哪怕是霸占样机打《王者荣耀》的小孩。

【思考】你认为小米之家高坪效还有哪些原因？

资料来源于《小米之家坪效27万元的秘密，开在无印良品和优衣库旁边》，赢商网，2018-06-19。

（二）集合店

专营店贵在"专"，商品专、技术专、服务专，但也正是由于太专，导致商品线不丰富而流量有限，尤其当一个品牌进入平稳期，曝光度停滞，顾客群的扩大也会陷入瓶颈。为解决品牌老化、产品结构单一、有知名度但销售增长潜力不足等问题，企业需要大流量来支撑销售量，而解决这些问题最快的方式便是跨界。品牌和品牌、品类和品类之间相互借力，取得"1+1＞2"的市场效果，叠加出双倍甚至多倍的市场关注度和吸引力。

集合店是汇集多个品牌及多个系列的商品，可涵盖服饰、鞋、包、文具、电子产品、食品等多种品类的零售店。集合店实质上是通过跨界强化内容，所谓跨界就是把两个看似不相干的东西放在一起，产生一种奇妙的反差感，从而引起传播效应。经济学对于商品"互补性"的界定，通常指在功能上互为补充的关系，"跨界"营销行为也属于互补关系，但不再仅仅基于产品功能上的互补，更多的是基于用户体验的互补。

案例讨论

诚品是一家书店，又不只是一家书店

1989年，诚品首创于台北，目前已扩展到香港、苏州等地近50家门店，诚品已成为所在城市的文化打卡地标。

诚品最大的创新是翻新了"书店"的经营概念，将书店提升为新文化的休闲场所，汇集文具馆、Cooking Studio、知味馆、Living Project、电影院、酒店文创博览平台、创意时尚平台、诚品酒窖等板块于一体，使书店不只卖书，而是包罗书店、画廊、花店、商场、餐饮的复合组织。

"因地制宜"的经营方式是诚品的另一项创新，诚品每家分店的设立，都会依当地的人

文色彩与生活风格，设计出各异其趣的陈设风格及书籍内容，也做到结合区域的特色。如在青少年聚集的台北西门町店，就设置了摆放漫画与罗曼史的图书区；天母店注重休闲、旅游与家居书籍；而中南部分店则是增加了中文书籍的比重。

【思考】请分析诚品书店的业态特征。

资料来源于《被称为"全球最酷书店"的诚品，不只是一家书店》，网易，2020－07－08。

✖ 任务训练

一、单选题

1.业态是为满足不同的消费需求而形成的不同的＿＿＿＿＿＿。

　　A.经营领域　　　　　B.经营渠道　　　　　C.经营项目　　　　　D.经营方式

2.世界上最早的百货商店出现于＿＿＿＿＿＿。

　　A.19世纪中期工业革命完成后的法国巴黎

　　B.20世纪30年代经济危机中的美国纽约

　　C.20世纪70年代经济危机中的美国纽约

　　D.19世纪中期工业革命完成后的英国伦敦

3.标准食品超市是以经营＿＿＿＿＿＿为主的超市细分业态。

　　A.一般食品　　　　　B.生鲜食品　　　　　C.日用品　　　　　D.便利商品

4.随着竞争的需要，＿＿＿＿＿＿将成为便利店最大的特色和核心竞争力。

　　A.食品类商品　　　B.日用品类商品　　　C.服务类商品　　　D.百货类商品

5.实行储销一体，低价销售，提供有限服务并采取自我服务销售方式，往往采用会员制的超市指＿＿＿＿＿＿。

　　A.传统食品超市　　B.标准食品超市　　　C.大型综合超市　　D.仓储型超市

6.＿＿＿＿＿＿是指专门经营或授权经营某制造商品牌，适应消费者对商品选择需求的零售业态，是以品牌来划分的商业店铺。

　　A.旗舰店　　　　　B.专业店　　　　　C.专卖店　　　　　D.百货商店

7.＿＿＿＿＿＿是百货商店业态发展巨型化的结果，指在一个毗邻的建筑群或一个大型建筑物内，由一个管理机构组织、协调和规划，把一系列的零售商店组织在一起，提供购物、休闲、娱乐、饮食等各种服务的一站式消费中心。

　　A.标准超市　　　　B.奥特莱斯　　　　C.摩尔　　　　　D.超级市场

8.以下关于百货商店的经营特点表述不正确的是＿＿＿＿＿＿。

　　A.经营规模较大　　　　　　　　　B.满足居民最基本生活需求

　　C.选址在繁华商业区　　　　　　　D.门店装修豪华

9.便利店的商品结构特点不包括＿＿＿＿＿＿。

A.应急性　　　　　B.适量性　　　　　C.廉价性　　　　　D.服务性

10._____在零售商业中专指销售名牌过季、下架、断码商品的购物中心，也被称为"品牌折扣购物中心"。

A.奥特莱斯　　　　B.标准超市　　　　C.摩尔　　　　　　D.超级市场

二、简答题

1.简述百货商店联营模式的优缺点。

2.简述便利店在新零售时代的竞争优势和发展趋势。

三、案例分析题

呷哺呷哺：火锅创新无止境

2014年，呷哺呷哺成功上市，是中国餐饮业为数不多的上市公司之一，也是首家在香港地区上市的餐饮企业。呷哺呷哺最早在本土餐饮行业中建立中央厨房式供应链，为全国1000多家门店服务，先后创立了3个品牌——呷哺呷哺、凑凑火锅、茶米茶。呷哺呷哺这个23年的老品牌以小火锅模式成为行业翘楚，而凑凑以"火锅＋茶饮"的模式正引领聚会型火锅市场，茶米茶更是以独特的台式手摇茶作为招牌快速发展。

产品创新——茶米茶在火锅店里经营手摇奶茶，因为公司发现餐饮业只在用餐的正点时间才能经营，其他时间大多数被白白浪费，增加奶茶产品线可以增加营业时间。茶米茶奶茶是公司花了很多资金和时间投入进行创新研发出来的，消费者在餐饮店现场可以要求操作人员现场调试不同糖度的茶饮，也可以选择冷饮或者热饮。呷哺呷哺的食材里除了有火锅店惯用的牛肉、羊肉等肉类，还有猪肉。为什么猪肉不可以呢？很多消费者反映凑凑火锅店里的酸菜白肉非常正宗，也非常好吃。凑凑更是中午卖火锅，下午卖奶茶，晚上摇身一变为酒吧，切入全时段餐饮。

定位创新——凑凑火锅是中高端火锅代表，而且自带网红气质，开一家火一家，有的店甚至要排队一个半小时才能就餐。中国经济高速发展带来的一个社会现象就是，现在以及未来的主流消费群——"80后""90后""00后"可以在日常而不是像上一辈人只在特殊时间点消费高端商品。

环境创新——公司有自己专业的装修公司，每家火锅店逐步有了非标准化创新的特点，装修基本都不一样，但都具备传统文化与区域文化相融合的特点。

文化创新——公司发展20多年，有了自己的文化基因，无论如何创新始终围绕中华民族优秀文化特点，将火锅的发展上升到文化层面。在国内推行"自在茶憩""时光对味""自在一锅，生而不凡"等餐饮文化主张，让人在情感、文化、个性方面得到多层次的消费满足。在国际化策略方面，呷哺呷哺将独特又火爆的火锅文化在东南亚区域输出，"呷哺呷哺"就是一些区域（包括日本）吃火锅的象声词，而"凑凑"是从说文解字中抽取的字。民以食为天，餐饮文化的输出代表着中国文化的输出，这对中国文化与世界文化的融合也是一件极有意义的事情。

问题：

结合呷哺呷哺分析传统零售门店如何进行有效的业态创新。

四、实训安排

在当地选择 2~3 家不同业态的超市，通过实际调研从选址、卖场布局、商品配置等方面进行比较，分析各家超市的定位差别。

实训目的：使学生通过实践了解业态区别，掌握业态界定的标准，对比不同业态的经营模式差异，了解消费者需求，提出业态创新的想法。

实训步骤：

（1）教师布置任务，讲清楚目的和要求；

（2）学生自由组合成立调查小组，每组 3~4 名同学；

（3）各小组初步查找资料，讨论确定调查对象；

（4）各小组针对各自调查对象进行现场调查，收集一手资料；

（5）各小组根据收集到的信息，围绕调查主题展开讨论，撰写调查报告；

（6）各小组汇报调查报告，教师进行中期和后期指导，引导学生提炼结论。

项目四
连锁企业的组织战略

本项目介绍连锁企业的组织结构、战略管理和竞争战略。分析连锁企业常见的组织结构类型，认识连锁企业总部在组织体系中的职能与结构，认识连锁企业门店在组织体系中的职能与结构；分析连锁企业的战略管理与竞争战略，进而确定市场竞争战略。通过学习店长等门店工作岗位管理者所需要具备的职业能力和职业素养，鼓励学生刻苦学习、勤奋实践，努力练就真本领，为职业生涯发展奠定扎实基础，在未来的职业道路上能够做到脚踏实地，心怀远方。

项目构成

单元一　连锁企业的组织结构

单元二　连锁企业的战略管理与竞争战略

知识目标

1.了解连锁企业的基本组织结构系统。

2.掌握连锁总部和门店的组织职能与结构。

3.掌握连锁企业竞争战略的类型。

能力目标

1.掌握组织结构模式在各类连锁企业的应用。

2.初步设计连锁企业总部、门店的组织结构。

3.编写连锁企业总部、门店各岗位职责。

4.掌握连锁企业战略环境分析和战略决策。

案例导入

运筹帷幄，决胜千里

从全球范围看，麦当劳和肯德基不属于一个重量级：麦当劳目前在世界130多个国家和地区拥有超过38000家店，而肯德基在世界上80多个国家和地区拥有连锁店数为15000多家。

与之形成鲜明对比的是在中国市场，这对竞争对手的位势发生了180度的大转弯。在店铺数量和销售额方面，肯德基几乎都达到了麦当劳的两倍之多。

肯德基在中国市场领跑麦当劳，源于百胜餐饮集团中国事业部运筹帷幄、决胜千里的能力。百胜全球餐饮集团中国总部于1993年在上海成立百胜餐饮集团中国事业部，为包括中国、泰国在内所有独资、合资和特许经营的肯德基、必胜客、必胜宅急送、塔可钟、东方既白等餐厅提供营运、开发、企划、财务、人事、公关事务以及特许经营等服务的部门。

【思考】肯德基中国区总部是如何管理庞大的连锁体系的？

资料来源于刘婧：《百胜中国的秘密配方》，环球企业家，2005－10－09。

课程思政

脚踏实地，心怀远方

零售业是最密切关系人们生活的行业，零售业的发展水平最直接反映了人们的生活质量，但相对应的零售业从业人员所面对的就业环境也是比较特殊的，主要表现在工作时间、工作压力等方面。

首先在工作时间方面，零售业门店主要是满足消费者生活需求，营业时间比较长，会持续到晚上甚至深夜，周末以及节假日都需要正常营业，零售商一般至少要实行两班倒甚至三班倒。零售业从业人员无法像其他行业一样有规律地作息，在周末和重要节假日绝大多数人们放假休息的时候，零售业的工作人员还需要上班，甚至会更加忙碌，保持更高的效率。其次在工作压力方面，零售业大多数岗位是直接面向顾客，为顾客做好服务的。随着买方市场的出现，人们对商品和服务的要求逐步提高，消费者意识逐步增强，这就对零售业一线从业人员的职业能力和职业素养提出了更高的要求，要求他们在工作过程中始终保持良好的状态。一直以来零售业都是我国用工量最大的行业，但正由于以上用工特点，零售业员工流失率高，优秀人才缺口率大。

我国零售业正处在加强供给侧改革，推动创新转型的阶段，行业机会和发展前景越来越好，特别是在科技赋能的趋势下，行业正逐渐摆脱以往"低、小、散"的特点。而随着零售数据化、科技化的要求，零售专业人才需求量会逐步增加，但当前零售企业人才梯队青黄不接，团队建设严重滞后，这一问题亟待解决。但这一现象也为零售专业学生提供了前所未有的就业机会和职业前景。掌握扎实的经济管理专业知识的大学生，只要能够沉下心来，从零售企业一线做起，吃得住苦、耐得住劳，日积月累练好基本功，就有可能成长为零售达人。零售业身居高位的顶尖人物，没有一个不是从一线做起的。脚踏实地，心怀远方，职场也是成就你的战场。

资料来源于作者根据相关资料整理而成。

单元一　连锁企业的组织结构

组织结构是组织的全体成员为实现组织目标，在管理工作中进行分工协作，在职务范围、责任、权利方面所形成的结构体系，表明组织各部分排列顺序、空间位置、聚散状态、联系方式以及各要素之间相互关系的一种模式，是整个管理系统的框架。

连锁经营组织系统的确立是连锁企业发展的重要环节，良好的组织结构是连锁企业获得市场竞争胜利的重要条件。任何一个企业的经营与管理活动都离不开一定的组织结构，连锁企业属于现代企业，具备现代企业组织结构的共同特点，但由于自身的经营特点，其组织结构和具体职能存在有别于其他企业组织形式的地方。作为连锁企业，不管属于哪种类型，其最基本的组织结构均由两个部分组成：总部和门店。

组织结构是组织在职、责、权方面的动态结构体系，其本质是为实现组织战略目标而采取的一种分工协作体系，因此，组织结构必须随着组织的重大战略调整而调整。随着连锁企业涉及领域的扩大、市场规模的扩张，在总部—门店结构的基础上，需要更为完善的组织系统的保障，才能实现连锁企业的有效运转。

一、连锁企业组织结构类型

（一）总部—门店

总部—门店组织结构是连锁企业最简单的组织结构形式，由一个总部对若干家门店实行垂直管理，其中总部是连锁企业法人机关以及各管理职能部门的所在地，门店是由连锁企业总部直接投资或通过合同关系建立关系的组织模块，各门店店长完全听从总部指挥，对总部负责。总部—门店组织结构图如图4.1所示。

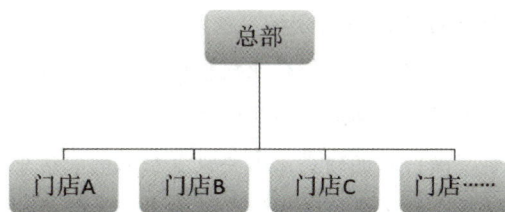

图4.1 总部—门店组织结构图

这种组织形式的优点在于结构比较简单，责任明确，指令统一，主要适用于连锁店发展初期，业务量少，资金实力较弱。特别是在该组织结构中不设立独立的商品配送中心，节省构建配送中心所需的人力、物力、财力等投资和营运费用，主要适用于一些商品种类少、数量不大的专业店、专卖连锁店或者专门经营服务项目的连锁企业，他们在经营过程中不需要实物商品、原材料或者所需商品、原材料数量极少。

（二）总部—配送中心—门店

但随着经营规模的扩大、门店数量的增加、商品数量和种类的丰富、供应商队伍的壮大，涉及商品采购、物流、配送、加工等事务越来越多、越来越复杂，连锁企业总部往往将采购、配送等职能从总部中独立出来，成立专门的内部配送中心。这种组织形式就是在连锁企业最基本的"总部—门店"组织结构基础上增加配送中心板块而产生的。总部—配送中心—门店组织结构如图4.2所示。其中总部仍然是连锁企业法人机关以及各管理职能部门的所在地，门店仍然是由连锁企业总部直接投资或通过合同关系建立关系的组织模块，而新增的配送中心则是连锁企业总部直接投资建设的一个下属机构，其职能是为各连锁门店采购和配送商品。

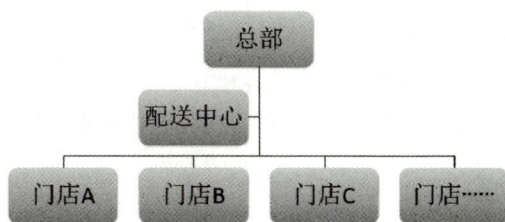

图4.2 总部—配送中心—门店组织结构图

🔍 知识链接

供应商直接送货与配送中心送货模式比较

不设立独立配送中心的连锁企业，如果需要少量商品配送，总部可以通过专业配送企业实现商品配送，还有很多则是由供应商直接送货到各家门店。如果连锁企业下辖门店数量不多，供应商数量也不多时，这种送货模式能够为该企业节约配送成本。供应商直接送货模式图如图4.3所示。但是当经营商品品类众多，涉及供应商数量增加，门店数量多，分布广的时候，由供应商直接送货，无法很好地进行商品的分拣、包装、初加工等工作，也无法保证送货时效。因此，当经营"商品"而不是"服务"的连锁企业规模发展到一定程度时，由供应商直接送货或者由第三方物流公司送货等方式无法满足各门店的销售需求，且送货工作量和运输成本将大幅增加，送货质量和工作效率下降，则连锁企业需要设置独立的配送中心，由配送中心完成专业的分拣、包装、初加工等任务。配送中心送货模式图如图4.4所示。

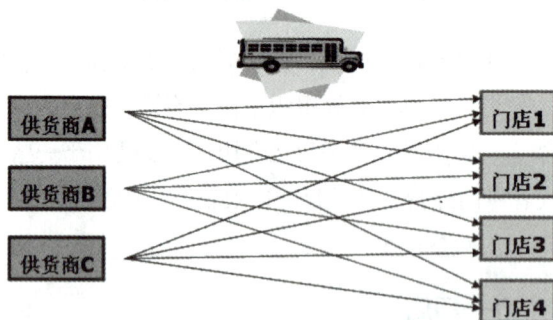

图4.3　供货商直接送货模式图

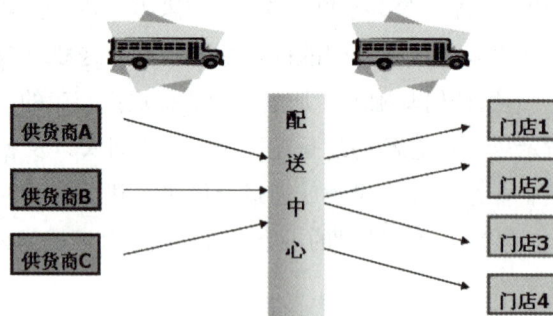

图4.4　配送中心送货模式图

【思考】连锁企业设立配送中心对业务流程有什么影响？

资料来源于作者根据相关资料整理而成。

（三）总部—分总部—配送中心—门店

随着连锁企业门店网点分布在地域上日益扩展，甚至达到跨国界的规模，范围广、数量多时，应该采用三级组织形式。总部—分总部—配送中心—门店组织结构图如图 4.5 所示。在三级主干管理结构中，总部的部分职能转移到各区域分总部，总部各职能部门的部分职能被转移后，主要承担计划制订和监督执行的职责，协调各区域分公司管理部同一职能活动，指导各区域管理部的对应功能，但涉及公司整体的决策仍由总公司做出。各个区域分总部在某种程度上是总部的派出机构，分担总部的部分职责。国内的分总部很多不具有法人资格，但跨国发展的连锁企业区域分总部会成立合资公司或独资公司，以法人身份对当地门店进行管理。

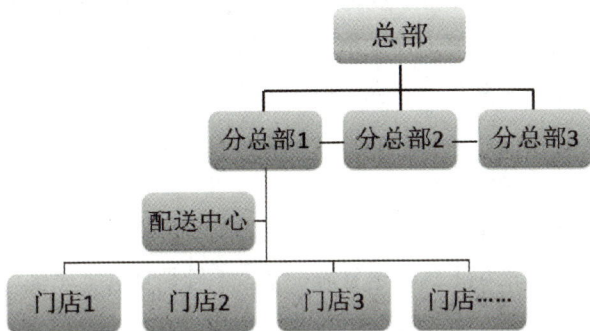

图 4.5 总部—分总部—配送中心—门店组织结构图

采用什么样的组织结构不是重点，重点是达到经营绩效和成果的手段。组织结构形式不是一成不变的，企业发展的不同阶段、不同业务需要及战略调整等内外部环境的变化都会影响连锁企业组织结构的调整和变迁。管理学大师钱德勒曾经说过："企业组织结构是随着经营战略的变化而变化的。"

二、连锁总部职能与组织结构

总部是整个连锁企业的灵魂，是企业的决策管理中心和后勤服务中心，起着统领全局的作用。连锁企业只有建立一个强有力的总部，才会有门店良好的业绩，并最终促进连锁体系的发展与完善。各门店如果没有总部统筹，便如同一盘散沙，因此一个连锁企业的成败，关键在于总部的领导能力和运筹帷幄、决胜千里的决策能力。

（一）总部职能

连锁总部是连锁企业经营管理的核心，除了自身具有决策职能和监督职能外，还必须承担起整个连锁体系经营管理的设计功能。

教学视频：总部职能

1.系统开发职能

衡量连锁企业成功与否的一个重要因素即门店数量，虽然规模大并不一定代表企业强，但门店不断扩张在一定程度上还是反映了连锁企业成功的发展趋势。可以说连锁企业总部运行的首要任务便是系统扩张，而连锁企业扩张的实质就是将连锁企业的品牌、运作体制和规范体系推销出去。换句话说，连锁企业市场营销首先应针对连锁企业门店展开，而非针对所销售的商品。

（1）明确总体发展战略。连锁企业总部作为整个体系的战略制定者，首先需要考虑根本性、全局性、长远性的发展问题，在连锁类型方面要考虑选择直营连锁、特许连锁、自由连锁或者多种连锁类型相结合以及如何结合；在连锁业态方面，随着社会环境和消费者需求的快速发展变化，连锁企业采取的业态也需要不断进行创新，调整传统经营方式或向多元化发展；在进入市场方面，企业是固守创业市场，还是逐步进军更广阔的区域市场、全国市场甚至国际市场，这也是企业需要考虑的问题。

（2）制定门店扩张规划。虽然门店数是连锁企业成功与否的衡量标准之一，但连锁门店并非越多越好，也并非开得越快越好，连锁系统扩张应以企业自身资金实力、管理能力、市场需求、行业发展前景、竞争对手状况、社会政治文化环境等客观条件为依据，制定科学的开发规划，合理安排门店开发区域、门店开发速度、门店开发密度、开店流程的制定、投资效益的评估等，保证连锁门店健康、稳定、长远发展。

（3）设计开发标准体系。连锁门店开发是连锁企业经营的基础，总部需要制定一套门店开发的标准体系，用于品牌在市场上的快速复制扩张。不管是直营店还是加盟店，总公司的标准化作业体系包括开店操作规范，如门店选择标准、门店规划标准、工程发包作业标准；还包括开店作业流程，如开业或评估标准、作业流程各节点的主要工作、任务和时间安排等。具体到直营店或加盟店，总部还应区别对待。

（4）市场评估，开设直营店。连锁企业往往从直营门店起步，直营门店是总部直接投资设立，其经营管理权、人事财务权等均高度集中在公司总部，完全按照总部的规划进行，政策推行力最强。连锁总部应有组织、有步骤地开发直营门店，进行详尽的商圈调查评估和选址。建立管理规范、市场影响力大的直营店，有助于树立连锁企业的良好形象，提高系统知名度。

（5）适时开发特许连锁，招揽加盟商。连锁企业的发展轨迹往往是从直营连锁起步，而通过特许连锁提速。连锁系统通过直营店建立较高的知名度和管理经验后，便会考虑发展特许连锁，加快连锁扩张速度。发展特许连锁，总部应根据本系统实际情况制定特许加盟制度，严格按照标准选择加盟商，避免单纯为了收取加盟费而盲目放宽条件。在合作过程中对加盟店不间断地进行指导和监督，保证特许加盟体系一化、标准化、规范化发展。

案例讨论

加盟"不从零开始"

进入中国市场之初，由于对新进市场的不熟悉，百胜餐饮集团在中国开设的肯德基门店全部采用直营模式，一直到2000年才逐步开启加盟业务，推出"不从零开始"的政策，即百胜建好店铺并培训好员工，然后转让给加盟商。也就是加盟商出资购买一家正在运营中并且已经盈利的连锁店，加盟商不必从零开始筹备建店，避免了自行选址、开店、装修、招聘及训练新员工的大量繁复工作，大大降低加盟商风险，提高成功机会。

一、肯德基对加盟商的要求

（1）认同肯德基的企业文化；

（2）有企业家精神；

（3）具有大专以上学历；

（4）在相关的行业中有很好的企业人员管理经验；

（5）愿意从事服务行业的经营管理；

（6）愿意处理日常经营事宜及亲自管理餐厅；

（7）没有犯罪及破产记录；

（8）有为了事业迁移到其他城市的意愿；

（9）与肯德基品牌没有利益冲突；

（10）足够的资金。

二、肯德基加盟相关费用要求

（1）进入费在100万美元或800万元人民币以上（不包括不动产的购买）；

（2）加盟经营期开始时需支付35000美元的加盟经营初始费即加盟费；

（3）持续经营的费用：占总销售额6%的特许经营权使用费和占5%的广告分摊费用，在加盟签订的10年内保持不变。

三、肯德基合同契约规定

（1）加盟经营协议首次期限至少10年；

（2）未来的加盟商必须自愿地从事肯德基加盟经营10年以上。

【思考】肯德基为何在中国放弃其他国家以加盟为主的策略？肯德基采用特许加盟扩张的条件是什么？

资料来源于文志宏：《特许经营实战指南》，电子工业出版社2020年版。

2.商品采购职能

商品或原材料采购是连锁门店经营的前提，总部的采购部门需要对整个连锁企业的销售负责。连锁企业一般实行统一采购制度，实现购销分离，即商品采购完全由总部负责，门店只负责商品的销售。因此，连锁企业总部需要设置专门的采购部门和人员，加强监控，确保商品品质和工作规范化，杜绝采购流程中出现不端行为。总部需要按时间节点制订采购计划，尤其是主力商品的采购计划应该根据所有门店的要货计划和市场需求的变化来确定，确保采购品类和数量的准确性，保证货源正常供应。认真考察供应商的条件，实现与上游合作方的良好关系，努力做到以量制价，降低进货成本，为市场竞争获取源头优势。现代连锁企业的采购是一门重要的管理技术，总部必须狠抓商品的适销率，适销率直接反映商品周转率的高低，这直接关系到企业的经营效益和利润。

3.商品配送职能

配送作为物流的基本功能之一，大多数连锁企业离不开物流配送职能。即便没有建设配送中心的连锁企业，除非是不涉及商品或原材料的服务型连锁企业，一般总部都需要承担配送的职能，或者通过选择专业的社会化物流公司，或者委托供应商送货，或者建立自己的配送中心，来实现配送职能。在商品配送管理问题上，连锁企业总部要考虑本公司的发展规模和销售能力以及成本，决定是否建立配送中心以及建立配送中心的数量和规模。既要拥有足够的库存量和运输量保证门店的正常销售，也不能造成库存和运输能力的放空；既要强调配送时间准点性的同时，也要计算成本，合理确定配送次数、订货量、每次最低配送量等指标。总部要做好门店服务工作，尽量减少门店的商品库存，减轻门店工作人员的劳动强度，实现合理分工，让门店真正以销售为中心。

📖 案例讨论

百胜在中国的物流体系

自从1987年第一家餐厅开业到2021年9月底，百胜中国在中国的足迹遍布所有省、自治区、直辖市，在1600多座城镇经营着11415家餐厅。为了满足如此一个庞大网络的供应，百胜中国需要一个高效的物流网络，能够迅速实现包括易腐烂食品在内的各种产品的长途运输。

百胜在美国的物流配送一直由专业第三方物流公司Meclane Food Service来做，最初也想把这个长期合作伙伴请到中国来继续为其服务。但是当时中国属于新兴市场，物流条件相对落后，Meclane望而却步。百胜在国内起步阶段苦于找不到理想的第三方物流公司，因而公司创造出了业内公认的灵活而实用的物流运营模式：自我服务+供应商提供物流服务+第三方物流服务。

百胜自己的物流服务比例占50%，主要进行核心业务以及有特殊要求的产品的物流服务，配送核心城市和餐厅密集型区域的核心产品，如必胜客餐厅的沙拉、肯德基餐厅的薯条，这些食品对温度要求高；第三方提供物流服务的比例占40%，主要是针对分散的区域以及对温度要求不是很高的产品；供应商提供物流服务的比例占10%，如湖南省长沙市有一家与百胜提供物流服务的面包供应商。

百胜超万家的餐厅分布全国各地，每个餐厅配送的食物品种和状态都不完全一致，而且在一些地方还会有一些地域差异，这对控制成本是个不利因素。百胜采用的解决方案是配备一种能调节不同温度的车辆。这样百胜可以先把所有食品集中到配送中心，根据每家餐厅的订货要求，将需要配送的原料集中到一辆车中，然后一次性配送到餐厅。这虽然提高了物流部门的成本，却便利了餐厅的运作，同时也提高了百胜的服务质量。

【思考】百胜为什么在中国选择自建物流体系？

资料来源于徐贤浩、孙永力、李轶琰：《百胜餐饮物流运作模式分析》，《中国物流与采购》2007年第9期。

4.营销管理职能

连锁企业的门店是真正实现商品销售的场所，但营销管理标准仍然是由总部制定，门店则不折不扣地执行。在连锁企业的经营中，为了实现统一、规范的管理，提高连锁经营系统的一体化，总部必须承担起制定营销标准的工作，并指导门店实施的职能。

（1）开发符合市场需求的新商品。任何企业都不可能依赖单一不变的商品或服务实现长久经营，定期开发和调整商品或服务是连锁企业实现可持续发展的强劲动力。商品或服务是连锁企业开展经营的前提，新商品开发和商品线调整必须十分谨慎，一招不慎有可能前功尽弃。连锁总部要积极开展市场调查，结合门店的销售情况，分析消费市场的需求状况和发展趋势，不断开发满足消费者需要的新商品或服务项目，吸引消费者光顾，提高连锁体系竞争力。

案例讨论

为中国而改变

与其他国外快餐品牌标榜自己的"洋"身份不同，百胜中国着力打造"合乎中国人需求的中国第一餐饮品牌"。从餐饮业的核心——产品开始颠覆，肯德基的产品种类从4种增加到50余种，肉类、海鲜、蔬菜、甜点等各种类型囊括其中，且不断进军八大菜系，平均每月推出2款新品，通过组建健康咨询委员会，发布《白皮书》，从侧面让中国消费者坚信产品创新的初衷就是为了迎合中国人的口味。

百胜中国真正的卖点不是它的食品，而是它在满足中国人的需要。每天早上，肯德基向消费者提供有营养的中式早餐，菜单里有中国传统的油条、豆浆、皮蛋瘦肉粥、茶叶蛋等。但是，肯德基的变化并非意味着要打造"新式快餐"或者"中式快餐"，做完全的本土化，而是适应中国市场的需求，为中国而改变。

【思考】百胜中国产品的本土化与连锁企业的标准化是否存在矛盾？

资料来源于刘婧：《百胜中国的秘密配方》，新浪网，2005-10-09。

（2）统一企业宣传策略。连锁企业规模的扩大和对消费者的吸引是建立在统一的企业品牌形象基础上的，而统一的企业品牌形象必须有统一的宣传策略。连锁企业总部负责对外宣传推广，制定科学的广告战略，有效利用各种广告媒体，合理运用公关事件，为各门店提供良好的形象服务。统一的广告宣传不仅有助于树立一致的品牌形象和宣传口径，全面扩展连锁系统的知名度和美誉度，而且最大可能地分摊了广告成本，规范了广告行为。

（3）指导各门店实施促销计划。促销是现代企业营销策略的重要组成部分，连锁企业要在高度竞争的买方市场上有所作为，应该不断设计具有吸引力和营利性的促销活动，针对不同时期、不同地区的门店设定不同的促销目标，以实现提高知名度、营业额、毛利率、客流量、客单价等不同的指标。连锁总部应根据市场状况制订切实可行的促销计划，根据顾客购买特征、不同的时间节点、不同的商品主题，规定促销的目标、促销的时段、促销的地点、促销的类型、促销的形式，考虑商品供给、媒体宣传、费用预算、人员安排、安全保障等细节工作。总部还需要通过有效的方式告知各有关部门和门店具体的促销方案，使其做好促销传达和培训工作，指导门店有步骤、有组织地实施，并于促销活动结束后进行评估和总结。

5.人力资源管理职能

连锁经营之所以成功，是因为其在经营过程中实现现代管理方式与现代管理技术相结合。连锁公司不同于一般的企业、商家，往往管理着几百乃至上千家门店，需要大量使用新的采购、配送、物流、信息、营销技术，同时广泛应用计算机于经营管理的各个环节，这种商业模式急需一大批具备实用型技术的应用性人才支撑。

（1）制定人力资源规划及相应管理制度。"凡事预则立，不预则废。"人力资源管理的重要性在于它的战略地位，而战略地位的保证则是人力资源规划的制定与实施。人力资源规划是企业计划的重要组成部分，是各项具体人力资源管理活动的起点和依据。有效的人力资源规划可以预防组织的臃肿，使资源的配置达到最优化。连锁总部应根据连锁企业的战略目标进行人员供需预测，编制人力资源发展规划，并制定相应的管理制度，以保证规划付诸实施。

（2）建立高质量人力资源队伍。现代企业之间的竞争归根结底是人的竞争，连锁企业的发展壮大也需要一支战斗力强的员工队伍。能否吸引人、留住人、激励人，取决于企业的招聘、培训、考核、激励、薪酬等制度是否具有科学性和合理性。连锁企业总部人力资源部门负责总部员工及门店中层以上管理人员的招聘，同时指导门店有计划按照人员要求招聘员工，以满足连锁系统对人才的需求。连锁企业人员操作的标准化更是需要通过培训进行传递，总部需要对新老员工不断进行培训，提高员工的操作技能，适应行业、企业不断变化技术和方法，同时通过培训还可以向员工传递独有的企业文化，强化内部凝聚力。

🔍 知识链接

培训——标准化复制的工具

连锁企业的统一化、标准化、规范化是通过企业的培训体系从总部复制到各家门店的。连锁企业运作成功的关键在于如何将连锁运作的精华传递给每一个门店管理者和员工，资源共享、信息共享，将连锁运作的成功经验系统地让门店员工接受并可以很快地运用。不仅使门店很好地传承总部企业文化的精髓，而且向顾客呈现具有统一理念的产品和服务。在此，总部扮演了非常重要的角色，很多连锁企业专门设立了培训机构，甚至是培训大学，目的就是让进入企业的每一位员工都接受企业的经营理念，掌握岗位操作技巧，在很短的时间内进入符合总部发展要求的工作岗位。

【思考】如何使培训成为有效的标准化传递工具？

资料来源于作者根据相关资源整理而成。

（3）设计兼具公平性和竞争性的薪酬制度。对内具有公平性、对外具有竞争力的薪酬制度是吸引优秀人才、调动职工积极性的主要手段。为了达到内部激励、外部吸引的作用，连锁企业总部应根据市场薪酬状况、企业经济能力等因素确定企业薪酬水平，设计总部和门店分层次、分系统的薪酬体系，真正体现按劳取酬、多劳多得的原则。

6.指导考核职能

连锁总部作为整个系统的核心，还应承担对各门店，包括直营门店、加盟店进行业务指导和考核监督的职责，以保证门店经营始终按照总部的要求开展。

连锁体系中一般设有营运部，总部营运部主要是根据连锁总部制定的规范标准，对连锁门店的日常经营作业进行计划、督导和评价，以保证门店作业的标准化，促进维持连锁企业的高品质水准。大部分连锁企业会编制营运手册，这是标准化管理活动得以开展的重要条件，也是保证连锁店标准化的作业管理和稳定的产品与服务品质的最基本依据。

营运部通过定期召开各门店店长工作会议，传达总部下达的各项指令，监督门店的执行作业情况；监督和指导各门店里各级岗位的工作规范、操作规范及各项制度的实施作业情况；监督指导门店听取顾客意见，了解顾客意向，及时处理顾客不满的作业情况；及时发现各门店的问题和困难，为总部提供解决办法的依据。

连锁企业总部为了保证标准化的执行，掌握门店运营质量，一般会设置一批经过专门训练的优秀督导人员，由他们负责对连锁企业各门店进行指导和监督工作。督导人员通过明察或暗访的方式，与门店进行信息沟通、对门店进行常规指导、评估门店各方面运营状况。

案例讨论

神秘顾客

肯德基从社会上招募一些整体素质较高但与肯德基无任何关系的人员，通过相关的培训和介绍，使他们了解肯德基产品质量、服务态度、卫生清洁等方面的标准，用以检查全球各分店的具体执行情况。由于这些"神秘顾客"事先无法识别或确认，而且对餐厅的考察没有时间规律，这就使各餐厅的经理、员工时时感受到某种压力，丝毫不敢懈怠，必须不折不扣地按总部的标准去做，从而提高了员工的责任心和服务质量。由于"神秘顾客"身份的特殊性，可以说这是总部对门店进行督导非常有效的方式。

【思考】试分析"神秘顾客"作为一种督导制度的优势与劣势。

资料来源于孙静、陈际洲：《神秘顾客制度在KFC绩效考评中的应用》，《西部财会》2010年第8期。

7.财务管理职能

企业归根结底是要盈利的，经营结果最终要体现在财务方面。对财务的实时控制和有效财务管理是总部的一个重要职能。财务功能包括了正确的融资投资以及会计系统、税务处理、防弊和稽核、善用和调度资金等。

（1）融资促进企业发展。连锁企业规模扩张离不开强大的资金实力，但完全依靠自身资金积累是难以实现连锁企业快速扩张的。因此，连锁总部应充分发挥财务杠杆作用，通过举借银行和其他渠道资金，运作资本市场等多种形式和渠道积极进行融资，为连锁经营系统的市场扩张打下坚实的财力基础。

（2）合理安排资金使用。安排好进货资金、在途商品资金、库存商品资金、货款结算资金和发展资金的比例，在资金紧张的情况下，重点保证进货资金和发展资金的使用；严格履行对供应商商品货款的结算制度，做到准时足额，以树立连锁公司良好的资信。

（3）对门店进行严格的财务控制。根据连锁经营的性质和要求对直营门店和加盟门店分别进行财务管理，分别实施统一核算和独立核算制度。落实与门店之间的资金关系，抓好直营店销售款项上交总部的时间控制，严肃在此工作中的纪律；做好与加盟店之间的利益分配工作，保证各项加盟费用的足额准时收取。

8.信息建设职能

连锁企业的发展得益于现代化技术的推动，尤其是信息技术已经成为任何一个连锁企业不可或缺的支撑。特别是随着新零售时代的来临，传统商业的人、货、场方方面面都离不开信息化系统的助力。因此，连锁企业总部必须建立和完善电子信息系统，促进系统内部商业活动的网络化、智能化和数据化。

总部要基于企业自身发展战略和现实条件，综合考虑对供应商、直营门店、加盟门店、消费者的管理深度和管理范围，对信息系统建设要有长远的规划，以前瞻性和预见性的角度做好整体顶层设计，避免门店造成重复建设的损失。选择合适的服务供应商，特别针对中小连锁企业，在自身专业技术匮乏的情况下，寻找售后服务完善、能提供多样化支持的供应商，与其建立长期合作关系，减少企业内部因信息化建设带来的设备、人员等诸多方面的开支。

信息系统是由大量数据根据不同结构结合在一起而发挥出综合功能的系统。连锁总部建设的信息系统要强化自身的数据综合能力：一是数据采集能力，数据主要来自门店终端的商品和顾客服务数据；二是数据传输能力，实现与供应商和门店的数据共享，改变信息不对称的状况，通过信息共享提高补货和存货以及商品开发的共管能力；三是数据存储能力，完成数据、合同、货品、票据、证账等工作流程的记录；四是数据分析能力，对采集的数据所带来的商品流、资金流、顾客流、信息流等进行实时处理；五是数据服务能力，数据是现代企业的重要资源，也已经成为决策最重要的依据，数据最后要为企业战略服务。

（二）总部的组织结构

组织职能的实现需要合适的组织结构，连锁总部的组织结构形式一般有以下几种模式。

1.直线制结构

直线制是现代企业中最早使用也是最为简单的一种组织结构形式，又称军队式结构。其特点是组织中各种职位都是按垂直系统排列的，各级行政领导人执行统一的指挥和管理职能，不设专门的职能机构，属于典型的集权式组织结构。

具体到连锁企业，直线制也是连锁企业最简单的组织结构形式，小规模的连锁企业或刚刚处于起步阶段的连锁企业总部一般采用直线制组织结构。直线制的连锁企业由总部对若干家门店实行垂直管理，总部由总经理一人或创始人团队负责所有业务，较为专业的领域如财务、采购、门店开发等具体业务均由总经理或创始人亲自负责，或者设专业人员协助总经理工作，但不另设职能机构。具体的直线制组织结构图如图4.6所示。门店是由连锁企业总部直接投资或通过合同关系建立关系的组织模块，各门店店长完全听从总部指挥，对总部负责。

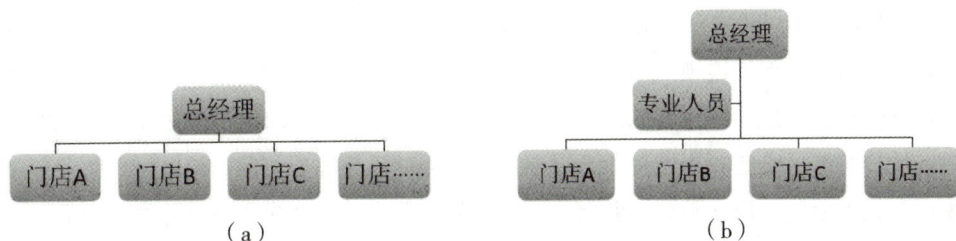

图4.6　直线制组织结构图

直线制总部适用于小规模或发展初期的连锁企业，优点在于结构比较简单、责任明确、指令统一，但对总经理自身素质、精力要求较高，需通晓多种知识和技能，能亲自处理各种业务。而在业务比较复杂、企业规模比较大的情况下，再由总经理一人承担所有管理职能，显然是无法胜任的。

2.直线职能制结构

随着连锁企业规模的扩大，总经理受知识、能力、经验、精力等条件的限制，无法再由一人完成企业所有管理职能。总部需要增加多个职能管理部门，设置专业岗位，招聘专业人员来协助总经理进行管理，开展各个领域的工作，对各门店进行专业指导，此时连锁企业可以采用直线职能制组织结构。

在直线职能制连锁企业中，依然由总部对若干家门店实行垂直管理，总部是法人机关及各管理职能部门所在地，总部总经理是最高管理者，但由于规模扩大，需要有不同专业板块辅助总经理做出各种决策。总部各职能部门负责连锁经营中各专门业务板块，在总经理领导下承担连锁企业日常运营中的具体功能，并对总经理负责。门店仍然是由连锁企业总部直接投资或通过合同关系建立关系的组织模块，在总部总经理统一指挥与职能部门参谋指导相结合领导下从事商品销售任务。

直线职能制既保持了直线制集中、纵向统一指挥的优点，又可以通过职能部门任务专业化，避免门店人力、物力资源的重复配置，实现专业化管理，使总部最高经营者可以从琐碎的执行性事务中解放出来，将精力集中于事关企业发展的战略性事务中去。这种组织形式适用于市场集中、规模中等的连锁企业，具体直线职能制组织结构图如图4.7所示。

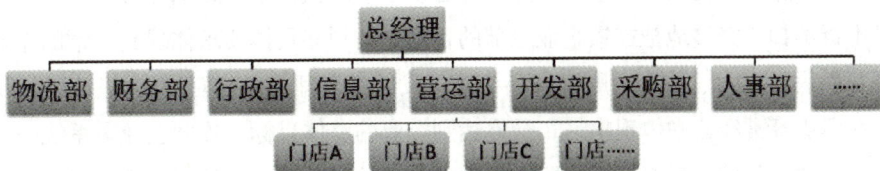

图4.7　直线职能制组织结构图

3.事业部制结构

当连锁企业规模扩张到一定程度后，可能是地域上的扩大或者是业务领域上的多元化，特别是经营范围扩大到跨国或跨领域的阶段，拥有多市场或多业务单元并各自独立发展，再由一个总部管理所有门店的业务，往往鞭长莫及或者专业上无法提供支持，既不能保证决策的正确性和时效性，也不能保证连锁门店的标准化、统一化、规范化。为了适应企业扩张的需要，许多大型连锁企业往往采用事业部制的组织结构形式来进行管理。跨区域连锁企业可以在不同市场设置区域分总部，跨业务连锁企业可以在不同领域设置业务分总部。跨区域或跨业务市场经营环境存在较大差别，设立不同事业部作为分总部，总部将地区或业务具体决策权力下放到各事业部，有助于提高经营管理决策的准确性和针对性。总部保留对整体企业政策、战略、发展规划和法律事务的制定、监督执行权，对各事业部提供营运支持，协调各事业部各项职能活动；各事业部在总部的指导下，拥有相对独立的营运权力，负责本区域或本业务经营发展规划，同样设置独立的职能部门，指导下辖门店日常的经营管理，承担损益指标，独立核算，具有法人地位，而涉及整个系统的重大决策仍由总部做出。

这种组织结构形式提高了管理的灵活性和适应性，有利于调动各部门的积极性，有利于培养高级管理人才，也可以使公司高层摆脱日常行政事务，便于组织专业化生产。事业部制的主要特点是集中决策、分散经营，是企业规模大型化、企业经营多样化、市场竞争激烈化的背景下出现的一种分权式的组织形式，适合跨地区或者跨领域发展的大型甚至巨型连锁企业。事业部制组织结构图如图4.8所示。

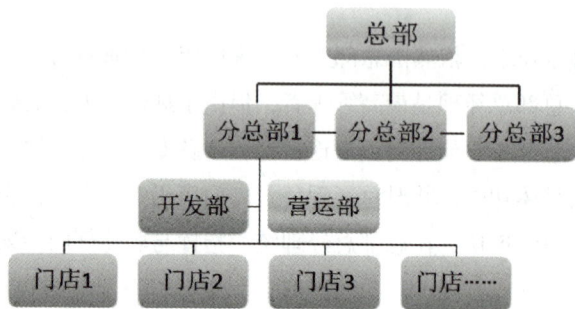

图4.8　事业部制组织结构图

三、连锁门店职能与组织结构

门店是连锁企业的基础，是连锁企业总部各项政策的执行单位，承担日常销售任务，主要职责就是不折不扣、完整地把连锁企业总部的目标、计划和具体要求体现到日常的作业化管理中。总部花费大量人力、物力、财力精心设计开发的经营理念、经营战略、经营手段和方式，都是为了在门店日常经营中体现出来，最终达到企业的整体目标。连锁企业秉承统一管理的原则，采购、配送、开发、营销等板块职能基本上是由总部承担，相较于总部，门店的职能和结构就相对比较简单。

（一）门店职能

门店是连锁体系直接面对消费者提供商品和服务的最终销售场所，因而其主要职能是商品的销售与服务，以及将门店中有关人、货、场、财、信息等各项资源进行管理，并整合成一个有效的系统，以实现组织的目标。具体包括以下几项职责。

教学视频：门店职能

1.对人的管理

（1）员工管理。按总部规定和岗位设置招聘一线员工，合理分配工作任务，培养全体员工的团队合作精神和操作技能，要求员工严格执行总部制定的作业规范，调动员工工作热情，适时进行激励和奖惩。

（2）顾客管理。建立店铺和消费者的良好关系，了解顾客的类型、各类顾客的需求特征，通过调查掌握社区常住顾客的基本资料，满足顾客的需求；妥善处理顾客投诉和异议，防止顾客流失，提高顾客忠诚度。

2.对货的管理

（1）商品订货。商品订货是指向总部要求补货或者自行向由总部统一规定的供应商要求补货。根据销售动态及时做出反应，补充货源，制定科学订货量，对于畅销商品做好安全库存，包括陈列在货架上的商品存量和门店内仓库上的商品存量，防止出现断货。

（2）商品陈列。门店需要根据总部的统一标准，把握消费者心理，运用一定方法和技巧，借助一定的道具，最有效地利用店内空间，将商品按销售者的经营思想及科学艺术陈列出来，方便顾客购买，提高销售业绩。

（3）损耗控制。重视商品的质量管理，加强对商品保质期的控制，特别是对生鲜食品的鲜度管理，加强防盗、防窃工作，应用先进软件进行商品盘点，同时保证店内商品的质量，尽可能减少商品损耗。

（4）商品销售。商品销售是指运用各种促销手段，促进门店销售业绩的提升，掌握商品的销售动态，及时处理滞销品，适时推广新商品。对影响经营业绩的各项因素进行调查、分析，找出存在问题并提出改进对策。

3.对场的管理

（1）前场设施。美化外墙、店名、标志、招牌、橱窗等门店外部形象，强化给顾客的第一印象，优化外部交通、停车条件，合理设计出入口，吸引顾客的注意力，排除顾客进店的障碍，提高顾客进店率。

（2）卖场设施。根据销售业态和商品、目标顾客以及物业条件的情况，科学、合理、艺术设计卖场布局，利用走廊、货架、自动扶梯及其他设备来拉长顾客店内运动路线，带动场内销售气氛，提高顾客购买率。

（3）后场设施。根据店内空间建筑结构，合理安排办公场所、厂商活动、仓库、服务台及其他服务场所，为员工的工作、生活以及商品的加工处理与补给提供支持，为卖场销售提供完善的人员、物资等后台保障。

4.对财的管理

（1）收银工作。门店会计工作一般由总部负责，财务工作以现金进出为主，收银作业是门店销售的关键点，收银是门店商品、现金的交换点，门店要严格收银制度和操作，控制收银差错率，分清班次收银员的经济责任，及时结算并上交营业款。

（2）资金控制。对日常现金收支进行控制，编制现金计划，合理估计未来的现金需求，控制现金余额，妥善保管原始凭证如进货凭证、销货发票、退货凭证、现金日报表、交班日报表等，定期检查货币资金业务相关岗位及人员的工作情况。

5.对信息的管理

（1）POS系统。POS系统即销售点系统或前台系统，是指在商业经营场所通过收银员在销售终端采集有关商品号、件数、交易时刻等信息，将这些数据信息传送到后台处理，企业经营者可以在后台随时了解各种商品销售信息，从而为商品的进货、陈列、人员配备等一系列经营决策提供依据。

（2）MIS系统。现代连锁商业的自动化管理除前台收银系统外，其他主要功能由后台管理系统，也就是MIS系统实现，包括销售、进货、库存及其他方面企业管理。前台管理系统接受后台管理系统的设定，两者构成完整的连锁商业企业自动化管理系统。

（3）EOS系统。EOS系统即电子订货系统，是将门店与供应商所发生的订货数据输入计算机，通过计算机通信网络将资料传送至总部、商品供应商或制造商处。EOS系统能处理从新商品资料的说明直到会计结算等所有商品交易过程中的作业。

（二）门店组织结构

因为连锁企业实行的是商品采购、配送、财务由总部集中性统一管理，所以连锁门店的职能相对简单，主要是接待顾客，销售商品或服务。相对应门店的组织结构也比较简单，但连锁门店的机构设置要视具体规模情况而定。

1.按部门建立组织结构

经营规模较大的零售业态如大型超市、百货商店等连锁企业，需要调配的资源包括员工、商品、空间数量都比较多，业务量比较大，相对来说组织结构也比较复杂，往往采用企业化设立部门管理。在大型门店中需要设立的职能部门主要有采购部、营业部、保安部、技术部、人事部、财务部及管理部等。

📖 案例讨论

超市卖场，创业摇篮

永辉合伙人制度源于稻盛和夫提出了阿米巴经营管理论。阿米巴经营管理论使永辉从一家实行整体管理、整体核算的门店，转变为以各个品类为单位组成的小店作为经营单位。合伙人制度是永辉基于实体零售业低迷的大环境，愿意从事零售业的人越来越少、员工积极性越来越低的情况下对用工制度的一次改革和创新。2010 年，为了增加员工收入、提高员工积极性、节约企业成本、提高经营效率，永辉在部分门店的生鲜销售岗位试点合伙人制度，经过几年的运作，现在已经推广到几乎所有的门店和所有的岗位。合伙人制度运行前后永辉组织结构图如图 4.9、图 4.10 所示。

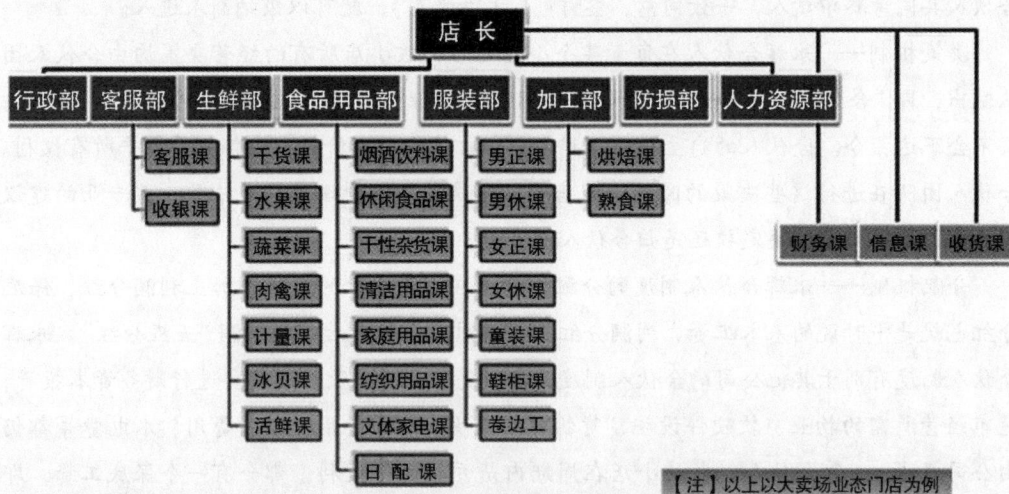

图 4.9　合伙人制度运行前永辉组织结构图

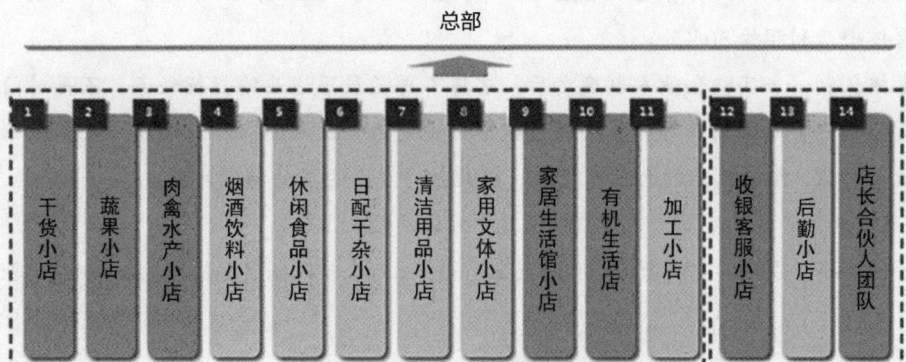

图 4.10　合伙人制度运行后永辉组织结构图

永辉合伙人制度是根据永辉业务发展的需求，将一家门店分割成蔬果、干货、日配干杂等若干个小店，然后针对每个小店正常的营运需求，初步确定 6 个合伙人编制的管理团队。永辉将这个小店所有的经营权和管理权全都下放到这 6 个合伙人，也就是说，每个小店合伙人拥有包括用人权、订货权、定价权、促销权等在内的所有经营决策权。门店原来的职能部门不再下达指令，不再对经营进行干涉与干预，而是作为服务支持团队辅助各个小店的经营。最后小店合伙人在规定的财务周期内，接受考核，参与企业利润的分享。在一定程度上可以说，合伙人成为小店的老板。永辉合伙人制度是一个高标准、高激励、高淘汰的机制。

　　进入机制——在永辉工作满3个月的全职员工只要勤劳肯干，充满激情，奋发向上，能够配合系统的培训，具有服务顾客、配合团队的意识，同时熟悉当地市场行情，对所经营项目有一定的了解，就可以申请成为合伙人。符合条件的申请者可以寻找另外5个志同道合的员工组成一个团队，在门店中某个小店合伙人团队空缺时，向店长提出申请书，竞聘该小店的合伙人团队，店长审核通过即可组成一个新的合伙人团队；或者在门店中某个小店有空缺的合伙人岗位时，符合条件的申请者可以提出申请，加入这个团队，团队现任合伙人共同考察申请人，一致同意，签订《人才决议表》，就可以吸纳新人进入。

　　决策机制——永辉合伙人在负责某个小店之后，该小店所有的经营决策均由合伙人团队做出，即"合伙人自主经营"，总部或者门店的支持团队只会给出相应的指导或者建议，而不会下达指令。合伙人的自主权包括用人权、订货权、定价权、销售权等几乎所有权利。合伙人团队在进行这些决策的时候，门店的后勤服务支持管理团队会给予一些专业的建议和指导，但是最终的决定权还是归合伙人所有。

　　分配机制——永辉合伙人制度的分配原则是在保底分红的基础上加上利润分红，保底分红也就是平时说的基本工资，利润分红是根据财务核算之后超额利润"五五分红"。永辉合伙人制度有别于其他公司的合伙人制度，永辉员工成为合伙人不需要进行财务资本投资，超市经营所需的物业、软硬件设施、货物成本、物流仓储费用、人工费用、水电费等都仍由公司投资；不管合伙人经营的小店在周期内是亏损还是盈利，都会有一个保底工资，即保底分红。如果该小店在合伙人经营期间亏损，不会扣除合伙人的保底分红，亏损由企业承担。如果合伙人团队负责的小店盈利，那么盈利部分"五五分红"，即公司和合伙人团队各获得该小店利润的50%。

　　考核机制——实施合伙人制度之后，永辉不再层层下达业绩指标任务，不再对门店进行年度指标任务的计划和考核，而将考核单位设定为合伙人团队。通过赛马机制激励优秀的合伙人团队，解散落后的合伙人团队，以此推动整个企业的持续发展。

　　【思考】请分析永辉合伙制度在组织结构方面的创新。

　　资料来源于吕卫：《超市卖场变身创业摇篮——永辉合伙人制度解析》，《温州科技职业学院学报》2017年第12期。

2.按岗位建立组织结构

　　经营规模较小的零售业态如便利店、食杂店、小吃店等连锁店，员工人数少，门店面积小，相对来说组织结构也比较简单，一般不设立职能部门，根据实际需要选择性设立店长、副店长、柜组长、理货员、营业员、收款员等岗位。

　　店长：全面负责门店管理，贯彻落实总部的经营管理理念，做好与总部的沟通工作。

　　副店长、店长助理：协助店长管理门店或分管某一方面的业务。

　　值班长：负责门店现场管理。

　　收银员：负责收银作业。

　　财务人员：负责内部核算及现金、单据等管理。

理货员：负责理货作业。

服务人员：负责向顾客提供柜面服务。

仓务人员：负责进货、仓库管理及商品管理。

单元二　连锁企业的战略管理与竞争战略

"战略"一词自古有之，最早是军事术语，意指克敌制胜的艺术和方法。1965年，美国著名管理学家安索夫发表了专著《企业战略》，"企业战略"一词便开始被广泛地应用于社会经济生活中的各个领域，成为管理科学领域中一个年轻的学科。

一、连锁企业战略管理

（一）连锁企业战略的含义和特征

企业战略管理是关系到企业长期性、全局性和方向性的重大决策问题，是企业在复杂、多变的环境中谋求生存和发展，在充分分析企业外部环境和内部条件的基础上，确定企业组织目标，把目标落实并使企业使命最终得以实现的一个动态过程。

🔍 知识链接

军事战争与经济竞争

军事上的战争从本质上来说就是敌我双方你死我活的生存竞争，而在经济领域内的竞争与此有很多相似之处。具体来说，企业经营同样面临着3个方面的问题。

第一，在商品社会中，任何企业都处于激烈竞争的市场环境中；

第二，从系统的观点来看，企业的生产过程就是资源（包括人、财、物等方面）的投入、转换及产出过程；

第三，对于企业而言，外部环境是不可控的，必须随时根据环境的变化，合理配置和使用企业有限的资源。

【思考】企业战略与军事战略之间有何共通之处？

资料来源于作者根据相关资料整理而成。

连锁经营战略是指连锁企业在充分的市场调查和环境分析的基础上，为求得长期发展，结合自身条件对连锁经营的发展目标、实现目标的途径和手段进行总体的谋划。它是连锁企业长期活动的基本设计图，主要解决企业组织与市场环境的结合问题。连锁经营战略具有以下5个方面的特征。

1.全局性

连锁经营战略必须以企业全局分析为基础，针对全局性问题提出，使局部最优组合，对各项具体工作都具有指导意义。

2.长期性

连锁企业战略通常指3~5年或更长时间的发展蓝图，而非眼前利益。着眼于企业长远发展，目的不在于维持企业现状，而在于创造企业的未来。因此，企业必须学会放弃无助于企业长期发展的短期利益，克服急功近利的短期行为。

3.现实性

连锁企业战略决策受很多因素影响，其中绝大多数因素具有不确定性和不可控性。因此，不可片面强调理想方案，一个企业经营战略无法做到理论上的最优方案，但一定是一个适合企业个性的方案，要充分体现企业经营战略的可操作性。

4.应变性

连锁企业经营战略是在对企业内外条件环境进行充分分析的基础上做出的，一定时期内不应随意更改。但内外条件环境是不断变化的，这就要求企业经营战略要具有一定的弹性，考虑可能的变化、可能的后果以及如何应对等，要体现出适应这些变化的策略。

5.资源有限性

资源的有限性要求企业必须有所取舍，有所为有所不为。分散资源追求全面优势，就会有丧失优势的危险。连锁企业应把有限的资源有重点地使用在建立某些方面的优势上，而且在集中使用资源的诸多重点中，还应制定出优先顺序。

（二）连锁企业战略形势分析

战略形势分析是关于企业全局的、长远的、影响企业生存发展和竞争地位的外部环境和内部条件的状况、变化及其趋势的分析，目的在于协调未来目标与未来环境和企业内部结构的平衡关系。企业是一个开放的经济系统，它的经营管理活动自然受客观环境的控制和影响，企业的产生、存在和发展不仅是因为它们的产品或服务能满足社会的需要，而且也是因为它们能适应自身所处的环境。

因此，企业战略形势分析主要讨论如何对企业内外环境条件进行分析，研究多主体、多层次、不断发展变化的战略环境。外部环境是指存在于企业周围、影响企业战略选择及经营活动的各种客观因素的总体，是企业生存发展的土壤，它既为企业的生产经营活动提供必要的条件，同时也对其生产经营活动起着制约作用。企业生产经营所需的各种资源都需要从外部环境获取，离开这些环境，企业经营就会成为无源之水、无本之木。与此同时，企业利用上述资源经过自身的转换产出产品和劳务，也要在外部市场上进行销售，没有外部市场的存在，企业就无法进行交换，无法从出售的产品中换回销售收入，以补偿生产经营中的各种消耗，企业也就无法生存下去，就更谈不上发展。

📖 **案例讨论**

天时地利造就家电巨头

10多年以来，中国连锁百强榜单的前两名都被苏宁和国美占据，两家家电企业成为我国连锁零售的领军企业，这不仅归功于其内部强大的推动力，而且有外部宏观、产业环境的因素。

首先，生产领域的变化。20世纪90年代中后期，随着我国本土家电企业的崛起，本土品牌的家电产品逐渐取代了洋品牌家电产品的领导地位。同时，在家电技术不断进步的大背景下，家电产品的生命周期越来越短，出现生产过剩的现象。价格战成了本土家电厂商获取市场份额的重要手段，新型家电销售渠道呼之欲出。

其次，消费者需求的变化。20世纪末，在居民消费水平不断提高的背景下，人们对耐用消费品的需求正不断变化。在本土家电产品质量不断提高和价格相对便宜的背景下，消费者开始逐渐接受本土家电产品。而且我国消费者喜欢货比三家，一站式购物成为一种购物潮流，家电专业店比单一品牌的家电专卖店更受消费者青睐。

最后，商业地产的发展。改革开放为我国商业地产的发展创造了无限商机，城市化和城市现代化步伐的加快、城市消费人口的剧增以及市民物质生活水平的逐步提高，又在很大程度上刺激了商业地产市场的发展。大量商业设施的开发，为包括国美、苏宁等在内的零售商提供了店铺选址资源，从而促进了店铺扩张。

【思考】试分析家电连锁专业店行业环境。

资料来源于陈海权：《新零售学》，人民邮电出版社2019年版。

在市场经济条件下，企业所处的环境总是不断变化的，而且变化速度日趋加快，这给企业经营带来了极大的风险，企业的成败在很大程度上取决于企业能否了解和掌握外部环境的变化，及时做出反应，在自己的计划中对未来做出战略安排。因此，企业外部环境分析是企业经营战略形成的重要前提，是经营战略成功实施的基础。外部环境包括宏观环境和行业环境。

1.宏观环境分析

企业宏观环境是指那些来自行业外部对企业战略产生影响、发生作用的主要社会力量。企业宏观环境可以概括为四大类：政治环境、经济环境、社会环境和科技环境。在对企业、行业或国家任何一个组织形态进行分析时，首先应考虑的问题就是这个组织所处的宏观环境。在战略管理的过程中，对宏观环境进行分析的最基本方法是PEST分析法。

（1）政治环境（Political factors）。政治环境是指那些制约和影响企业的政治要素。政治是人类历史发展到一定时期产生的一种重要社会现象，政治因素及其运行状况是企业宏观环境中的重要组成部分。

①国家政治形势。一个国家或地区的政局与社会稳定状况往往是该国或地区所在企业顺利

开展生产经营活动的基本条件之一，战争、罢工、武装冲突等都会影响企业的经营。

②法律环境。企业所在国或地区的法律、法规对企业的生产经营常常有制约作用。目前，世界各国都对企业的商务活动做了大量立法，立法的目的主要有 3 个：第一，保护各企业的利益相互不受侵害，如反垄断法、反不正当竞争法等；第二，保护消费者利益不受不正当商务活动的侵害，如消费者权益保护法；第三，保护公众利益，如环境污染防治法。

③政府政策和态度。政府政策包括国家政策和地方政府政策，政策和态度是在法律的范围内政府的方针和态度取向，表明了政府在一段时间内鼓励什么和不鼓励什么的基本态度。

④行政力量的制约行为。具有行政制约力量的机构对企业的态度和制约行为决定了企业投资环境的宽松与否。

⑤重大政治或社会事件。突发性的重大政治和社会事件将影响整个社会经济发展的方向、速度和进程。

（2）经济环境（Economic factors）。经济环境是指构成企业生存和发展的社会经济状况及国家经济政策的多维动态系统。主要包括以下几个方面因素。

①社会经济结构。社会经济结构是指行业结构、分配结构、交换结构、消费结构、技术结构等因素对企业战略的影响，其中最重要的是行业结构的影响。企业在制定战略时必须关注社会经济结构的变化，适应宏观经济环境的变化，把握时机，企业才能制定出适宜的战略和方针。

②经济发展水平。经济发展水平是一个国家经济发展规模、速度和所达到的水准。反映经济发展水平的指标有国民生产总值、国民收入、人均国民收入、经济发展速度、经济增长速度等。从这些指标中可以看出一个国家经济发展的整体状况，可以通过观察宏观经济发展水平、发展变化的趋势对企业经营环境的影响，及时妥善地调整企业的战略方向，使战略能够正确地指导企业的生产经营活动。

③经济政策。经济政策是国家或政党在一定时期内指导国家经济发展目标实现的战略与策略，主要有国家经济发展战略、产业政策、国民收入分配政策、价格政策、物资流通政策、金融货币政策、劳动工资政策、对外贸易政策等，它规定了企业经营活动的原则、范围和方向。经济政策对企业战略的影响是相当大的，如果政府某一时期采取紧缩银根的政策，那么企业实施增长战略所需的资金就会非常紧张；反之，在经济繁荣时期，企业就容易得到发展的机会。

④经济周期波动。经济周期波动是客观存在的经济现象，主要表现在经济增长率的波动上。研究经济周期波动，主要研究经济周期波动的时间阶段和原因，这对于企业是否扩大规模、增加投资有重要意义。

⑤重大的经济事件。企业必须关注那些对经济发展有促进性或转向性的事件，在必要的情况下迅速做出反应。

⑥自然环境。自然环境是指企业业务涉及地区市场的地理、气候、资源、生态等环境。不同的地区由于其所处自然环境的不同，对于企业战略会有一定程度的影响。我国是一个幅员辽阔的国家，这种影响尤其明显，如同一种产品在我国东南部的广东地区其市场的营销战略和西

藏等西部高寒地区的营销战略有较大差距，但很多时候此点会被忽略。

（3）社会环境（Socioculural factors）。社会环境包括一个国家或地区的居民教育程度、文化水平、宗教信仰、风俗习惯、审美观点、价值观念等。

社会环境是企业所处环境中诸多社会现象的集合，企业在保持一定发展水平的基础上，能否长期地获得高增长和高利润，受企业所处环境中的社会、文化、人口等方面的变化与企业的产品、服务、市场和目标顾客的相关程度的影响。

文化环境是指企业所处的社会结构、社会风俗习惯、生活方式、文化传统、价值观念、行为规范和基本信仰等因素的状况及其变化趋势。不同的国家之间有人文的差异，不同的民族之间同样有差异，我国有众多民族，虽同是中华民族但却存在着较大的人文差异。如藏族的生活方式和藏传佛教的宗教色彩联系紧密，牛是藏族的吉祥动物，在西藏地区的越野车辆市场中日本丰田越野车占据着绝对的市场份额，原因是其标识形似牛头，因此广受藏族人民的欢迎，可见文化对于战略的影响有时是巨大的。

案例讨论

"李宁"三十载沉浮

从1990年到2020年，已过而立之年的国产运动品牌——李宁站上过巅峰，也经历过低谷，沉浮之间折射出中国改革开放后40多年间社会和消费者意志的变迁。

一、1990年，辉煌中创办

李宁，对于现在的年轻人来说是一个知名的服装品牌，而对于"70后""80后"来说是一个时代的偶像。1982年，李宁参加第六届世界体操锦标赛夺得男子全部7项比赛中的6枚金牌，包括单杠、跳马、吊环、自由体操、鞍马和全能项目，创造了世界体操史上的神话，被誉为"体操王子"。20世纪80年代的中国，经济、体育全方面开始起步，而国人也急于向世界证明我们的能力，李宁在体操运动员生涯中一共获得了包括奥运会在内的一百多枚金牌，为国家赢得了荣誉，成为全民热爱的偶像，也成为中国精神的象征。李宁公司就在这样一个特殊的时段、特殊的环境里诞生了。1988年，李宁退役后创建了以自己名字命名的运动品牌，带着偶像光环的李宁公司和他做运动员时一样，很快就成了"中国骄傲"。

二、2008年，荣耀中奔跑

1990年，中国成功举办了亚运会；2001年，中国获得了2008年奥运会的举办权；2008年，中国成功举办了奥运会。近20年的时间里，国人的体育热情和爱国热情持续高涨，也带动了体育产业整体高速发展。2008年8月8日晚，李宁作为最后一棒火炬手，吊着威亚奔跑在北京奥运会主场鸟巢上空，最终点燃奥运圣火的时候，他成为全中国、全世界的焦点。那也是李宁公司无比辉煌的阶段，2008年，李宁公司创造了66.9亿元收入，1年后，它以势不可当的气势超越阿迪达斯，当时李宁销售额达到83.87亿元，而阿迪在中国的销售额为70亿元左右。

三、2010年，茫然中沉沦

北京奥运会期间的辉煌开始了李宁公司跑马圈地的扩张，仅在2009年，李宁公司就增加了1239家门店，达到8156家——无可争议地成了国内最大的运动分销渠道。但隐患也就在此埋下，国内的体育用品消费群体已经发生了深刻的变化，李宁公司曾在2006年到2007年对消费者进行市场调查，结果显示李宁实际的消费人群普遍在35~40岁，品牌离年轻消费者越来越远。在这一过程中，李宁公司也曾激进地对品牌进行重塑，发布了全新的标识与口号，并对品牌DNA、目标人群、产品定位等进行了全方位调整，试图打造"90后李宁"，但却始终没有打动"90后"，导致消费群体大量流失，门店业绩大幅下滑。

四、2018年，自信中回归

2018年纽约时装周秋冬秀场，李宁"悟道"系列首秀引发广泛讨论，不仅打动了国内消费者，国外消费者也排队购买，从此成为国潮品牌的代表。李宁的产品设计被外界视为偶然的"突然开窍"，但偶然中有必然，是品牌对"00后"用户群体消费理念和消费特点的深刻理解。与1990年亚运会、2008年奥运会一样，"中国李宁"火爆的背后是国人自信心的增强，中国在文化和经济领域国际地位的上升，为新时代年轻人民族自信的提升和对民族文化的认同提供了保障。

【思考】请运用PEST法对李宁公司所处宏观环境进行分析。

资料来源于韩牧、辛晓彤：《李宁，三十而已》，懒熊体育，2020-08-19。

（4）技术环境（Technological factors）。技术环境是指企业所处环境中科技要素以及和该要素有关的各种社会现象的集合。它包括社会科技水平、社会科技力量、国际科技体制、国家科技政策等诸多因素。在面临原料、能源危机的今天，科学技术已成为决定人类命运和社会进步的关键所在。企业必须随时跟踪，尤其对高科技行业来说，识别和评价关键的技术机会与威胁是宏观环境分析中十分重要的部分。

🔍 知识链接

移动支付改变餐饮业

一直以来，小餐馆虽然生意好，但很难做大，没有资本愿意投资小餐馆。但近几年，小餐馆也突然出现很多明星公司，拿到大资本的投资，餐馆也开始上市了。餐饮公司能上市，是因为可以通过开分店、做外卖迅速扩大规模，增强盈利能力。小餐馆凭什么能扩大规模呢？因为资本愿意加入这局游戏了；那为什么资本突然间愿意入局小餐馆了呢？因为餐饮业现在账目清楚、摆脱现金交易了；那为什么当下小餐馆账目能清楚了呢？因为移动支付。餐饮业原来没有资本投资、上不了市，因为餐馆的收入真实性不可核查，无法建立信用，就不能成为资本市场上的玩家。

而且因为移动支付，餐饮业开始清晰地知道，我这家餐馆什么样的人喜欢在什么时间点吃什么样的菜，客单价多少，我应该在一周的什么时间备什么样的货。即使是一家不想上市的小餐厅，也可以借用数据来持续自我优化。

【思考】请分析移动支付还给零售业带来了哪些影响？

资料来源于作者根据相关资料整理而成。

2.行业环境分析

行业环境也是企业所处的外部环境中影响更直接的因素，即对企业所处的行业进行分析。所谓行业是由一些企业构成的群体，它们的产品有着众多相同的属性，以至于它们为了争取同样的一个买方群体而展开激烈的竞争。每个企业都归属于或主要归属于某一行业（又叫产业）。而企业已经进入的行业或将要进入的行业，是对企业影响最直接、作用最大的企业外部环境。

按照美国哈佛大学工商管理学院教授迈克尔·波特的观点，一个行业的激烈竞争，根源在于其内在的经济结构，在一个行业中存在5种基本竞争力量，即新进者的威胁、行业中现有企业间的竞争、替代品或服务的威胁、供应者讨价还价的能力、用户讨价还价的能力。这5种竞争力量的现状、消长趋势及其综合强度，决定了行业竞争的激烈程度和行业的获利能力。这5种基本竞争力量的作用是不同的，问题的关键是在该行业中的企业应当能找到较好地防御这5种竞争力量的位置，甚至对这5种基本竞争力量施加影响，使它们有利于本企业，因此有必要对这5种基本竞争力量逐一加以分析。在战略管理的过程中，对行业环境进行分析的最基本工具是波特五力分析法。

案例讨论

美特斯邦威和森马转型的天壤之别

面对品牌老化和激烈的市场竞争，连锁品牌企业该如何应对？最重要的就是准确判断形势，做好发展新战略并落实，而盲目地跟风或人云亦云的结果就可想而知了。面对企业连续多年的巨亏，美特斯邦威没有从自身的产品、供应链及品牌的与时俱进（比如年轻化、时尚化、快速化、轻奢化、功能化、科技化等）方面改进纠正，反而认为企业的主要问题单纯出在了渠道端。所以曾经风靡一时的美特斯邦威为了挽回颓势，连续投入巨大的人力、物力和财力去搞电商平台邦购网、有范App，冠名互联网综艺节目等，结果没有带来正面影响反而使企业的经营更加雪上加霜。创始人周成建以"冲动、迷茫、错位"来评价美特斯邦威近年来的互联网化转型尝试，认为是盲目的互联网转型和失败的供应链管理导致了美特斯邦威与"年轻人时尚品牌"渐行渐远。从生产特许经营商品及实体店特许经营起家，并受益巨大的美特斯邦威，应该做的不是否定实体店。

与美特斯邦威的巨亏截然相反的是其老伙伴森马的亮眼表现。相对于美特斯邦威而言，同属温州、同属休闲服装定位，但稍晚时间起步的森马服饰应对品牌老化的举措值得思考。森马没有一股脑儿地在老品牌和主营业务上发力，也没有把互联网、数字化作为最主要的转型阵地。相反，森马转型去创立新品牌，重点做儿童服装品牌巴拉巴拉，且大力采用特许经营的方式。数据显示，2018年儿童服装的营业收入已经占了森马总营业收入的

56.14%。2019 年初，巴拉巴拉已经在全国拥有超过 5000 家门店，连续五次蝉联"天猫双十一"活动母婴行业第一名。

【思考】美特斯邦威与森马的转型及转型后的差别是否能给其他服装企业及别的行业企业有所启发？

资料来源于李维华：《特许经营新思维》，企业管理出版社 2021 年版。

（1）新进者的威胁。潜在竞争者若变为现实竞争者，将导致行业竞争更加激烈，其结果是产品价格可能被压低或从业者经营成本上升，从而导致行业利润率下降。能够有效抵御潜在入侵者进入行业的壁垒主要包括以下几个方面。

①投资。进入一个新的行业需要可观的投资，包括厂房、设备、人员、广告等，还得建立优势，新进入企业应预算建立优势的资本规模。资金需求是企业进入行业所需的物资和货币的总需求量，是一个重要的进入障碍。如果进入一个新的行业需要大量的投资，就会迫使企业慎重地考虑是否值得进入或应如何进入。尤其是资金密集型行业，企业如果没有足够的资金就很难进入，即使贸然进入，也要承受巨大的投资风险。

②资源供应。若行业中现有企业已与原材料及技术供应商建立了良好稳定的关系，则新进入者的进入壁垒就相当高。资源包括有形资源和无形资源，新进入企业应做好资源获取可能性方面的调查研究，再决定是否进入。

③规模经济。当行业规模经济显著时，处于最小有效规模以上的企业对于较小的新进入者就具有成本优势，从而构成进入障碍。规模效益是连锁经营的重要特征，是连锁企业的一个优势所在，当零售或服务企业开店数量较多时，各方面成本可以由更多门店和更高的销售额来承担，连锁企业的产品或服务价格越富有竞争力，对其他企业形成越具有障碍。

④销售渠道。销售渠道是企业进入新行业时所面临的与以往不同的产品分销途径或方式。一个行业原有的分销渠道已为行业中原有的企业所占有，新进入者要想让这些销售渠道接受自己的产品或服务，就必须采用让利、合作、广告津贴等减少企业利润的方式，这就形成了进入障碍。

⑤经营特色。现有企业由于广告、顾客服务、产品特点或因先入而获得的商标及顾客信誉上的优势使得入侵者需耗费大量资金克服原有的顾客忠诚。这种努力通常会带来初始阶段的亏损，并且要经历一个延续阶段。

案例讨论

挑战品牌，风险巨大

新进入者要想进入市场并从现有企业中夺取客户，取得一定的市场份额，就要在产品开发、广告和用户服务等方面进行大量的投资，而这种投资具有特殊的风险性。如可乐型饮料市场，新进入者很难与可口可乐和百事可乐相抗衡。在中国，可口可乐和百事可乐的市场占有率分别为 57.6% 和 21.3%，杭州娃哈哈集团公司用 2 年的时间进行市场调查，还特地从瑞士、法国和美国请来专家与国内的专家共同研制开发新的秘方，以"非常可乐"

这一"中国人自己的可乐"挑战可口可乐和百事可乐。而如今，在"中国人自己的可乐"的豪言壮语中，非常可乐步履维艰。除此之外，还曾有过天府可乐、昌宁可乐、少林可乐、崂山可乐、天天可乐，为什么一代又一代的国产可乐前赴后继、屡战屡败？主要是因为进入壁垒太高，这个进入壁垒不是成本、不是渠道、不是资金，而是品牌——强有力的、不可模仿的可乐品牌。

【思考】挑战资深品牌的风险主要来自哪里？如何能够成功？

资料来源于津木：《被遗忘的国产可乐大王：销售曾超百事可乐，如今未停产却无人问津》，不凡智库，2020－08－11。

⑥转移成本。转换成本是企业从一个行业（或产品）转向另一个行业（或产品）时所支付的一次性成本，如重新培训成本、新辅助设备成本、检查新资源的时间及成本、技术依赖所需的成本、心理代价等。如果转换成本过大，对企业就会形成障碍，企业或者冒着成本过高的风险而进入该行业，或者放弃进入的机会而停滞不前。

⑦政府政策。国家对有些行业颁发许可证（如药品、食品、邮电、通信设备等），或对某些原材料进行严格控制等都能形成重要的进入壁垒。如政府为了环境保护，要求年产量在5000吨以下的造纸厂必须关停并转，因为只有年产量在5000吨以上的企业才有能力建立防污设施，这一规定为造纸业构筑了严格的进入障碍。

⑧原有企业的报复程度。如果现有企业对新进入者采取比较宽容的态度，进入某一行业相对容易些；反之，如果现有企业非常敏感，就会对新进入者采取激烈的反击和报复措施，如在规模、价格、广告等方面加大进入障碍的强度以遏制新进入者。

（2）行业中现有企业之间的竞争。现有企业间的竞争是指行业内各企业之间的竞争程度。现有竞争者之间多采用的竞争手段主要有价格战、广告战、引进产品以及增加对消费者的服务和保修等。

不同行业的竞争激烈程度是存在差异的。如果一个行业内主要竞争对手基本上势均力敌，无论行业内企业有多少，行业内部的竞争必然激烈。在这种情况下，某个企业想要成为行业的领先企业或保持原有的高收益水平，就要付出较高的代价；反之，如果行业内只有少数几个大的竞争对手，形成半垄断状态，企业间的竞争便会趋于缓和，企业的获利能力就会增大。

（3）替代品或服务的威胁。替代品是指那些与本行业产品具有相同或相似功能的产品。产品替代包括以下几种方式。

①相同功能的替代：在同一产品价值链中，一种产品替代另一种产品的完全相同的功能。例如，洗衣粉可部分替代肥皂、圆珠笔可部分替代钢笔等。

②多种功能替代。例如，空调器既能制冷又能供暖，既替代了暖气片又替代了其他制冷器；智能手机能用来拍照、购物、实时通信、听音乐、观看视频、网上教育等，实现了对多种传统工具的取代。

③上游产品替代。例如，零售商原来从供应商采购商品，从中加价用来销售，现在供应商

自组零售企业，减少了中间加价环节，销售的商品价格比零售商有竞争优势。

④回收品替代。例如，旧家具回收再卖限制了低档家具市场的价格上升，二手车销售也给低档汽车市场造成威胁等。

来自替代品的压力有3个因素：①替代品的盈利能力。若替代品具有较大的盈利能力则会对本行业原有产品形成较大压力，它把本行业的产品价格约束在一个较低的水平上，使本行业企业在竞争中处于被动地位。②生产替代品的企业所采取的经营战略。若企业采取迅速增长的积极战略，则会构成对本行业的威胁。③用户的转变费用。若用户改用替代品的转变费用越小，则替代品对本行业造成的压力越大。

（4）供应者讨价还价的能力。供应者对本行业的竞争压力表现在要求提高原材料及其他供应品的价格，减少紧俏资源的供应或降低供应品的质量等，总之，供应者希望提高其讨价还价的能力，从行业中谋取更多的利润。供应者的压力主要取决于以下几个方面因素。

①供应者的集中程度和本行业的集中程度。如果供应者集中程度较高，即本行业原材料的供应完全由少数几家公司控制，而本行业集中程度却较差，少数几家公司供给行业中众多分散的企业，则供应者通常会在价格、质量和供应条件上对购买者施加较大的压力。

②供应品的可替代程度。若存在着合适的可替代品，即使供应者再强大，他们的竞争也会受到牵制。

③本行业对供应者的重要性。如果本行业是供应者的重要用户，供应者的命运和该行业息息相关，则来自供应者的压力就会减少；反之，则供应者会对本行业施加较大的压力。

④供应品对本行业生产的重要性。如果供应品对本行业的生产起关键作用，则供应者的讨价还价的能力就大。

⑤供应品的特色和转变费用。如果供应者具有特色并且转变费用很大时，供应者讨价还价的能力就会增强，会对本行业施加较大的压力。

⑥供应者前向一体化的可能性。如果供应者有可能前向一体化，这样就更增强了他们对本行业的竞争压力。

⑦本行业的企业后向一体化的可能性。如果本行业内的企业有可能后向一体化，就降低了它们对供应者的依赖程度，从而减弱了供应者对本行业的竞争压力。

（5）用户讨价还价的能力。用户对本行业的竞争压力表现为要求产品价格更低廉、质量更好、企业提供更多的售后服务，他们会利用各企业间的竞争来施加压力。消费者在两个方面影响着行业内企业的经营：一方面，总需求决定行业的市场潜力，从而影响行业内所有企业的发展边界；另一方面，讨价还价能力会诱发价格竞争，从而影响企业的获利能力。

影响用户讨价还价能力的因素包括以下几个方面。

①是否大批量或集中购买。如果本行业产品集中供应给少数几个用户，用户购买数量占了企业产量的很大比例，则这少数几个用户会对本行业形成较大的压力。

②产品的标准化程度。标准化程度越高，则顾客选择余地越大。

③这一业务在用户购买额中的份额大小。若用户购买的本行业产品在其成本中占很大比重，则他们在购买时对价格、质量等问题就更为挑剔，价格敏感性越高。

④是否具有价格合理的替代品。若有价格有竞争力的替代品，则消费者可转向购买替代品，对本行业形成的压力越大。

⑤用户的购买转移成本大小。用户转向购买其他行业产品的选择余地越大，则对本行业形成的压力越大。

⑥用户的盈利能力。若用户盈利能力较低，则用户在购买时对价格敏感越高。

⑦用户后向一体化的可能性。用户若自己能生产所需物品，则对本行业形成的价格压力增大。

⑧本行业前向一体化的可能性。本行业前向一体化的可能性小以及购买者充分掌握了有关市场需求、市场价格、供应者制造成本等详尽的信息资料，就会具有较强的讨价还价能力。

3. 内部环境分析

企业战略管理的一个重要任务就是在复杂多变的内外环境条件下，求得企业外部环境、内部条件和经营目标三者之间的动态平衡。而连锁企业战略的制定和实施必须建立在现有实力基础之上，因此对企业内部能力和条件的分析就成为企业战略管理不可或缺的环节。

所谓内部分析是在一定的外部环境下，分析本企业所具备的内部条件，重点要找出相对于竞争对手的优势和劣势，目的是制定出能够发挥企业优势、避免企业劣势的战略。在战略管理的过程中，对内部环境进行分析的最基本工具是价值链分析法。

价值链分析法是一种寻求确定企业竞争优势的工具。企业有许多资源、能力和竞争优势，如果把企业作为一个整体来考虑，又无法识别这些竞争优势，这就必须把企业活动进行分解，通过考虑这些单个活动本身以及相互之间的关系来确定企业的竞争优势。价值链分析就是对企业各项战略活动本身及其之间物流和信息流等进行的计划、协调和控制。

（1）资源分析。管理的必要性在于资源的稀缺性，资源指企业生产经营过程中的各种投入品。企业战略必须与企业资源相适应，这是企业战略与企业资源之间最基本的关系，说明企业在战略实施上应该有必要的资源保证。一般企业中的资源主要分为以下3类。

①有形资源。有形资源较容易识别和评估，并在企业的各项财务报表中得以反映，比如土地、厂房、生产设备、原材料、资金等。当然，报表数据有时并不能完全表达战略意义上的企业有形资源的价值，但财务的数据却使对有形资源的分析有了起点。在此基础上可以进一步评估这些资源的战略意义以及它们与企业竞争优势的关系。

②无形资源。资产负债表上标明的有形资源一般可以从市场上直接获得，可以用货币加以度量，并可以直接转化为货币。相反，无形资产是企业不可能从市场上直接获得，不能用货币直接度量，也不能直接转化为货币的那一类经营资产，如企业的商标权、专利权、专有技术、客户关系、企业形象、企业文化、经营能力等多方面的内容。无形资产往往是企业在长期的经营实践中逐步积累起来的，虽然不能直接转化为货币，却同样能给企业带来效益，在企业的生产经营过程中同样发挥着不可或缺的作用，因此同样具有价值。

③人力资源。人力资源是一种特殊的有形资源，它意味着企业知识结构、技能和决策能力。许多经济学家把这些能力称之为"人力资本"。识别和评估一个企业的人力资本是一件非常复

杂和困难的工作。个人的技能可以通过每个人的资历、经验和工作业绩来加以评估，但这只是表明了人的技巧和能力，并不等于将这些放在一起共同工作就能发挥出协同效应，也不等于每个人工作的表现就能简单地加总为公司的表现。特别是当公司面临外界环境快速变化，或者企业谋求新发展的时候，必须认识到员工过去和现在的工作表现是重要的，然而员工能否根据新的要求很快调整他们的技能、具有挑战未来的信心将更为重要。

📖 **案例讨论**

校企合作新模式——麦苗计划

推进高等职业教育发展，推动校企合作，培养应用能力强的实用性人才，麦当劳与全国各地各大高职院校合作，推出现代学徒制人才培养模式——麦苗计划。麦苗计划是麦当劳为高职院校在校学生（不限年级）量身定制的 6 至 12 个月的全方位社会实践计划。该计划通过灵活多样的岗位实践、专业权威的培训课程、丰富多彩的品牌体验等，实现学校与社会的"零距离"对接，达到以需促学、学以致用的目的，有效促进在校学生综合素养和社会实践能力的提高，为成就更好的职业未来奠定基础。

为贯彻执行"质量、服务、清洁和物超所值"（QSC&V）的核心价值，在人才培养方面，麦当劳一直致力于成为最佳的人才培养中心，为企业培训和发展一批具有极高忠诚度的优秀人才。汉堡大学是 1961 年前高级董事长弗雷德·特纳（Fred Turner）创立的麦当劳全球培训发展中心，旨在为员工提供系统的餐厅营运管理及领导力发展培训，确保麦当劳在运营管理、服务管理、产品质量及清洁度方面坚守统一标准。由于在人才培训和发展方面始终不渝的投入和努力，麦当劳获得了广泛认可和数项殊荣。

【思考】麦当劳是如何获得和发展优秀人才的？

资料来源于作者根据相关资料整理而成。

（2）能力分析。单独的一项资源并不能产生实际的能力，真正的实际能力是将各项资源进行有效、有机组合后的结果和表现。例如，一项好的技术必须与其配套的资金、设备和人员相结合，才能得以发挥作用，产生实际的生产能力，才有可能形成企业的竞争优势。因此，企业拥有资源后，还要培养对各种资源进行组合协调，以发挥其潜在价值的能力。

企业的能力往往是多种多样的，又是多层次的，不仅表现在企业各种生产经营环节或各职能领域，而且存在于企业内部各层次上。有的能力在经营中起一般的必要的作用，有的能力起支持帮助企业赢得竞争优势的作用。而能够帮助企业持久地建立竞争优势的能力被称之为企业核心能力。

核心能力又称为核心竞争力，是指能使企业长期或持续拥有某种竞争优势的能力。它通常表现为企业经营中的累积性学识，尤其是关于如何协调不同生产技能和有机结合多种技术流的学识。如果把一个公司比喻成一棵大树，树干和大树枝是核心产品，小树枝是业务单位，叶、花和果实是最终产品，那么提供养分、营养和保持稳定的根系就是核心能力。核心能力是企业持续拥有某种竞争优势之源，是市场竞争中的"重型武器"，也是企业各个业务单位的黏合剂，更是新事业或业务发展的能力源泉。

并不是企业的所有资源、知识和能力都能形成持续的竞争优势，都能发展成为核心能力。要成为核心能力必须具备以下几点特点。

①有价值。核心能力必须能够提高企业的效率，可以帮助企业在创造价值和降低成本方面比其竞争对手做得更好。

②异质。核心能力是企业所独有而未被当前或潜在竞争对手所拥有的。

③不可模仿。如果核心能力易被竞争对手所模仿，或通过努力很容易达到，则它就不可能给企业提供持久的竞争优势。那些内化于企业整个组织体系、建立在系统学习经验基础之上的专长，比建立在个别专利或某个出色的管理者或技术骨干基础之上的专长，具有更好的持久的竞争力。

④难以替代。一般产品、能力很有可能受到替代品的威胁，但核心能力应当是难以被替代的。

⑤可扩展。核心能力可以通过一定的方式衍生出一系列的新产品或服务，它犹如一个技能源，由此向外发散，为消费者不断提供新的产品或服务。

（3）竞争优势分析。在对企业内部资源和能力分析的基础上，可综合归纳出企业的竞争优势，这种优势是企业在激烈的市场竞争中取胜的法宝。企业拥有竞争优势，才能力克群雄，使自己立于不败之地。竞争优势由优势地位和优势实力构成。

①优势地位。优势地位主要是指企业占有有利的地理位置，交通方便，信息灵通，处于原材料的富产区和接近消费市场；属于新兴产业、朝阳产业，拥有良好的市场前景，具备良好的市场形象与声誉等。

②优势实力。优势实力主要是指企业在争夺市场和顾客方面具有高于竞争对手的实力。主要包括以下几个方面竞争力。

a. 直接竞争力：表现为直接作用于市场和顾客的因素的好坏。如营销能力、销售渠道和企业声望等。

b. 前提性竞争力：包括人、财、物、技术、信息各种资源的质量、数量及其满足程度，以及优越的管理能力等有形与无形资源，这些因素对直接竞争力起着决定性作用。特别是企业领导人的素质、职工队伍的素质与企业的凝聚力等，是企业人力资源的质量标志，是不容忽视的。

c. 基础性竞争力：表现为经济效益的高低。基础性竞争力强，说明企业资金雄厚，产品新颖，设备先进，管理基础扎实。基础性竞争力强，就能为直接竞争力和前提性竞争力的巩固和提高打下良好的基础。

企业的实力虽然是由上述竞争力构成的，但并不是要求企业在上述各方面都要达到最高水平。从竞争角度看，最关键的是形成综合的整体竞争力，有别于竞争对手，而且比竞争对手更为优越。寻找和创建这种竞争力，是企业制定竞争战略的重要任务，是取得竞争优势的主攻方向。

（三）连锁企业战略目标确定

连锁企业在对外部环境和内部条件进行详尽分析的基础上，确定长期的、全局的发展方向和奋斗目标，是连锁企业经营思想的具体化。连锁企业战略目标是经营活动的"指南针"，引导着总部各部门、各连锁门店、所有员工的思想和行为，有效协调各部门、各环节的关系，激发全体员工向着同一目标展开工作。

连锁经营战略目标不是一个单纯的目标，而是一个综合的目标体系。一般而言，连锁经营基本战略目标由经济收益和组织发展两方面内容构成。

经济收益或利润是连锁企业生存发展的基本条件，是衡量连锁企业经营活动效果的基本尺度，也是连锁企业满足各方面要求，实现其他目标的前提。经济收益通常表现为销售额、总资产、经营规模和利润率等。这些指标对于经营管理者来说，是事业成功与否的标志；对于职工来说，能带来工作机会和报酬的变化；对于所有者来说，则意味着原始资产的变动。

连锁企业的组织发展目标，主要包括市场发展目标、行业地位目标和社会发展目标等。正确的组织发展目标能引导连锁总部组织职能的逐步完善，吸收更多的加盟者，连锁企业社会影响力也会逐步扩大。这既反映了连锁企业经营管理水平，又有利于国民经济发展，也提高了连锁企业本身的社会地位。

战略目标在连锁企业经营管理中主要有以下几个方面的重要作用。

（1）战略目标反映连锁经营企业组织所追求的发展愿望，是企业各项经营活动的准绳，也是企业组织生存和发展的动力所在。

（2）为连锁经营企业各方面活动指明方向，对企业经营活动具有指导、统率作用，可以使企业有选择、有针对性地部署各种资源，发挥企业优势。

（3）实现连锁经营企业内部条件与外部环境的动态平衡，使企业获得长期、稳定、协调的可持续发展。企业在经过权衡内部条件和外部环境，科学预测和把握外部环境发展趋势的基础上确定的经营目标，既能在一定时期、范围内适应环境趋势，又能使企业的经营活动保持稳定性和连续性。

（四）连锁企业战略管理的实施

公司一旦制定和选择了合适的战略，战略管理活动的重点就从战略选择阶段转移到战略实施阶段。所谓战略实施就是执行战略计划和战略方案以实现战略目标，就是将战略付诸实际行动的过程。

当企业的战略制定之后，接着便要着手企业战略的实施，即必须将战略的构想转化成战略的行动。然而，战略实施并不是轻而易举的事情，涉及大量的工作安排、资金和时间，而且不像战略制定过程，只需要高层管理者参与，而是公司中的每一个人，从高层到基层操作人员都需要参与到实施过程中来。无法实施的战略只能是没有实际意义的"纸上谈兵"，即使是一个适当的战略，若未得到有效的实施，也将会导致战略的失败。因此，从某种意义上说，战略的实施比制定更困难。

1.建立有利于战略实施的组织机构

经营战略是通过一定的组织机构来实施的，有效的组织机构必须具备三个基本条件：一是目标明确，只有明确战略目标，并且能够为实现该目标而努力的组织机构，才能高效工作；二是互相协调，各组织层次应该相互协调、相互信任，以保障在战略实施过程中的行动一致性；三是合理授权，调动各部门、各岗位的积极性。

2.实现目标管理和经济责任制

为了有效地实施连锁经营战略，在连锁经营战略实施的过程中，应注意抓好以下工作重点。

（1）内容分解，层层落实。这是指将战略方案的内容和要求进行合理分解，落实到各层次、各部门、各门店，以保证战略目标的实现。主要可从两方面进行分解落实：一是在空间上进行分解，即将战略方案按层次进行分解，制定出一系列实施性分战略，分别落实到高层次管理人员（企业主管领导）、中层管理人员（各职能业务部门负责人、各门店负责人）以及基层岗位和门店员工；二是在时间上进行分解，即将企业战略规划的总目标按时间分解为各阶段目标，分步实施。

（2）以战略目标为中心建立经济责任制。它要遵循责权利相结合的原则，将各项管理工作围绕战略目标组织起来，并形成一个整体。主要可从两方面着手：一是以战略目标为中心，形成动态责任系统。动态责任，就是随着时间变化而变化的责任，将不同时期的各种指标和内容通过分解层层落实到部门、岗位和个人，成为各单位和个人的行动目标；二是以战略目标为中心，建立静态责任系统。它是按照战略目标的要求来设计和改革各项综合管理和专业管理，并通过业务分解法层层分解落实到部门、岗位和个人，形成保证经营战略实现的管理系统。静态责任与动态责任相结合，就形成了以战略目标为中心的责任系统。根据这一系统的要求，再分配保证战略目标实现的责权，则形成了责权系统。为了检查经营战略实施情况并加以督促，就应当进行合理的奖励或惩罚，则形成了利益系统。三者结合最终形成了以实现战略目标为中心的经济责任制体系，使经营战略的实施有了可靠的保证。

（五）连锁企业战略管理的控制

连锁企业在实施经营战略的过程中，还必须对经营战略进行控制。所谓控制是指管理者将预定的目标或标准与经过反馈回来的经营成果进行比较，以检查偏差的程度，并采取措施进行修正的活动。控制是经营战略管理的重要环节，是保证实施结果与战略目标趋于一致的重要手段。控制可分为以下 3 个步骤。

1.确定评价标准

评价标准是检验工作成效的基础，用来确定是否达到战略目标以及成效的大小。评价标准既要有定性标准，又要有定量标准。

2.衡量成效

这就是将实施成果与预定的目标或标准进行比较，找出两者之间的差距及其产生的原因。

3.纠正偏差

通过衡量成效发现的问题，必须能对其产生的原因采取纠正措施，才能真正达到战略控制的目的。纠正的措施可能是改变战略实施过程中的活动、行为，也可能是改变战略规划本身。

二、连锁企业竞争战略

市场经济的实质是竞争，竞争战略是企业管理中最基础性的环节，是企业与对手展开竞争的基本方针，企业在市场竞争中通过有效的手段以取得在本行业中的领先和支配地位。其目标是使企业的经营活动能在所有竞争对手中技高一筹，使企业在与竞争对手的对抗中占据有利位置。

（一）连锁企业竞争战略的含义

竞争是企业发展的动力，受价值规律的支配，商品生产者和经营者为了获取更多利益，必须相互竞争。通过相互的竞争，可以使企业更好地提高生产率，提高适应市场需求的能力，增强企业活力。

竞争战略属于企业经营单位战略的范畴。连锁企业的竞争战略是指正确地分析和界定本企业经营环境，突出自身优势，弥补竞争劣势，抢占市场，克制或回避竞争对手，在行业与市场中取得竞争优势，形成自己的领先和支配地位。

（二）连锁企业竞争战略的选择

美国哈佛商学院著名的战略管理学家迈克尔·波特在其1980年出版的《竞争战略》一书中，将竞争战略描述为采取进攻性或防御性活动，在产业中建立起进退有据的地位，成功对付5种竞争力，从而为公司赢得超常的投资收益。波特从最广泛的意义上归纳、总结了3种具有内部一致性的竞争战略，也称一般战略，即成本领先战略、差别化战略和重点集中战略。

1.成本领先战略

成本领先战略是指在追求规模效益的基础上，通过降低经营的全部成本，以低于竞争对手的成本优势战胜经营对手的一种战略。

成本领先战略又称为低成本战略。按照波特的思想，成本领先战略并不意味着仅仅获得短期成本优势或仅仅是削减成本，它是一个可持续成本领先的概念，即企业通过其低成本的地位来获得持久的竞争优势。其理论基石是规模效益（单位产品生产成本随生产规模增大而下降）和经验效益（单位产品生产成本随积累生产量增加而下降）。在与竞争对手进行竞争时，处于低成本地位的公司由于成本优势，可以将商品或服务的价格压至竞争对手无法承受的程度，而本企业可以获得高于市场平均水平的利润，以此打败竞争对手。

成本领先战略是一种先发制人的战略，通过最大努力降低商品价格，维持竞争优势。要做到成本领先，该战略要求企业的产品必须具有较高的市场占有率，如果产品的市场占有率很低，则大量生产毫无意义，而不大量生产也就不能使产品成本降低。

实施成本领先战略的连锁企业必须拥有持续的资本投资和良好的融资能力，具有低成本的分销系统，能够开展大规模的经营，企业组织结构科学合理、责任分明，内部管理制度、激励机制健全，对成本严格控制，尽可能将降低费用的指标落实具体，建立详细、严格的成本控制体系。

成本领先战略要求企业必须确保以低价购进原材料，采用先进的技术设备，建立高效率的生产经营体制，努力降低各种费用。对于连锁企业，成本控制关键在商品采购和物流体系中，同时根据木桶原理，在竞争激烈的市场中，只要有一个环节成本降不下来，就会影响整体成本优势的发挥。所以，追求成本的优势必须做到每一个可控制的环节中都要将成本降到最低。

📖 案例讨论

低成本筑高竞争壁垒

沃尔玛、家得宝、开市客是全球市值前三的实体零售企业，排名第一的是沃尔玛，排名第二的是家得宝，排名第三的是开市客。这三个不同业态的零售巨头代表了所在领域的最优秀企业，尽管业态不尽相同，但是他们的定位却非常一致，就是在各自领域为消费者提供极致的性价比。探究他们的共同点，对国内零售企业会有一定的启发。

共通点一：提供极致性价比

沃尔玛在美国消费者心目中的标签就是天天平价，无论是业内人士还是普通消费者对此都没有异议。而定位在家装零售的家得宝，从创业伊始便遵循"薄利多销"的原则，节约一切不必要的运营成本，为顾客提供一站式购物选择。开市客作为美国会员制仓储批发业态的首创者，是另一家极致性价比的代表，所有商品毛利极低，主要赢利来自会员费收入。三家业态不同的企业，依靠为目标顾客提供极致性价比的商品，无论在销售规模还是市值都在全球名列前茅。

共通点二：强大的供应链加自有品牌

有能力为消费者提供极致性价比的商品与企业强大的供应链和买手能力分不开。极致性价比不仅仅是低价，还是建立在赢利能力条件下的相对低价，开市客通过精简SKU，提高商品周转率，降低库存成本，企业的运营效率很高，除了拥有强大的自有品牌外，也会长期和一些品牌方合作，不定期推出定制的低价新品，让自己的新品保持低价和独特性。沃尔玛的供应链也同样强大，除了开发大量自有品牌之外，和品牌供应商的长期战略合作伙伴关系也保证了沃尔玛供应链的稳定和长期低价。家得宝为保证低价，从经营之初，企业的一半商品就直接从厂家采购，这一切的达成来自对定位的坚持，以及和厂家不懈的沟通和谈判，同时家得宝也为厂家带来了巨大的回报。

【思考】请分析沃尔玛、家得宝、开市客"提供极致性价比"对国内零售企业的启示。

资料来源于彭建真：《天下零售，唯性价比不破》，《连锁》2022年第4期。

2.差别化战略

差别化战略是企业向市场提供与众不同的产品或服务，用以满足顾客特殊的需要，从而形成竞争优势的一种战略。

差别化战略要使企业在行业中别具一格，具有独特性，且利用有意识形成的差别化，建立起差别竞争优势，以形成对"入侵者"的行业壁垒，并利用差别化带来的较高边际利润补偿因追求差别化而增加的成本。企业形成这种战略主要是依靠产品和服务的特色，而不是产品和服务的成本。当企业进行价格竞争不能达到扩大销售的目的时，实现差别化就可以培养顾客的品牌忠诚性，降低对价格的敏感性。产品或服务的特色表现在产品设计、生产技术、产品性能、服务、销售网络、商标形象等方面。

企业在实施这一战略以前，必须对顾客的需求与行为加以仔细研究，掌握他们心中认为最有价值的东西。事实上，一个企业将其产品或服务差异化的机会是无限的，因为每一个企业都有自己的特点，因而存在很多差异化的机会。当然，一个企业能否将产品和服务差异化，还与产品的特性有密切关系。一般来说，日用品在物理特性上存在较少的差异化机会，但即使在这种情况下，企业仍然能通过良好的分销、库存控制、人员培训等方面突破产品特性对差异化的局限。

企业要奉行差别化战略，有时可能要放弃获得较高市场占有率的目标，因为它的排他性与高市场占有率是不相融的。实施差别化战略，企业需具备优良的产品质量、技术领先的声望、行业中悠久的历史、吸取其他企业的技能和自成一体的能力，拥有较强的研究、开发和市场营销能力，研究人员要有创造性的眼光，研究与开发以及市场营销等职能部门之间要具有很强的协调性，同时企业还要具备能吸引高级研究人员、创造性人才和高技能职员的物质设施。

应当强调的是，产品或服务差别化战略并不意味着企业可以忽视成本因素，只不过这时主要战略目标不是低成本而已。

📖 案例讨论

连咖啡，意欲咖啡赛道弯道超车

早在 2014 年，连咖啡诞生于咖啡市场较成熟的上海，以给知名品牌当跑腿的方式累积用户。因为弥补了星巴克外送服务的短缺，连咖啡在一线城市的写字楼、会议中心、医院等咖啡重度需求场景人群中小有名气。2015 年 8 月，尝到甜头的连咖啡在累积到第一批种子用户后，迅速走到了星巴克的对立面，剥离星巴克等第三方品牌的咖啡外送服务，自立门户推出了自己的咖啡品牌——Coffee Box。2018 年是连咖啡占领互联网咖啡界认知的另一个决定性时刻，这一年微信大力推广小程序，连咖啡借助时代红利，基于每个人心中的咖啡馆梦想，推出"口袋咖啡馆"小程序。上线一周就有众多咖啡馆在连咖啡的小程序上开张，这其中不乏一些活跃的明星馆和品牌馆。口袋咖啡馆作为一个独立的小程序，用户日活超 20 万，每天新开馆超 5000 家，对连咖啡整体而言，有 20% 的新消费用户来自咖啡馆的自传播。

在连锁咖啡店星巴克一家独大、速溶咖啡头两把交椅雀巢与麦氏的夹缝里，连咖啡似乎找到了自己差异化的生存模式。在多轮融资的支持之下，连咖啡的钱袋子越来越鼓：2016 年 4 月，连咖啡宣布完成 B 轮融资 5000 万元人民币；2018 年 3 月，完成 1.58 亿元 B+ 轮融资；2019 年 4 月，完成 2.06 亿元 B3 轮融资。

乘胜追击的连咖啡开始放开胆子加速线下扩张之路，从谨慎尝试变成了大规模押注。2018 年，首家实体形象店在北京望京 SOHO 正式开业，同年底，连咖啡在北上广深已有 400 家门店；首次入驻杭州便豪气地一次性开设 10 家大型门店……

故事的转折点出现在 2020 年，此前一路高歌猛进的开疆辟土逐渐出现逆转之势，连咖啡关店的报道开始不间断地袭来。就连北京、上海、广州这些一线城市的门面也难逃大批撤店的厄运。线下运营的高成本、与瑞幸咖啡的价格战、资本市场降温导致融资不到位、资金链紧张等都是连咖啡关店潮的原因所在。

2020 年 9 月，在消失 100 多天后，连咖啡在其公众号官宣回归。渠道上也不再限制于城市场景，微信公众号和小程序也不再是单一主角，而是扩充便利店、加油站等渠道业务，开发了一个名为"易捷咖啡"的新品牌，这是中国第一家加油站咖啡品牌。连咖啡如今为中石化加油站中的 2.8 万家便利店提供产品和服务。相比于自己在一线城市花大成本开店，这种新模式反而有更大的概率将连咖啡放在一个更容易被看到的位置。连咖啡盯上了白领之外另一个新的群体——无论是在审美还是调性都很难与咖啡品类产生关联的货车司机，也就是说，连咖啡是要公然地和红牛、东鹏等功能饮料抢生意了。

【思考】请分析连咖啡战略调整的思路。

资料来源于《连咖啡的浮沉，互联网咖啡鼻祖变加油站咖啡？》，腾讯网，2021 - 05 - 16。

3.重点集中战略

重点集中战略是企业把经营战略的重点放在一个特定的目标市场上，并为这个特定的目标市场提供特定的产品或服务。

重点集中战略的目的是很好地服务于某一特定的目标客户群体，它的关键在于能够比竞争对手提供更为有效和效率更高的服务。与成本领先战略和差别化战略不同的是，重点集中战略不在于达到全行业范围内的目标，而是围绕一个特定的目标开展经营和服务。采用重点集中战略的逻辑依据是企业能比竞争对手更有效地为其狭隘的顾客群体服务，即企业或由于更好地满足其特定目标的需要而取得产品差异，或能在为目标顾客的服务过程中降低成本，抑或两者兼而有之。从总体市场上看，也许重点集中战略并未取得成本领先或差异化优势，但它确实在较窄的市场范围内取得了上述一种或两种优势。

企业主攻某个特定的客户群、某产品系列的一个细分区段或某一个地区市场，其前提是公司能够以更高的效率、更好的效果为某一狭窄的战略对象服务，从而超过在更广阔范围内经营的竞争对手，可显现该战略具有赢得超过行业平均水平收益的潜力。

连锁企业的重点集中战略其集中性主要体现在 3 个方面，即产品类型集中、特定买方群体集中和特定地理区域集中。

（1）产品类型集中化战略。对于产品开发成本和工艺装备成本偏高的行业，企业在实施集中化战略时，一般以产品线中的某一个类型作为集中战略的中心。以日本的汽车经营企业为例，它们将经营重点放在小型汽车的生产和销售方面，并以小型汽车性能好、节省油、外观美、价格低的特点，打入美国和西欧市场，获得了巨大的成功。实施产品类型集中化战略常常要对产品的功能进行定位，只有准确把握产品的功能定位，实施该战略才会有的放矢。

（2）特定买方群体集中化战略。将经营重心放在具有不同需求的特定买方群体上是实施该战略的主要特点。有的企业以市场中的高收入群体作为自己的目标顾客群，其产品集中供应给那些注重品质档次，而不计较价格高低的顾客群。例如，原来美国众多大型的化妆品公司，几乎都忽略了非洲裔美国人这一群体对化妆品的特殊要求，没有专门生产针对这一群体的产品，而这一群体的潜在需求是比较大的。后来有一家公司针对非洲裔人群皮肤偏干的特点，通过生产、销售适用于非洲裔消费者的护肤及化妆用品，成功地实施了针对这一特定买方群体的集中化战略。实施特定买方群体集中化战略，常常需要对买方的层次进行分析，只有准确地定位，才能成功地实施这一战略。

案例讨论

lululemon:靠一条瑜伽裤突围耐克、碾压阿迪

服装行业可以说是地球上最饱和的行业之一，但仍然有一个品牌靠一条瑜伽裤在短时间内席卷全球。它卖得非常贵，被称为瑜伽界的"爱马仕"，行业巨头 NIKE 的紧身裤价格为 300~750 元，而这条瑜伽裤在中国的零售价为 750~1000 元；它非常受欢迎，不请明星、不打广告，却无法阻挡它成为各路明星的出街私服以及运动休闲风潮的新代名词，一度超越耐克、阿迪成为中产阶级新标配。这就是 Lululemon。2022 年 2 月 4 日晚的北京冬奥开幕式上，各国代表团上演了一场"羽绒服大秀"，而其中以一抹别具一格的枫叶红格外抢眼的加拿大队服迅速登上微博热搜，lululemon 瞬间火出圈，引众人哄抢。

1998 年，Lululemon 成立于加拿大温哥华，2007 年上市，市值从最初的 16 亿美元上涨至如今的 400 多亿美元。这家从瑜伽细分市场切入的小众品牌实现了弯道超车，甚至一度把阿迪甩在后头，仅次于耐克，坐上运动休闲领域里的亚军位置。

Lululemon 这样定义它的用户画像：年龄介于 24~36 岁，年收入 8 万美元以上，受教育程度高，有自己的房子，每天有一个半小时的时间锻炼，生活态度积极向上的超级女孩（super girl）。

Lululemon 给自己的定位与大众对其的理解是完全不同的，大众认为它就是一个卖瑜伽裤的运动品牌，而其将自身定义为一家"科技公司"。据官方宣传，Lululemon 在加拿大拥有旗下专属实验室 Whitespace，在产品研发方面坐拥 9 项专利。理论上，Lululemon 之所以卖这么贵，离不开它的科研团队和面料的专利技术。

　　但Lululemon没有跟消费者过多宣讲它家裤子有多耐穿、有多好看，而是花大力气传递生活方式和文化：我不仅有钱，我还有时间管理身材。一条裤子被赋予穿着之外的更多含义。品牌每年定期设置不同主题，在全球不同城市发起大型品牌活动，巩固自身作为城市文化的一部分，成为活跃在全球大都市的运动休闲代名词以及时尚健康生活方式的全球符号。

　　【思考】Lululemon营销策略如何围绕瑜伽裤展开？

资料来源于作者根据相关资料整理而成。

　　（3）特定地理区域集中化战略。细分市场也可以按地理区域为标准进行划分，如果一种产品能够按照特定地区的需要进行开发、生产和推广，也能够获得竞争优势。区域选择需要从消费者需求情况、购买能力、竞争情况、销售渠道等多方面来考虑。

　　当开发出来的产品需要较高的市场购买力时，应该将该产品的市场区域定位在发达地区。例如，20世纪50年代和60年代，日本先后发明了电动缝纫机和彩色电视机，而当时日本本国消费者购买力并没有达到购买这些产品的水平。所以当时日本企业的目标市场区域定位是先将这些产品投放到欧美市场，在海外成功后，再回过头来开发本国市场。

　　当开发出来的产品还不够成熟时，应该将市场区域定位在市场容量较小的市场，以免其造成很大的负面影响。例如，20世纪60年代，日本丰田汽车在质量、款式和性能上都不够成熟，打入欧美市场后惨败。后来改变市场区域定位策略，20世纪70年代期间，丰田汽车打入东南亚和大洋洲一些国家的市场，等产品在技术和性能方面成熟后，再于20世纪80年代开发欧美市场，此时将汽车重新命名，以扭转初期不成熟的形象，此举取得了举世瞩目的销售业绩。

✖ 任务训练

一、单选题

1.不管哪种形式的连锁企业，其基本的组织结构一般由＿＿＿＿＿组成。

　　A.总部、门店　　　　　　　　　　　B.总部、配送中心

　　C.总部、门店、配送中心　　　　　　D.门店、配送中心

2.总部—分总部—配送中心—门店的组织结构适合于＿＿＿＿＿的连锁企业。

　　A.发展处于初期　　　　　　　　　　B.经营商品种类、数量少

　　C.经营服务项目　　　　　　　　　　D.跨地区经营且经营商品种类多、数量大

3.连锁＿＿＿＿＿是连锁企业经营管理的核心，主要承担整体经营的设计功能。

　　A.总部　　　　　B.门店　　　　　C.配送中心　　　　　D.信息中心

4.以下属于连锁企业门店职能的是＿＿＿＿＿。

　　A.市场评估，开设直营店

　　B.适时招揽加盟商

　　C.严格执行收银制度，及时结算上交营业款

D.制定门店开发规划

5._____门店组织结构不适合不设部门，只设岗位。

 A.超级市场   B.便利店   C.小吃店   D.美容店

6.当连锁企业规模扩张到一定程度后，特别是经营范围扩大到跨领域的阶段，成为多元化发展企业，连锁企业总部往往采用_____的组织结构形式来进行管理。

 A.直线制   B.直线职能制   C.事业部制   D.项目制

7.以下不属于行业环境分析因素的是_____。

 A.对手竞争状况研究   B.顾客议价能力研究

 C.供应商议价能力研究   D.社会法律环境研究

8._____是企业把经营战略的重点放在一个特定的目标市场上，并为这个特定的目标市场提供特定的产品或服务。

 A.成本领先战略   B.差别化战略

 C.重点集中战略   D.特殊化战略

9.以下属于实施成本领先战略的连锁企业必须具备的条件是_____。

①持续的资本投资

②良好的融资能力

③很强的研究与开发和市场营销能力

④企业组织结构科学合理

⑤研究人员要有创造性的眼光

⑥低成本的分销系统

 A.①②③④⑤⑥ B.①②④⑥ C.①②③④⑤ D.①②③④⑥

10.手表业中的劳力士、汽车业中的奔驰宝马、体育用品业的耐克等产品，都是以高质高价为基础，对准高收入、高消费的客户群，这属于_____战略。

 A.成本领先   B.差异化

 C.特定买方群体集中化战略   D.产品类型集中化战略

二、简答题

1.试分析连锁企业设置配送中心的可行性和必要性。

2.试分析连锁企业能否同时采用成本领先战略、差别化战略和重点集中战略。

三、案例分析题

良品铺子，再上台阶

 成立于2006年的良品铺子，主营产品包括坚果炒货、肉类零食、糖果糕点、果干果脯、素食山珍等品类，并于2020年2月在A股上市。2020年的营业收入达到78.9亿元，虽然良品铺子整体业绩相当不错，但与后来居上的三只松鼠相比，其营业收入仅占后者的80.6%。实际上，良品铺子无论是产品质量、线下渠道的布局，还是存货周转率都已经超过了三只松鼠，而且在三只松鼠成立的2012年就启动了线上销售，但为什么良品铺子仅4年时间就被从零开始的三只松鼠超越了呢？良品铺子相比三只松鼠缺少了一双可以腾飞的"翅膀"。

对很多消费者而言，一提起三只松鼠就会想到坚果，一说到坚果就能联想起三只松鼠。但说起良品铺子，乍一听很难让人一下联想到单一的零食品类，良品铺子的知名度与企业实力对比而言，还远远不够匹配。

对任何商品而言，商品本身只是一个桥梁，消费者真正购买的是产品背后的某种需求，同样是满足使用功能的产品，消费者在选择时往往倾向于为情怀买单，这也是企业打造品牌的目的。作为零食类产品，市面上有三只松鼠、百草味、来伊份、老婆大人、徐福记等，还有一些散装的和不知名的品牌，消费者有这么多可以选择的品牌，为什么买良品铺子呢？对休闲类食品而言，由于行业壁垒较低，这就需要在产地、工艺、质量、功能和产品内涵上寻找突破点。从良品铺子官方旗舰店的产品介绍看，对产地标签、工艺说明、质量管控、功能性产品线布局等都有所涉及，甚至对坚果的质量都重新进行了定义。从中不难看出，良品铺子对产品还是很用心的，只是在品牌推广时的情感共鸣上还需进一步打动消费者。如果良品铺子将"良品"仅仅定义为产品品质的优良，显然会过于狭隘，也缺少一种经典品牌的大气与情怀，但如果将良品的概念拓展为"善良"，成为一种社交货币，消费者就会因为购买良品铺子而自豪，甚至在朋友圈炫耀，效果自然可想而知。

对于一家企业而言，它的竞争对手是谁决定了战略的方向。事实上，企业真正的竞争对手第一是消费者，第二是自己，第三才是同行的企业。但很多企业错把第三当成了第一。消费者对于企业而言，既是衣食父母，需要全力以赴地做好服务，又是自己最强有力的竞争对手，因为彼此争夺的是消费者大脑中的资源和注意力。如果品牌占据了消费者的心，变成某个品类的代名词，并形成良好的印象，消费者就会下意识地购买。第二个竞争对手是企业自己，企业只有不断地超越自己，才能在越来越优秀的同时获得更多消费者的认可。如果将注意力放到自己身上，企业就会对产品、服务、口碑等进行全方位升级，并设法为消费者创造更大的价值。一旦将竞争对手仅仅定义为同行业的其他企业，企业的方向就会跑偏，狭义竞争是争夺，广义竞争是合作，真正的对手是自己，有效的法则是创新。

企业在市场中必须面对竞争，竞争不是短兵相接的争夺，而是解放思想向对手学习并不断超越。良品铺子是一头沉睡的雄狮，一旦醒来，必能再上台阶。

问题：

1.请分析良品铺子的市场定位。

2.你认为良品铺子在产品、营销、渠道方面可以进行怎样的创新？

四、实训安排

调研所在地区某大型百货商店或者超级市场的部门设置、岗位分析、职级设计以及人员构成，绘制组织结构图。

实训目的：使学生通过实践了解连锁企业的组织结构设计和岗位职责，为今后进入连锁企业工作，提前设计职业生涯发展规划。

实训步骤：

（1）教师布置任务，讲清楚目的和要求；

（2）学生自由组合成立调查小组，每组 3~4 名学生；

（3）各小组初步查找资料，讨论确定调查对象；

（4）各小组针对各自调查对象进行现场调查，收集一手资料；

（5）各小组根据收集到的信息，绘制该调查对象的组织结构图；

（6）各小组汇报调查报告，分析该组织结构的优缺点，教师进行中期和后期指导。

项目五

连锁企业的开发系统

本项目介绍连锁企业的门店开发系统，分析连锁企业开发战略层需要考虑的要素，重点探讨连锁扩张的标准化基础；分析连锁开发战术层任务，讨论连锁企业区域市场选择、商业区位选择和门店单位选择分别需要考虑的因素。通过区域市场考察要素的分析，使学生了解国内下沉市场即农村市场的前景，鼓励学生在国家共同富裕政策引领下，投身到广阔农村商业市场的建设中去。

项目构成

单元一   连锁企业的开发战略

单元二   连锁企业的开发任务

知识目标

1.了解连锁企业标准化体系建设内容。

2.掌握连锁企业系统开发任务的构成。

能力目标

1.掌握标准化提炼能力。

2.掌握区域市场选择能力。

3.掌握商业区位选择能力。

4.掌握门店单元选择能力。

案例导入

茶颜悦色走出长沙

不同于喜茶、奈雪的茶这类全国布局的茶饮品牌，创建于2015年的茶颜悦色此前几乎只在湖南长沙开店，但在长沙却是密集型开店。仅在五一广场商业区，每隔50米就能看到一家茶颜悦色；在一些主流商业圈，甚至走10米左右就能看到一家；长沙高铁站内，至少有4家茶颜悦色同时营业，而这些门店大多生意兴隆。茶颜悦色已经成为长沙新的城市名片，网络上甚至还有许多粉丝在社交平台上发"万人血书"，恳请它走出长沙。

2020年，"深居简出"的茶颜悦色终于走出了长沙。11月10日，茶颜悦色在湖南省常德市万达广场开出了长沙市外第一家门店。据官方微博显示，开业首日想要买到一杯茶颜悦色需要排队近3个小时。12月1日，茶颜悦色在湖北武汉新天地广场开出湖南省外第一家门店，开业当日上午10点，茶颜悦色卖出了在武汉的第一杯奶茶。而据官方微博显示，与此同时队尾的排队时长预计为8小时，且当日每人限购4杯。

而关于常德和武汉这两个市场的选择，从地理位置上看，常德和武汉与长沙都非常接近。常德是湖南省地级市，省域副中心城市，距离长沙仅约172公里。而武汉距离长沙也不过2小时的高铁。这些地区文化相近、口味相似，所以茶颜悦色的市场选择也是比较稳妥的，也是有助于更好的品控和管理。

茶颜悦色能用15元的中档价位做出了30元的产品品质，用接近的原料、更低的价格，实现了性价比，其核心要诀就是聚焦。市场选择在长沙及其附近的高度聚焦，内部管理成本——物流成本、原料损耗、管理成本、宣传成本等都降到了最低，如茶颜悦色店铺都在长沙，一个督导可以看 6 家店，如果几百家店开到全国，一个督导只能看 3 个店，督导成本就是 2 倍。

【思考】请分析茶颜悦色区域性布局与喜茶全国性布局的差异。

资料来源于《茶颜悦色与喜茶同为顶流品牌，背后有什么成功逻辑？》，新零售财经，2020-11-18。

📖 课程思政

下沉市场奏响共同富裕旋律

　　早期品牌总是首选进驻一、二线市场，由于收入差距、交通不便、观念落后等原因，三线以下市场一直以来不受零售商重视。近年来，在国家乡村振兴政策的引领下，农村交通条件发生了翻天覆地的变化，高速公路、高速铁路、农村公路等基础设施保证了人口的流动、物流的通畅，使得商业下沉实现了技术上的可能，同时也支持了乡村产业的发展，带动了农村、农民收入的增长，提高了消费能力。而互联网的普及使农村市场在信息获取方面可以与一、二线市场保持同步，消费水平进一步被拉平，"消费升级"已在各地全面开启。我国三线及以下城市消费者占全国七成以上，GDP 占全国的 59%，也贡献着中国 2/3 的经济增长。从市场发展的人口、购买力、购买动机以及辅助基础设施来看，下沉市场正处于上升期。相比较于一、二、三线城市市场上激烈的竞争而言，广阔的农村市场为中国的零售业和零售企业提供了继续高速发展的空间。

　　为实现乡村振兴战略五年规划，国家将进行至少 7 万亿元投资。乡村振兴下的下沉市场将成为百万亿级别的市场，围绕 10 亿人口的生活与消费，10 亿人口的体面、舒适与梦想，既有的一切产业都值得改造、升级、重构。新零售在充满不确定性的环境里寻找确定性，而未来 30 年最大的确定性是共同富裕。乡镇作为中国商业的另一个起点，其经济潜力会不断释放，助力经济内循环，围绕乡镇、县城用户的物质生活、精神生活的零售市场将十分广阔。

　　未来会有越来越多的零售企业选择"下乡"的道路，而对于零售专业大学生来说，无论是创业还是就业，投身新农村商业建设将会是一个明智的选择。毛主席在 1955 年曾说，农村是一个广阔的天地，在那里是可以大有作为的。这句话仍然是对现阶段大学毕业生就业去向的有效指导。

单元一　连锁企业的开发战略

　　创业成功是连锁经营的第一步，如何扩张则是接下来必须解决的问题，企业开发战略是关于企业发展的谋略。连锁经营作为商业零售领域一种集团化、规模化生存和发展的经营组织形式，发展和扩张是生存的动力，可以说系统开发是连锁企业的首要职能，系统开发战略是连锁企业的首要战略。

一、连锁企业开发战略的含义

市场开发是连锁企业取得规模效益的基础，只有通过制定并实施正确的市场扩张战略，连锁企业才能生存发展，不断提升竞争力。一旦市场扩张失败，连锁企业就会元气大伤，甚至导致破产，所以连锁企业系统开发战略在连锁企业战略管理中占有重要地位。

连锁的开发战略是指连锁企业在经营过程中，分析外部宏观环境、行业环境和市场环境，根据企业特点和经营模式，针对连锁企业发展过程中的发展资金、发展方向、发展方式、发展速度、发展风险规避等问题制定的一种连锁企业战略，实质是将连锁企业的运作体制和规范体系推销出去。

二、连锁企业开发的基本条件

市场扩张是连锁企业发展的目标，是连锁经营的关键问题。扩张是对现有门店标准化模式的重新复制，但这种复制并不是简单地重复，更不是盲目地增加店铺数量，科学的发展必须建立在一定的条件基础上。

（一）可复制的标准化模式

连锁企业的门店要求形象设计的统一、进货渠道的统一、管理体制的统一、经营策略的统一和管理体制的统一，它是一种标准化模式的推广方式。如果企业尚未形成标准化的管理模式，新设立的门店无法复制总公司的经营管理，就无法享受连锁经营的规模优势。标准化模式可以是具有鲜明独特风格的样板店，也可以是关于整个连锁经营体系的经营思想、经营方针、商品政策和业务操作规范等内容的经营管理制度。标准化模式的设计制作并不是一个短期行为，而是连锁企业自身不断积累，是适应企业和市场长远发展的行为。

（二）一定的资金实力

无论是从经营规模上看还是从资金投入上看，开创连锁经营总是比办单一企业难度要大得多。每一个新门店的开发，都需要投入大量资金，这就要求连锁总部或加盟店有雄厚的资金、丰富的商品作为开设新门店的保障。如果连锁总部或加盟店的实力不足，盲目追求开店数量，不仅不能获得成功，而且可能因资金链断裂使连锁企业陷入更加困难的境地。

（三）广阔的市场潜力

市场潜力主要包括两个方面：一是市场消费潜力，市场上消费者的需求潜力越大，连锁企业的扩张速度就越快；二是市场空间的开拓，成功的连锁企业必然经过由小到大市场空间的拓展，严格地说，连锁经营的成功并不全是数量多，更重要的是市场空间的开拓。因此，连锁企业的扩展应以市场潜力为基础，注重市场空间的开拓和消费潜力的挖掘，不断扩大市场范围，提高市场占有率，以取得连锁企业的规模效益。

（四）强大的总部管理能力

连锁企业门店的发展很大程度上取决于总部运筹帷幄，决胜千里的能力。总部的职能是采取科学规范的方法和手段为各门店与加盟者提供强有力的支持及有效的管理，以保证整个连锁体系正常有序地运行。特别是在市场扩张中，连锁总部担负着市场扩张战略的制定和实施，是连锁扩张的决策者、指挥者和管理者，其管理能力和素质高低直接关系到连锁扩张的成败。为此，必须大力提升连锁总部的管理水平和控制能力，以促进连锁经营的发展。

（五）良好的企业形象

连锁企业只有树立了良好的企业形象，才能获得消费者的认同，连锁企业的市场扩张战略才能得以贯彻执行。特别是品牌知名度对连锁扩张更为重要，有了品牌知名度才能在消费者心目中树立良好的企业形象，获得消费者的信赖，拥有大批品牌忠诚者，产生可观的经济效益和社会效益。因此，连锁企业应积极实施品牌战略，大力开发低成本、高效益的自有品牌，提升企业形象，为连锁企业的市场扩张创造条件。

三、连锁企业开发战略的内容

连锁企业发展和扩张是它生存的动力，只有通过正确的扩张策略，连锁店才有可能成长和不断增加竞争力。一旦扩张失败，连锁店就会大伤元气，甚至走向解体。连锁经营战略体系的很多方面都体现了发展战略，实践中，不同的连锁经营企业选择的发展方式、发展道路会根据自身所处的不同内外环境而有所不同。连锁企业开发战略一般包含以下几部分内容。

（一）开发基础

连锁企业系统开发最基础性的工作，也是连锁企业高层进行扩张时首先需要考虑的因素是提炼可复制的标准化模式。连锁企业扩张很像电脑上的复制粘贴，能够非常准确、高效、成功地开设门店，但前提是可供复制的标准化模式已经存在。

教学视频：开发基础

连锁企业标准化模式可以是对一个正在营运商店的各方面经验总结，也可以是一个理论上的蓝图设计，用图纸、文字的形式固定下来。连锁企业门店开发是一个从 0 到 1，从 1 到 N 的过程：从 0 到 1 是把单店做成强店，是进行标准化提炼，从 1 到 N 是积累强店经验，然后进行标准化扩张，标准化提炼完成之后，扩张就是水到渠成的事情。

成功的连锁企业做大做强的最大原因莫过于化繁为简的流程，流程化管理即为门店管理的方方面面制定相应的流程模板，并通过标准化手册、制度、培训以及考核等手段，确保流程得到标准化执行的过程。

一个连锁企业的标准化体系包括：主营特色的商品，面向独特的定位，打造美誉的品牌，拥有独有的技术，采用标准的管理，形成成熟的体系。连锁企业标准化模式提炼扩张图如图 5.1 所示。

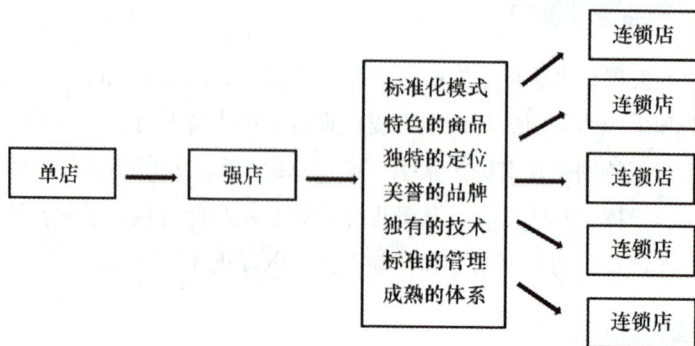

图 5.1　连锁企业标准化模式提炼扩张图

案例讨论

生鲜传奇，颠覆传统

诞生于 2015 年 6 月的生鲜传奇是安徽乐城的一家社区生鲜小业态专业店，第一家门店 300 平方米，日均销售额约 4 万~6 万元的高坪效让消费者和业内同行新奇不已。截至 2020 年底，生鲜传奇在合肥社区开设门店 170 家，并计划在未来的 3 年时间内，在合肥市布局门店超 500 家，服务合肥所有社区消费者。同时，生鲜传奇已获超 5 亿元的融资，融资方包括红杉资本中国、弘章资本、IDG 资本、嘉实资本等国内外一线资本。资本的加持为生鲜传奇的规模扩张注入了强劲的动力，而趋利的资本之所以青睐生鲜传奇是看到了其标准化能力，进而能够实现规模效益。生鲜传奇标准化体系建设具有以下"五定"特色。

一、定位

生鲜传奇定位"我的卖场，你家厨房"，服务中产阶层家庭，满足消费者一日三餐吃好、吃饱的基本要求，保障消费者的食品安全和品质。具体的目标客户为 25~65 岁家庭人群，家庭年收入在 8 万元以上，而家庭餐饮及相关支出在 2 万元以上。定位决定了商品结构以中端食品为主，配以部分进口商品，突出品质和性价比，不涉及低端和奢侈品，卖场装修方面力求简约，打造田园风格，符合定位人群的审美和购物习惯。

二、定品

生鲜传奇合理安排品类的宽度和深度，尽可能减少属性重复的商品，确定只做与小区居民一日三餐有关的东西，聚焦在蔬果、肉禽、水产、豆制品、干副、冷餐、奶制品、烟酒茶、饮料、零食及厨用百货，无关的东西一律不卖，只做高周转商品也是生鲜传奇品类管理的原则，门店没有权利去选择商品。同时，预测消费者的消费需求，合理搭配商品组合，让消费者既能买到常规商品，也能满足差异化。

三、定数

生鲜传奇通过调研发现，大多数消费者日常选择商品不超过 150 种，全年不超过 500

种，围绕厨房特性展开选品，确定商品品种数，计划SKU为1800种以内，生鲜300种以内，整体控制在2000种左右。通过缩减SKU做大单品采购量，降低采购价格。例如，有4个货位陈列牙签，可以设计2款盒装（木质、竹制）、1款袋装（木质）、1款牙线。但生鲜传奇缩减为2个货位陈列牙签，保留1款盒装（竹制）和1款牙线。

四、定价

生鲜传奇所有门店销售的商品由总公司统一定价，但门店有权利根据具体情况进行临时折扣处理。通过减少品类，做大单品类采购量，生鲜传奇具有强大的议价能力，定价原则为市场最低价，敢于与各大卖场和菜市场比价，保证每周与竞争门店进行一次同品类商品的比价，并在门店价格公示，承诺价高退差，未来还将与网商竞价。

五、定架

门店的每一节货架都进行编号，所有门店编号保持一致，每一个编号的货架在各个门店的位置、样式、尺寸、层数、陈列道具以及陈列的商品、数量、位置都一样。这样做使商品管控更加精准，便于统计和比较，库存、陈列、断货管理一目了然，工程复制标准化，降低成本，促销活动也能保持一致性。

【思考】请分析生鲜传奇门店扩张的内动力。

资料来源于《生鲜传奇，颠覆传统，只做减法》，红商网，2015-11-06。

（二）开发资本

"兵马未动，粮草先行。"连锁店要实现扩张发展，必须拥有一定的经济实力。直营连锁店要扩张，首要解决的就是扩张的资本来源。首先，直营连锁店可以用自有资金，依靠自身积累和企业积累发展，但完全依赖自有资金难免受限，扩张的速度无法提高。其次，可通过举借外债的形式，发行企业债券，或者向银行或其他金融机构贷款获得资金支持。再次，可通过企业在资本市场上市，发行股票扩大资本获得资金来源。最后，急剧增长的风险投资资金为连锁行业带来资本机会，近几年连锁经营行业的良好势头引起了风险投资的兴趣，伴随着全球金融危机的大背景，大批风投资本强势进驻快速消费品领域。

📖 案例讨论

力争水果零售第一股

2002年从深圳起步到成为全球最大水果连锁品牌，百果园用了不到15年时间，历经8次融资，更有消息称将在创业板上市，有望成为"水果零售第一股"，在普遍资本寒冬论下体现了真正有实力的企业无畏寒冬。借助资本提供的充足"弹药"，百果园近年来快速扩张，不仅门店数量大增，而且先后收购多家水果连锁品牌，截至2020年底，百果园门店数已经突破4600家。

百果园近年发展迅速，布局线上电商，启动卖菜业务，通过加盟模式铺店，对资金的渴求越来越多。其高端连锁零售模式也颇受资本青睐，公司于2015年完成4亿元A轮融资，这是截至当时中国水果连锁零售行业最大的一笔投资，2018年再次完成约15亿元人民币的B轮融资，低小散乱的水果零售业在资本的催化下开始资源整合，融资主要用于快速扩张、供应链建设与优化、信息技术应用等。百果园经过多次融资，包括战略融资和股权融资，投资方有20家，其中有天图资本、广发信德、前海互兴、中信农业产业基金、中植资本、中金前海发展基金、阿特列斯资本、招商局资本等机构。

从百果园的发展历程来看，其早期发展并不顺利，从2002年首家门店深圳福华店正式开门营业，到2012年公司成立10周年，百果园开店300家足足用了10年时间。A轮融资后的百果园进入快速发展轨道，在B轮融资后，门店突破3000家，在两轮融资的加持下，百果园门店数量4年间足足增长了3倍。

【问题】请分析百果园对资本的吸引力来自哪里？

资料来源于《从亏损7年到年销100亿元，百果园是如何做到的？》，迈宝斯科技，

2020-06-23。

（三）开发方式

第一种方式是直营扩张方式。通过不断利用自身资本和经营资源开出分店，以企业对每一家分店拥有完全所有权为特点来扩大规模。在直营式战略扩张方式下，连锁总部对新门店拥有绝对的资金、人事、销售等方面的控制权。

第二种方式是兼并方式。连锁企业通过付出一定的货币资本来获得另一企业的资产和经营控制权，从根本上"剥夺"被兼并企业的法人资格，进而达到扩大连锁规模的目的。兼并方式使连锁企业的扩张突破一家一家门店发展的限制，将被兼并企业旗下几十家、几百家甚至更多的门店收编，有效实现连锁企业扩张的提速。

第三种方式是特许加盟的方式。通过将企业现有的商标、商号、专利、专有技术、经营诀窍等经营资源授权加盟者使用，并利用加盟者的资金来进行扩张。特许经营是连锁企业拓展业务、销售商品和服务的一种双赢的商业模式，它使连锁总部能够最充分地组合、利用自身优势并最大限度地吸纳广泛的社会资源。

（四）开发业态

一般而言，创业业态就是其扩张业态。如果创业业态市场已经饱和，成长无潜力，则可考虑向其他业态扩张。如果连锁企业的业态处于新兴阶段，则投资回报率、销售增长率及市场占有率会较高，而且处于迅速提升中。当企业的业态处于加速发展阶段，其在市场竞争中已获得稳定的优势，市场占有率和收益率达到巅峰状态，则开始出现模仿者，企业应利用自己的先发优势进行区域扩张。当企业业态处于成熟阶段，该业态已无成长潜力，连锁经营企业必须通过不断的创新来扭转已经开始呈现下滑的趋势，为避免被市场淘汰，可以考虑向其他业态扩张。当企业业态处于衰退阶段时，其市场范围已明显萎缩，则必须转为新业态经营。连锁企业在进入新的业态市场时，一定要对业态的生命周期进行评估。

实力雄厚的连锁企业在创业业态已实现成功，也可考虑向其他业态扩张，达到企业多业态发展的目的。目前，很多大型连锁企业就是多业态连锁，如一家大型零售企业包括百货商店连锁、超级市场连锁、便利店连锁等。实施多业态连锁可使连锁企业充分利用品牌优势和市场形象，使不同业态优势互补，扩大规模，降低风险，提高经营效益。

（五）开发密度

所谓连锁企业的开发密度是指连锁企业在同一空间范围内开发的门店数量。连锁店的扩张密度要合适：如果同一地区开出的连锁店过多，内部分店之间会出现互相竞争、自相残杀的局面，其市场扩张的整体经济效果将会大受影响；如果同一地区开出的连锁店过少，而市场需求未能得到满足，分布过疏的网点留下的市场空缺会给竞争对手留下可乘之机。因此一般而言，最适宜的密度是两家分店之间的距离保持在边缘商业圈相交到次级商业圈相切的水平上为佳。如果边缘商业圈相距过远，则对手进入的机会太大；如果分店之间使次级商业圈相交，则两家分店会彼此争夺业务。

（六）开发速度

所谓连锁企业的开发速度是指连锁企业在一定的时间内开发的门店数量。连锁的开发速度要合适，即使创业店相当成功，连锁店的扩张速度也不宜过快。扩张过快，直营连锁体系会出现资金供应紧张、债务负担过重、管理难度加大等问题，而特许连锁体系虽然解决了资金问题，但一味追求扩张速度，也会造成后续服务、管理水平无法跟上，使新开店的质量下降，影响连锁总公司的声誉和加盟者的利益。连锁企业的规模效益一般在超过 15 家以后才会逐步显现，如果扩张过慢，连锁企业的规模效益将不明显，经营成本居高不下，获得规模效益的时间就晚，甚至企业在达到规模水平之前就有可能破产倒闭。另外，扩张过慢也意味着进攻和扩展市场的速度较慢，有可能被竞争者抢先占领开店的黄金地点。因此，连锁店扩张的步子太大不行，太小也不行。一般而言，连锁店从创业到达到规模经营宜在 2~3 年内实现。

（七）开发路径

在扩张区域方面，连锁企业扩张要考虑区域的市场情况与竞争水平，也要考虑连锁总部和门店的分布与其扩张的区域联系是否紧密。在扩张区域上通常采用渗透式扩张或跳跃式扩张 2 种策略。

教学视频：开发路径

渗透式扩张策略又叫区域集中布局策略，是指连锁企业集中资源于某一特定地区内开店。其优势在于：门店分布集中，便于总部管理，节省管理成本；密集式分布使门店本身具有广告作用，节省宣传费用，提高知名度；区域内配送中心能最大效率发挥作用，降低设置成本；利用规模效益，保持在区域内的竞争优势。

跳跃式扩张策略是指在一段较短时间内不考虑门店之间的空间距离，在多个主要大城市或值得进入的地区开店。其优势在于：选择潜力较大的一线城市先发制人，单店收益率高，迅速占领市场。

📖 **案例讨论**

沃尔玛、家乐福在中国的扩张策略比较

　　沃尔玛在中国市场追求长期发展战略，采取"先生存、后发展、再赢利"的思路。1996年，沃尔玛首先登陆东部发达地区深圳，然后再向纵深方向不断推进。1996年到1999年，受中国政策影响与制约，沃尔玛在中国扩张的城市空间分布与数量受到很大限制，扩张的速度极为缓慢，4年中仅仅开业6家分店而且主要集中在总部深圳；1999年，中国商业领域对外开放范围扩大到所有省会城市和计划单列市，同时允许外商经营自进商品的批发业务，沃尔玛的扩张速度开始大大加快，空间分布也开始以深圳为中心向周边城市和省份辐射；2005年后，沃尔玛才开始在全国的扩张。

　　家乐福是从1995年在北京开设第一家分店——北京创益佳店开始进入中国市场的。与沃尔玛不同，家乐福采取了"曲线进入、多点布点、快速扩张"的发展战略。1998年到2001年，家乐福迅速在中国的大城市铺开摊子，在15个城市开设了27家店铺。2001年后，家乐福加速扩张，迅速完成在中国的沿海城市和经济中心城市的战略布局。

　　【思考】沃尔玛、家乐福的扩张分别属于哪种模式，分别取得了怎样的成效？

　　资料来源于杨宜苗：《沃尔玛、家乐福在华扩张策略比较及其启示》,《现代管理科学》2007年第6期。

单元二　连锁企业的开发任务

　　连锁经营是一种商业经营模式，也是一种企业管理方式，也可以说是一种企业组织形式，追求新门店开发是连锁企业发展的内在要求。虽然门店数量多并不一定代表连锁企业的成功，但门店数量少则必然无法实现规模效益。连锁企业的成功很大程度上得益于组织形式的网络化，但是这张大网的建立，不仅仅是增加销售点数量那么简单。门店空间布局犹如下围棋，应有长远发展的眼光，先要有通盘布局的思路，必须招招皆慎，方能落子，才能做到落子无悔，以免一步走错，满盘皆输。

　　连锁企业门店开发是一项系统性的工作，并非门店数量越多越好，门店开发的具体工作是在总公司开发战略的指导下，由系统开发部门完成新门店拓展的任务。作为一项长期性的投资，连锁门店不像其他人、财、物资源那样可以随着外部环境的变化不断调整。一般来说，连锁企业门店布局方案一经确定，便要投入大量资金，这直接关系到连锁企业的资金链、盈利率等重要指标。很多连锁企业经营失败除了规模不够无法获得规模效益、经营管理水平欠佳等因素外，市场选择、门店开发、商圈选址的不科学、不规范往往也是不容忽视的原因。

　　连锁门店开发要充分考虑企业发展方向和长远利益，以及周边地区的人口数量与结构、居民消费水平、发展趋势、现有商业网点布局、交通状况等因素，总之，要进行统筹规划。连锁企业根据门店开发流程的思路，可以将普遍意义上的选址流程大体上划分为 3 个层次：对区域市场的选择、对商业区位的选择和对门店单元的选择。

门店开发流程的第一层次就是对区域市场的选择判定，也就是对是否进入一个新的地域市场进行趋向性评估。该层次通常在新市场的开拓中作为选址的基础分析工作而存在；第二层次是商业区位的选择，该层次是在一定的地理范围内，对适合于店铺开设的商业环境进行分析和判定，从而找出该地理区域内最适合店铺生存的商业地段；第三层次是对门店单元的选择，也就是在适合店铺生存的商业地理范围中最终确定一个理想的店址，从而完成整个开发流程。门店开发流程层次图如图 5.2 所示。

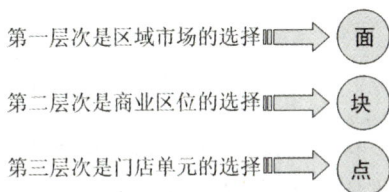

第一层次是区域市场的选择 ⟹ 面

第二层次是商业区位的选择 ⟹ 块

第三层次是门店单元的选择 ⟹ 点

图 5.2　门店开发流程层次图

上述开发的 3 个层次是一个由"面"到"块"到"点"逐渐缩小的过程，即由"区域市场—面"到"商业区位—块"最后到"门店单元—点"逐步深入的选择过程。由于店铺存在形态的多样性和选址目的的不同，上述 3 个层次在实际工作中不一定全部存在，也不一定需要全部按照顺序依次完成。如对于非跨地区连锁的门店选址来讲，就不存在区域市场选择的问题，因此也就不需要对开发的第一层次进行分析，而只需借鉴门店已取得的经营数据和市场分析资料即可；同样，对多商圈同步铺开的连锁企业如便利店而言，可以直接跳开商业区位选择，直接进入第三层次门店单元的选择。尽管如此，门店开发流程的这 3 个基本层次仍然隐含了对人流量、进店率和平均交易比率的考虑，也同样隐含了将消费者特性作为起点逐步向门店运作项目考量的思路。

一、区域市场的选择

（一）区域市场的概念

区域市场源于市场的概念，按照经典市场营销学的解释，市场是由具有购买力和购买欲望的人口组成的。

教学视频：区域市场选择

人口是指一个地理范围内人口数量的多少，它是构成市场的基本要素。人口越多，现实和潜在的消费需求就越大。

购买力是指人们支付货币购买商品和劳务的能力。购买力越强，企业面临的市场机会也就越高，现实和潜在的利润也就越大。

购买动机是指消费者产生购买行为的愿望和要求。它是消费者将潜在的购买力变为现实购买行为的重要条件。购买动机越强，对企业的吸引力也就越大。

对于一个企业来说，面临新市场开拓的时候必然需要同时考虑到市场现状和发展潜力两个

方面的问题，构成市场的三个因素都要求达到一定的规模和层次，并在交集处达到企业的要求。具有一定的人口规模和购买力但没有购买动机的市场对于企业来讲存在的问题是，由于缺乏消费欲望，企业进入就不能很快地获取利润或者需要耗费极大的成本来做市场的启动工作；对于购买力和购买动机较强但缺少足够人口的市场而言，企业面临的又将是一个规模容量狭小、难以支撑企业长远发展的局面；而对于有购买动机和人口规模但没有足够购买力的市场，企业改变现状的难度更大，必须选择合适的行业进入。总之，在企业进行市场拓展，尤其是进入一个新的地域市场时，最佳的选择就是进入一个既有一定人口规模又有足够的购买力和购买动机的市场。

知识链接

国内区域市场分级

我国地域广大，各地经济、社会发展不平衡，因此每个地区在构成市场的 3 个因素方面发展也是不平衡的。如果按照现有的行政区划范围进行比较，上海市的总人口就要比武汉市多出近一倍；在购买力方面，上海市的人均可支配收入就要比西部的贵州省高出十几倍。总之，经济和社会发展的不平衡造成了人口规模、购买力和购买动机上的差异，也就形成了市场发育的不平衡。由于构成市场的 3 个要素——人口、购买力和购买动机都与一个区域的经济、社会发展等因素高度相关，因此可以按照地理区域将市场进行细分。由此就形成了区域市场的概念，即按照不同的地理范围将整体市场分割成单独的片区以评估每个片区的市场发育程度，为企业拓展选点工作做出详尽的分析。

【思考】请分析所在城市的市场三因素。

资料来源于作者根据相关资料整理而成。

案例讨论

赢在起跑线

一般来说，第一个吃螃蟹的人在市场竞争中总会占得先机，放在肯德基身上，这句话也得到了应验。肯德基于 1987 年进入中国，比麦当劳早了 3 年，可实际上首先对中国市场感兴趣的反而是麦当劳。当时麦当劳派人来中国考察市场，经过一番调查之后，得出结论：中国是一个饮食口味极端顽固的国家，比如说这个国家的人吃早餐，北京人要喝豆浆、喝豆汁、吃豆腐脑、吃油条，上海人早上习惯吃泡饭，广东人要喝早茶，各地方口味都不一样，人们绝对不会吃汉堡包。于是，麦当劳的中国计划搁浅了。而就在这之后不久，肯德基也派了一个首席代表来中国考察市场，这位代表考察了 1 年多，得出的结论与麦当劳截然相反：中国有全世界最大的快餐市场，肯德基在这儿比美国及其他地区的快餐店都更有优势。于是很快，1987 年 11 月 12 日，在北京的前门大街，肯德基在中国的第一家店开张了。开张之后人满为患，而后又出现了很戏剧性的场景，每到周日，肯德基的三楼总会举办婚礼，因为当时的年轻人觉得西餐就是洋气，就是体面，可以想象肯德基在当时可以火爆到什么程度。仅仅10个月，这家肯德基就收回了成本，自此之后肯德基一路狂奔，坐上了中国西式快餐的头把交椅。

【思考】请分析肯德基和麦当劳对中国市场分析的差异。

资料来源于作者根据相关资料整理而成。

（二）区域市场的分类

国内市场等级划分如图5.3所示。

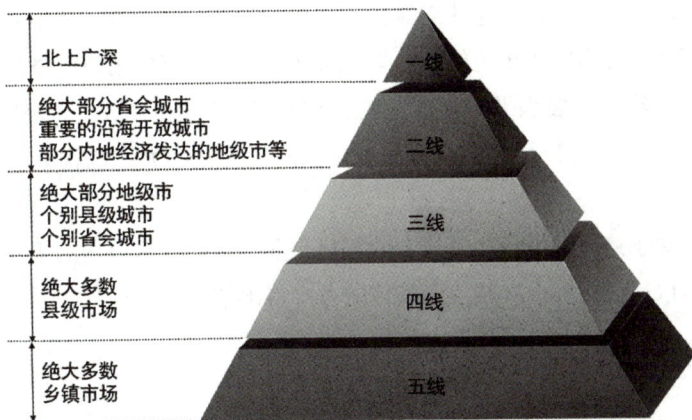

图5.3　国内市场等级划分图

一线市场：北京、上海、广州、深圳四座城市依然被公认为国内绝对的一线城市。

二线市场：绝大部分省会城市、重要的沿海开放城市及部分内地经济发达的地级市等。

三线市场：包括绝大部分地级市、个别县级城市和个别省会城市。

四线市场：绝大多数县级市场。三线市场以下就是通常所说的广阔的农村市场。

五线市场：县级以下的乡镇市场，还可以有六线的村级市场。

一线、二线市场对大多数企业来说具有极为重要的战略意义，它们有以下几个突出特点。

（1）居民消费能力强劲。据不完全统计，天津、上海、北京、广州、武汉、深圳等城市的社会消费品零售总额占了全国的1/5。

（2）一线、二线城市大多为地区的商业中心，具有优越的地理位置和发达的交通运输网络，具备高度发达的商品生产线、相当规模的人口数量和人口密度、有利的社会历史发展条件，经济辐射能力强大。如我国传统的三个一线城市——北京、上海和广州实际上分别是环渤海、长三角和珠三角经济圈的中心城市，具有悠久的商业文化和商业发展历程。

（3）一线、二线市场占据了消费发展的前沿，表现在居民消费升级最早、消费观念转型最快、消费群体分层最为明显、零售商的市场机会较多等方面。居民消费升级、消费观念的转型和消费群体的分层是与一线市场经济的发达程度密不可分的。经济的发达有力地促进了消费发展，从国外进入中国市场的著名品牌无一不是以一线市场城市为首要突破口，然后再向周边拓展的。

　　与一线、二线市场相对应，其他等级市场表现出以下几点特征。

　　（1）消费观念转型较迟，基本上还处在强调商品的实际使用价值和物质利益方面，对商品的附加价值和精神享受还不太注重。

　　（2）消费时间进度上有一定滞后性。这一点在很多商品的普及时间上表现得尤为突出，如在沿海中心城市已经过了流行高峰期的服饰可能在内地才刚刚开始被消费者所接受。实际上，跨地区销售的零售企业的大部分商品销售推进轨迹也是沿着一线市场向二线、三线市场再向其他等级市场推进的。近年随着互联网的普及，信息的滞后性逐渐在消失。

　　（3）消费能力相对更加分散，零售商控制市场能力相对较低，需要借助传统的营销渠道。消费能力分散、市场控制能力低就意味着零售商不可能像在一线市场上凭借几个销售网点就能占据市场份额，而是需要借助于传统的商品集散机构或当地已有的销售网络拓展。

　　（4）商业环境与经济发展水平是相对应的，越是经济发达的地区，商业竞争越公开，商业信息的披露越充分。反之，相应的地方保护主义的影响就越大，也就更不利于门店的生存和发展。

　　通常情况下，对于跨地区进行连锁经营的零售企业，区分区域市场的级别可以依据行业经验加以判定，也可以通过对各个区域市场整体的考察得出结论。

（三）影响区域市场选择的因素

1.人口因素

　　收集区域市场内人口的基本规模数据，包括人口总量、家庭户数、自然增长率（出生率减去死亡率）、人口的分布密度等，同时对人口结构按性别、年龄、行业、教育程度、就业程度等进行分类整理，以便深入分析；还要通过了解家庭户数的变动情况、家庭人口数、成员状况、人员变化趋势，进而可从家庭成员构成比率洞悉都市化发展与生活形态的关系；除了收集人口集聚现状，还应对未来进行预测，把握人口发展变化的趋势。

　　知识链接

老龄化对零售业的影响

　　以国际通用的老龄化标准来衡量，如果一个国家或地区60岁以上的老年人口占到了该国家和地区人口总数的10%，或者是65岁以上的老年人口占到了该国家和地区人口总数的7%，就意味着这个国家和地区的人口整体处在老龄化的阶段。我国在2000年进行第五次人口普查时，已经同时满足了以上2个标准，意味着我国已经进入老龄化社会，而据预测到2035年，中国60岁以上老龄化人群会攀升到人口总数的30%。老龄化对零售业会产生重大影响，较早出现老龄化问题的日本有研究表明，60岁以上人口比例每增加一个百分点，食品销售额就会降低1.5%。2001年到2010年这10年间，日本百货业增长率下降了36.5%，超市大幅度萎缩28.2%。同期，便利店却发展很快，因为它们非常贴近社区，腿脚不灵便以宅家为主的老人可以方便地购买食品、日用品等生活基本品。

未来中国零售业最大的挑战，不仅来自网络销售对实体店的影响，而且有一个非常严峻的问题，就是未来10年、15年之后，当中国面临更加严重老龄化的时候，中国市场会是什么状况。所以，不仅要高度关注年轻消费者和新购物方式、网络购物对实体零售店的挑战，更要关注老龄化对零售业带来的影响。

【思考】请分析老龄化对零售业和零售企业带来的机会和挑战。

资料来源于舒曼、陈立平：《人口老龄化下中国零售业变化》，龙商网，2015-07-21。

2. 购买力因素

购买力也叫购买能力或购买实力，在一些经济报道或资料上也被直接称为消费水平。在区域市场的评估中，购买力是用来衡量该区域市场上居民整体消费能力倾向的指标，即当统计分析的结果表明该区域市场居民整体购买能力强时，就表明该市场上居民普遍有能力多消费；反之，则表明居民消费能力弱，无能力进行多消费。

在对购买力因素进行评估的时候，同样要从量的层面、质的层面和趋势发展变动这3个方面同时进行分析，具体的指标有居民消费价格指数、社会消费品零售总额、城镇居民家庭人均可支配收入、城镇居民家庭总支出、恩格尔系数等。

通过了解收入水平，可以掌握消费的可能性，进而利用人口结构数据和家庭构成数据，得知每个人或每个家庭的收入水平；通过分析地区内消费水平，可以了解每个人、每个家庭的消费状况，根据商品品类对消费内容进行细分，以此获知各类商品的消费支出额，也可知区域内消费购买力的状况。

📖 案例讨论

便利店VS夫妻店：谁主下沉市场？

随着一线、二线市场竞争加剧，24小时不打烊的连锁便利店也不再只青睐北上广了，以罗森、7-11等为代表的众多便利店大品牌正迈开步伐挺进三线及以下市场。

"想不到我大保定也有罗森便利店了！"前不久从北京回到河北保定老家的张某兴奋地说。在一线城市待久了，张某已经习惯了在加完班的深夜来到公司楼下的罗森便利店，买上一份关东煮犒劳一下自己。大城市角落里24小时不打烊的便利店，成了不少像张某这样的年轻人独处异乡的无声陪伴，以至于很多年轻人在假期回到老家，遍寻老家所有的小超市和零售商店，都没有找到熟悉的感觉。

但现在，连锁便利店正集体下沉，罗森便利店在河北保定、廊坊、沧州等地，以及安徽芜湖、江苏南通等多个地级城市开出了门店；7-11也在山东德州等地开店；便利蜂等本土便利店也开始入驻下沉市场，开辟新战场。罗森中国副总裁张晟曾表示：疫情期间，罗森华东地区门店业绩实现30%的环比增长，其中三、四线城市的增长幅度远远高于一线、二线城市。以苏州下辖县级市张家港为例，罗森社区便利店的销售同比增长近80%，而上海门店同比增长幅度仅为 10%~20% 左右。

连锁便利店品牌选择下沉是由多种因素带来的。在一、二线市场，随着房租、人力成本不断高涨，它们的经营业绩也逐渐接近瓶颈；另外，国内中小城市人群消费能力和消费意识提升，家庭结构发生变化，单身族们在便利店的消费意愿更强。下沉之后，一部分便利店收获了还算不错的消费者反馈，但面对大牌连锁便利店较高的定价，在最初的新鲜感过后，消费者的消费热情还能持续多久？

在一线城市，很多人提到便利店，第一反应就是盒饭、关东煮，大多开在热门商圈以及写字楼里，主要面向周边年轻白领，售卖鲜食、饮料、零食以及其他生活用品。零食类商品的毛利率大约 30%，而某些鲜食类的毛利率能达到 70%。但是开进县城之后，便利店会发现高毛利的鲜食很难卖出去。这并不难理解，北京的白领去便利店买份盒饭当午餐，但对于很多下沉市场年轻人来说，回家吃顿饭是很方便的事。

除了"水土不服"的问题，便利店下沉还要与当地的传统夫妻店短兵相接。在县城里，无处不在的夫妻店基本上充当了当地小型百货商店的角色。这类店里销售更多的是当地特色商品，甚至蔬菜、粮油等，无论在选品、服务方式、获客方法上都已经适应了当地人的生活消费习惯，但连锁品牌是有统一标准的，"罗森们"又如何因地制宜地做本土化呢？

【思考】连锁便利店应该如何调整经营策略以适应下沉市场？

资料来源于陈畅：《便利店下沉，罗森们干得过夫妻店吗？》，《销售与市场》2022 年第 8 期。

3. 购买动机因素

购买动机也叫消费欲望，是指消费者愿意购买消费性商品和服务的意愿及倾向。通常对于购买动机可以从以下 2 个层面上去理解。

第一层是市场表现出来的消费者愿意进行消费的心理强度。即一个区域市场上的所有消费者愿意将自己的可支配收入用于实际消费的最大限度。假设市场上的消费者更多的是将自己的可支配收入用于购买各种消费品而不是用于储蓄，就可以认为该市场上消费者表现出来的整体消费欲望较强；反之，则较弱。

第二层是消费者出于对某种特定商品或服务的喜好而愿意尝试购买的心理，这种层面上的消费欲望显然是有针对性的。

区域市场选择所需的数据很多都可以从各种公开出版或公布的统计公报和年鉴上查到，但应当注意数据的阶段性。在具体应用考察的时候应该把数据放到一个较长的时间中去进行历年数值波动的比较，去观察长期变化趋势。同时，在各个区域市场进行横向比较的时候，除了比较平均消费倾向的数值和变动趋势外，还要了解影响平均消费倾向波动的原因。

案例讨论

小镇青年的购物车

以"小镇青年"强势崛起为标志的下沉市场的不断拓展，正在为中国经济注入强大的消费动力，"小镇青年"的购物车既拉动了"基本盘"，更"装"着中国经济稳中有进的大气象。

"小镇青年"是谁？《2018中国小镇青年发展现状白皮书》中这样定义：小镇青年是指出身于三线、四线及以下的县城、乡镇，接受过大学以上教育，在老家生活工作，年龄大致在18至35岁的青年。拼多多的异军突起从一个侧面证明了三线、四线市场已经爆发，并具有强大的消费能力，"小镇青年"由此引发了市场的持续关注。

与一线、二线市场年轻人相比，小镇青年收入可能略低，但他们在家乡生活，有房有车无贷款，可支配收入更加充裕；生活节奏可以更慢，不需要经常加班，下班之后的时间可以有更多休闲的家庭、朋友聚会等消费安排；借助互联网，他们可以与一线、二线市场同步获取资讯信息，而且会注重更高频、更强关系的熟人小圈子互动。

"小镇青年"这个来自三线、四线城市以及县城和农村的庞大群体，正日益成长为新的消费生力军。"小镇青年"的购物车承载着年轻人对美好生活的向往，折射出消费升级的时代趋势。"小镇青年"的崛起，也反映了我国消费结构正在发生深刻变化。以三线、四线城市以及县城、乡镇为代表的新兴市场不断壮大，形成了新的消费增长点。

【思考】请分析小镇青年的购物动机。

资料来源于肖明超：《觉醒的下沉市场：品牌增行新引擎》，《销售与市场》2021年第8期。

二、商业区位的选择

（一）商业区位的概念

商业区位选择是对选定的区域市场进行综合考察，找出其中蕴含的商业机会并分析潜在的商业风险，找到最适合门店生存和发展的商业环境，从而为店址的最终确定提供基础性的分析资料。商业区位选择处于一个由完全的宏观层面考察向较为微观的市场局部考察的过渡阶段，因此同时具有宏观和微观评估的特点。

教学视频：商业
区位选择择

商业区位首先是一个地理上的概念，其地理范围不会超出区域市场的地理范围，因此表现为区域市场"面"中的一个"块"。受门店所属行业差异和门店具体形态的影响，适合门店生存和发展的地理片区有很多。比如，同样是便利店，既可以在居民小区中开设也可以在商业区中开设；同样的服装店既可以在商业街开设，也可以在百货公司甚至在机场中开设。这些能够开设门店的地理片区都统称为商业区位，对商业区位的选择实际上就是对适合门店开设的各种片区环境进行评估，从中挑选出最有利于门店生存和发展的地理范围。

（二）商业区位的分类

商业区位大致可以分为商业区、单体商业网点和特定消费片区3个大类。

1.商业区

商业区通常指的是位于城市中具有购物、娱乐、休闲、金融、商贸等多种功能的综合城市片区。商业区由于具有多种功能，集结多种店铺，因此能有效地汇聚人流，是门店开发的重点考察对象。按照不同的分类标准，商业区又可以进一步细分。

（1）按照功能聚集程度可以分为市级商业区、区级商业区和社区商业区。市级商业区处于城市商业区体系核心地位，通常具有较为久远的历史，一般由几条相互交叉的街道构成，位于城市主要交通枢纽地带，周边车流量巨大、交通便利。市级商业区内高度聚集多种零售业态、金融网点以及休闲娱乐设施，具有辐射整个城市范围以及吸引外来人口的能力。市级商业区人流量巨大，常住人口和流动人口的叠加造成市级商业区中心地带人流高度拥挤，而且市级商业区往往是一个城市的商业象征，外来人口购买率会占到50%以上。在全国都享有很高知名度的北京王府井、上海南京路、成都春熙路、重庆解放碑、武汉江汉路、广州北京路等都是当地的市级商业区。

区级商业区中的"区级"概念不同于行政区划中的"区"。它指城市中的某个相对独立的地理板块，通常其范围要小于一般的行政区划中的"区"。区级商业区在城市商业区体系中处于仅次于市级商业区的地位，同样由历史发展或经规划而形成，通常位于城市的次中心地带，紧邻交通要道和主要的城市交通节点。区级商业区由一条或数条街道构成，聚集了一定程度的多种零售业态和辅助商业网点及设施，聚集程度和各类店铺的规模、级别要低于市级商业区。因此，区级商业区对外辐射能力较市级商业区有限，多辐射于本区域或某个相对独立地理板块内的顾客及居民群体，通常区级商业区的外来购买率在50%以下。

社区商业区也叫街道商业区，它是处于城市商业区体系中最基层的商业区，通常位于交叉路口、一条街道的某个地段或深入居民区内形成小规模的商业中心。社区商业区规模小，聚集的零售业态有限且多为满足周边居民日常生活需要的商店。通常情况下，社区商业区没有完善的金融网点和休闲娱乐设施等辅助功能的聚集，外来购买率不足10%。部分位于城市居民区或依附于城市主要交通节点的社区商业区，在一定条件下经规划后可向区级商业区转化。

市级商业区、区级商业区和社区商业区共同构成了城市商业网络。市级商业区的数量最少，通常一线城市中最多有5~6个。社区商业区的数量最多，广泛分布在城市中的各个角落，形成城市商业网的基本单元。区级商业区的数量则介于市级商业区和社区商业区之间，但总体上数量也有限。不同等级的商业区提供给门店的商业机会存在很大差异。通常情况下，市级商业区的商业环境最佳，商业及辅助设施最为齐全，在消费者心中的印象最好，人流量也最大，因此聚集了城市中最高档和最活跃的门店，市场竞争也最为激烈；区级商业区无论在商业环境、商业设施或人流量上都要相对次之，聚集的商品多为知名或大众品牌，因此竞争程度总体上相对于市级商业区也要弱一点；而社区商业区则一般没有完善的商业环境和设施，经营的商品和服务仅仅是满足周边居民和顾客的日常需要。

（2）按照商业区的综合程度可以分为综合商业区和专业商业区。综合商业区和专业商业区都是聚集了多种功能的商业区，所不同的是功能综合的程度不同。专业商业区是以某业种及与该业种高度关联的商品为主力，辅以少量餐饮、休闲设施形成的商业区；而综合商业区则凸显了商业区的本来意义，聚集了多种零售业态和多种服务功能，是集购物、休闲、娱乐、金融、商贸等为一体的商业区。

专业商业区具有典型的"成行成市"的特点，在区内某个业种占据着主导地位，其余大部分业种都与之高度相关，其他相关性不大的业种仅占少数；专业商业区是以其鲜明的经营特色吸引人潮的，因此它不一定非要依附于城市中的交通枢纽。消费者前往专业商业区往往带有较强的目的性，专业商业区虽然能汇集一定的人潮，但无法在购物的休闲性上深入满足消费者的需求。

综合商业区较专业商业区更为常见。就业种的分布来看，综合商业区汇集的业种远远比专业商业区广泛，其聚集的金融、贸易、娱乐、餐饮等功能也比专业商业区更成规模。因此在同等条件下，综合商业区能以比专业商业区更充分地满足消费者购物、娱乐、休闲一体化的需求来吸引人潮，这是综合商业区有别于专业商业区的一个显著特征。

（3）按照商业区形成的整体特色可以分为传统商业区和现代商业区。传统商业区是指由历史沿革形成的，处于城市古老核心地域的商业区，而现代商业区是指随着城市的开发扩建在新兴开发区域形成的商业区。传统商业区和现代商业区都是比较成熟的商业区，对门店商机同样存在着重要影响，在同等规模和等级条件下，二者在功能聚集上并无显著差异，因此对门店提供的商机需要从二者的整体特色上进行比较。

①整体的购物环境方面。传统商业区多由历史形成，没有经过彻底的规划和改造，周边建筑物的格局、形制难以起到完美烘托商品格调的作用，给消费者的整体购物休闲感较现代商业区弱；现代商业区经规划形成，在商业设施的格调和完备上能更好地烘托主题，方便商业活动的开展，更能满足购物休闲、娱乐的需要。

②交通设施方面。传统商业区受既有道路条件的限制，较难进一步拓展。现代商业区则可经规划大力改善交通条件。

③商业设施方面。传统商业区在建筑、配套设施方面比较难以满足现代门店布局的需要，而现代商业区设施先进，能满足各种门店的设计要求。

④网点铺建方面。传统商业区受物业限制或因历史文化保存等原因，会对零售商改建产生一定的影响和限制，现代商业区则相对较易解决。

⑤吸引消费者方面。传统商业区口碑好，能满足消费者购物习惯，但休闲娱乐气氛较弱；现代商业区需经过培养才能赢取一定的口碑效应，商业氛围能否形成还是未知数，休闲娱乐气氛较强。

（4）按照商业区的历史可以分为成熟商业区和规划商业区。成熟商业区是指运营多年，整体商业区的风格和定位已经明确，在消费者心中已形成鲜明形象的商业区。规划商业区是指正处于规划阶段或刚开始建设的商业区，多位于城市新的拓展点或次级中心区域，此类商业区的人流、经营风格等尚未形成规模，在消费者心中尚未建立起稳固的形象。规划商业区的特点和发展方向常见于政府有关部门公布的商业网点规划，企业可以从中获取较为全面的信息。

成熟商业区和规划商业区对门店来讲都蕴含商业机会，但通常情况下尚未成熟的规划商业区风险较大，企业应仔细衡量规划商业区的特点和有关部门的引导措施，综合做出评判。

2.单体商业网点

大型单体商业网点主要指规模较大，能引进企业品牌独立设立专柜的零售渠道。门店不是直接开设在街道上，而是依附在某大型商业网点中，顾客首先要进入这个大型商业网点，才能进入门店。有代表性的大型单体商业网点有百货公司、购物中心、大型综合超市、量贩店等。这些大型商业网点都可以直接引进品牌设立独立的销售专柜，门店品牌以供应商的身份与之签订联营合同，设立的专柜及专柜销售人员受商业网点公司和门店品牌的双重管理，专柜按照合作条件，以扣点或租金的形式与商业网点公司进行利润分成。

大型单体商业网点能够吸引大量的人流，企业在大型商业网点中设立销售专柜可以利用这些商业网点的品牌效应节省大量的宣传、推介成本，从而减少成本支出并降低风险。但是与大型单体商业网点的合作也有需要企业仔细权衡的地方。在大型商业网点中设立专柜就意味着对专柜的管理不再完全由本企业所控制，大型商业网点公司根据合同的规定可以参与到诸如商品或服务定价、促销、配货、销售人员管理和店面装修、装潢等诸多方面，专柜获得的利润也不再是企业所独享而必须按照合同的规定与大型商业网点公司分享。此外，大型商业网点公司出于自身利益和整体运营的考虑会制订很多政策和计划，有时会影响到专柜和企业的利益。比如在百货公司和大卖场中备受争议的保底销售和进场费等就是被视为向供应商转嫁成本和风险的政策。总之，进入大型单体商业网点设立销售专柜是门店选址的一个非常重要的方式，但这种方式下企业不再享有对专柜（单店）的独立控制权，因此企业必须在获得的利益、付出的成本和承担的风险之间审慎评估以做出最佳选择。

3.特定消费片区

特定消费片区是指城市中某些因特定消费者群体高度聚集而使为之服务的门店具有特定功能指向的片区，如文教区、住宅区、商务区等。这些片区相对城市的其他部分具有明显的同一消费者群体聚集特征，因此在这些区域中设立的商业网点服务对象指向较为明确，目标顾客群体较易界定。如文教区聚集的大部分消费群体都是学生和教师，他们的需求具有极大的相似性。因此，在文教区中开设的同业态门店无论是在经营的业种还是经营的方式、风格上也都类似。

特定消费片区集中了成规模的同一消费群体，因此在其中经营的门店相对有更多的销售机会，但由于同业态门店之间经营方式和商品上的类似，在特定消费片区中会存在激烈的竞争。企业制胜的关键在于商品或服务的独特性，最能吸引消费者注意的商品或服务才能获取良好的销售机会。

📖 **案例讨论**

李先生牛肉面剑走偏锋的策略

近几年，国内餐饮业兴起了一股"进MALL"的潮流，因为综合体里环境好，流量大。但也有些品牌另辟蹊径，独树一帜，剑走偏锋瞄准了全国各地的高速服务区。

1987 年，李先生在北京东四开了第一家牛肉面馆，发展至今，公司在全国各地共开设 800 余家餐厅。而作为首家规模化进入高速公路服务区的餐企品牌，李先生牛肉面在高速服务区已拥有 70 多家店面。

李先生牛肉面为何情有独钟选择高速服务区呢？

首先是流量。选址其实选择的就是高客流量。大牌餐企在选址时，总偏爱于金圈金铺，如肯德基，而当下的"进MALL"热也无非是因为购物中心的人气旺。高速公路的服务区由于其功能特点，是各种车辆汇集、人员休憩之地，每日的流量可想而知。

其次是匹配。餐饮可以说是高速服务区中休息的司乘人员的首要需求，而且这些人对于途中餐饮最看重的往往是卫生、快捷。公司做过调查，由于舟车劳顿，高速路上的司乘人员对汤类餐品的需求量很大，李先生主打牛肉面，在交通枢纽的餐饮店中有很强的竞争优势；餐厅在配制菜品的时候，根据刚需顾客群体的需求进行量身定制，提供标准化的、品类少的面食商品，省去了满足大众化口味的菜品多样化成本，也节约了顾客的时间。

【思考】请分析李先生牛肉面选择进驻高速服务区的好处。

资料来源于《餐厅一般都瞄准商场这家快餐却在交通枢纽开了近千家店》，赢商网，2016-07-18。

（三）影响商业区位选择的因素

1.自身因素

连锁企业在开发过程中为门店寻找合适的商业环境时，首先应考虑自身的情况，主要是连锁企业的经营范围。

门店经营的商品不同，应该选择不同的商业环境。连锁企业市场开发应充分考虑顾客对不同商品的需求特点及购买规律，从而确定门店适合的区域位置。顾客对商品的需求一般主要针对以下 3 类商品。

（1）日常生活必需品。居民日常生活必需的商品如食品、日用品等，这类商品同质性大，选择性不强，同时价格较低，顾客购买频繁，力求方便。所以，经营这类商品的门店应最大限度地接近顾客的居住地区，设在居民区商业街中，辐射范围以半径 300 米为限，步行在 10 分钟以内为宜。

（2）周期性需求的商品。对于经营周期性需求商品如服装等门店，顾客是定期购买的，有高度的周期性，单次商品购买量不大，同时在购买时都经过了一定的比较，最终才选择出适合自己需要的商品类别。经营这类商品的门店选择在商业网点相对集中的地区为宜，如地区性的商业中心或交通枢纽、交通要道的商业圈。

（3）耐用消费品及顾客特殊性需求的商品。对于经营选择性强、技术性强、需要提供售后服务的商品如家电等耐用消费品的门店，顾客多为一次购买长期使用，购买频率低。顾客在购买前通常会做一定的了解，购买时一般已有既定目标，在反复比较权衡的基础上再做出选择。特殊需求的商品购买的偶然性较大，频率更低，顾客比较分散。以经营此类商品为主的门店，商圈范围要求更大，可以设在客流更为集中的中心商业区或专业性的商业街道，以吸引尽可能多的潜在顾客。

2. 区位因素

（1）交通状况。对商业区域交通道路格局的考评主要是看商业区域内部和周边的道路交通状况。为了得到较大的人流量，一般门店应位于人口容易集中或流量特别大的地方，调查者应重点了解并记录以下数据：道路的车道数量、车道类型、通达商业区域的公交路线数量及线路的辐射区域、交通站点的位置、沿公交线路是否有交通管制、商业区域内行人通道是否有阻碍设施、交通是否便利等。

（2）商业氛围。商业氛围是指店铺周边商店的类型和规模及对店铺的客流产生的影响。通常而言，单体规模大的商店能汇集大量的人流，这样的情况对于依附在大型单体零售商店旁的小型门店很有启发意义。只要这些汇集来的人潮有足够多的目标顾客群体，小型门店就能获得生存的机会。同样，当几个大型单体商业网点聚集在一起时，会因明显的扎堆效应而使各个网点都从中获益。

（3）聚集状况。门店周边的业态、业种归根到底是指门店经营的商品结构，通常而言，商品结构在两个方面影响着人流分布和进店率。一方面，经营结构相同的门店之间会产生聚集经济的效益，也就是在选址过程中通常说到的"扎堆效应"，节省顾客选择商品的时间和精力，从而能增加本门店前的通行人流量。另一方面，同种商品经营结构扎堆过于密集一定会产生竞争，导致门店经营利润的下滑。因此，门店周边的业态、业种等对本门店前的通行人流量和顾客进店率等都有很大的影响。

（4）竞争协作。竞争格局可以从两个方面进行概括：一是同业态竞争，即经营同种或类似商品结构的同种业态门店之间会形成竞争；二是异业态竞争，即经营同种或类似商品结构，但属于不同业态的门店之间的竞争。比如开设在社区内的便利店，不但会面临其他便利店的竞争，而且会受到来自周边小型超市、杂货店的竞争压力；开设在商业区内的服装专卖店，同样会受到来自其他服装专卖店的竞争，也会受到来自百货商店、购物中心甚至是超市的竞争等。这些竞争对于门店来讲，最直接的影响就是造成顾客群体的分流。

与竞争相对的就是"协作"。门店之间的合作往往是在无意中完成的，即并非由经营者本身规划但在实际效果上却能促进顾客汇集。现代消费者表现出来的一个明显特征是购物休闲化，越能满足消费者休闲需要，在休闲过程中完成购物的地段就越能吸引消费者。因此，处于"协作"质量高的地段的门店往往具有大量的店前人潮。

🔍 知识链接

动流店和静流店

以门店所处商圈流量特点划分，店面可以粗略地分为动流店和静流店。动流店是指商圈内流量来源每天变化的店铺，典型代表是在景区、车站、机场、商业街等位置的店铺，它们每天接待的顾客都会发生变化；而静流店是指商圈内流量来源相对固定的店铺，典型代表就是社区内的店铺，它们每天接待的顾客是相对固定的周边社区居民。动流店和静流店在选址、装修、运营、营销等方面都可能不同，甚至有着很大的差异。

以产品为例，动流店可以选择销售耐用品和快消品，但静流店就不同了。如果静流店销售如家电产品、数码产品之类的耐用品，由于购买频率低，每成交一个顾客，该顾客再次进店购物的周期被拉长，在未来几年就可能失去这位顾客。因此，一般销售耐用品的门店会选择动流商圈以保证自身有足够的活跃流量，如果选择静流商圈，则必须搭配一些消费频次比较高的商品或服务，如销售净水器可以搭配替换装销售或者提供清洗业务。一般静流店更适合购买频率高的商品，如早餐店、便利店、理发店、药店等。

【思考】动流店和静流店在营销方面有何区别？

资料来源于李维华：《动流店和静流店的营销区别》，特许经营第一网，2021-01-19。

（5）顾客特点。这里主要考察商业环境中主要消费人群的构成及其购物的特点。具有不同的职业、年龄、教育程度的人群对于商品的需求偏好角度有所不同，这对于顾客前期的择店行为有一定影响。而商圈内人群收入水平也直接影响到人们的购买率、支出额度及门店消费的客单价，因为足够的购买能力使得顾客的购买欲望能够充分地实现，顾客能将潜在的对商品或服务的偏好转化成实际的购买行为。另外，不同商业环境主流顾客的消费理念、生活习惯也不同，比如在办公区或工业区，白天人口数是门店业绩的主要来源，但到了晚上，上班的人回家后，商圈内人口就会明显减少，而住宅区则反之。

3. 成本因素

除了对自身和区位的分析外，还应考虑在不同商业环境中开发门店所需的成本支出，包括物业成本和物流成本。相对来说，商业区特别是市级商业区、综合商业区、成熟商业区的物业获取成本较高，但近几年大型单体网点的进场费及其他费用、特定商业片区的成本也不断攀升。成本分析应综合考虑经营领域和收益情况，不能单纯地考虑租价，因为一般而言，租价和从该地址获得的收益是成正比的，经济上考虑的不能是成本支出或收益的单项，而应是二者的差额即纯利润量。

连锁门店开设往往还要考虑商品配送的物流成本，门店的分布尽量发挥配送中心的最大使用效率，方便本店的商品配送。对于经营大件商品、商品数量大、配送需求频繁的连锁门店，这一点尤为重要。

三、门店单元的选择

选址流程的3大步骤是一个从商业机会评判的角度出发，逐步缩小地理选择范围的过程。区域市场的选择重在选取一个具有现实意义和发展前景的市场，是一个"面"的选择过程；商业区域的选择重在选取一个对门店生存和长远发展都有保证的商业区域整体环境，是一个缩小了的"块"的选择过程；店

教学视频：门店单元选择

址的确定就是在前两个步骤成果的基础上，寻找一个适合开店的"点"的过程。

（一）门店单元的概念

门店单元的选择是在选定的商业区域内找到最适合门店生存和发展的理想店址。相对于选址前两大步骤的选择，店址的最终确定是一个在"点"和"线"的层次上操作的过程。所谓"点"是相对于区域市场和商业区域这两个"面"和"块"而言的，店址确定后就形成了在这两个地理范围内的一个有固定门牌号码的"点"。

开设门店最终要解决的就是选择合适的开店地段。可以说，任何开店者都期望找到一个理想中的"黄金地点"，找到一个理想的店面，开店创业就等于成功了一半。开店不同于办厂或开公司，以零售为主的经营模式决定了店面的选择至关重要，店址选择是否合理往往直接决定着门店的成败。

（二）影响门店单元选择的因素

店址、门店与周边小环境的互动最终对门店利润产生影响，凡是位于不好的区位或者与周边小环境不协调的门店都将难以取得利润。"点"的确定主要考虑合乎经营要求的物业条件、在该地址上门店前的客流量以及获取该店所需的成本。

1. 物业条件

（1）建筑物结构与面积。结构包括建筑物外观的整体设计和预定点本身的形状，前者关系门店的未来格局，后者则是卖场设计的重点，通常越方正的卖场越好。面积是指可使用的营业面积，即经内部测量后的实际有效面积，根据经营范围结合所需成本确定。

（2）建筑物楼层。一般首层临街最适用于商业，但考虑成本因素，可根据经营商品的特点退而求其次，不同行业有所不同。如超市因其卖场大，多设于一楼，也可设于地下室；而便利店因为便利的定位一般选择首层临街；有固定顾客群的小型门店如服装、美容、美发等为了节约成本甚至可设在高层。

（3）建筑物本身评鉴。建筑物的年份及现状也是评估的重要方面。一般来说，年份过久的房子不适合商业用途。另外，对建筑物构造进行分析，有助于装潢成本的预估，也关系到间接费用的开支，如各楼层高度、给水、排水、配线状况及可供电力、消防设施等，都是计算改装费用的依据。

2. 店前客流量

客流量大小是门店经营成败的关键性因素，一家门店要获得成功，必须有足够的顾客来源。连锁企业收入高低取决于单店收入和门店数量，能否获得高的门店数量在于连锁企业是否已经提炼出标准化模式，要取得高的单店收入还要店前客流量、进店顾客数、消费顾客数等经过进店率、购买率、客单价等指标的层层转换，而店前客流量是单店收入最基础的指标。所以传统商业中有门店"选址成功，等于成功一半"的说法。

同等规模商品或服务配置的门店开设在城市中的什么方位、在同一条街上开设在哪个点、在同一栋楼里开设在哪一层的哪个单元等，都会影响到门店获取顾客关注的机会和进店顾客的数量。开设在目标顾客自然聚集地点的门店可以节省大量的宣传、推介费用，而在远离目标顾客聚集的地点开店，门店就要投入大量的成本进行宣传来缩短顾客认识门店的周期。上述的这些情况说到底都是和门店选址高度相关，表现为门店对目标顾客特性和聚集地点的把握。

一般来说，任何一家门店的客流可以来源于3个方面：分享客流、派生客流、本身客流。其中分享客流是指从邻近其他门店形成的客流中获得的，这种客流往往针对邻近大型门店的小型门店而言。如顾客主要目的不是到小门店来购买商品，而是专程到大门店购物的，路过邻近的小型门店时顺便进入，这些客流是小型门店的分享客流。派生客流是指顾客不是专程来购物的，而是为了其他目的顺便进店形成的客流。如车站、码头、机场内部或附近的门店，顾客来此的目的是搭乘交通工具，在等候的时间顺便进入门店。一些旅游景点或其他功能性场所附近的门店大部分客流属于派生客流。本身客流是指专程到此门店购物形成的流量，是零售企业获得经营成功的重要因素，得益于商品品类、价格、品牌等的积累。

知识链接

新兴职业——选址员

一般大的超市、商场等零售机构和连锁企业都会有自己专门的选址员或选址部门。随着选址工作的被重视以及选择合适地址的难度逐渐增加，选址员正慢慢地成为一个专门的技术性职业。因为选址本身是一项技术性和经验性很强的工作，如果企业的计划是将来要开设新的连锁店，那么企业应在选址时着重培养未来的专业选址人员。同时，如果企业要编制选址手册的话，那么其选址人员队伍中一定要有对文本写作与整理比较熟悉的人，他的任务就是按照编制选址手册的要求，把众多选址人员在选址工作中的经验、心得等进行记录与整理，并结合选址，编制成企业自己的选址手册。

【问题】选址员应该具备怎样的职业素养？

资料来源于作者根据相关资料整理而成。

（1）店前客流量测评。客流量测评是门店选址评估中一项非常重要也非常烦琐的工作，是在调查时间段对连锁门店店前自然行走的人群数量进行的测定，它是一种在动态中获取的数据，主要通过现场实测获取。

进行实测之前，实测人员需要做好实测工具和现场勘探两部分的前期准备。常用的实测工具包括计数器、手表、人潮数量统计表、白纸、铅笔等。现场勘探工作包括对商业区域街道进行直接观察，界定出商业区域的大致范围和需要实测的街道。

道路内的观测方法：将一组人员分别安排在道路两侧，以1个小时为时间周期，实测人员同时计数，每个人只观测一个方向的人潮，观测结束后取总和值记入统计表内。道路内（单侧）人潮数量的测量示意图如图5.4所示。

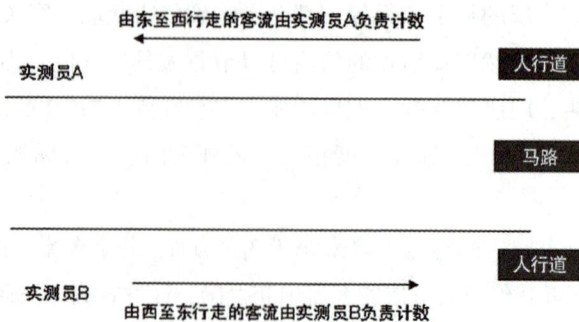

图5.4　道路内(单侧)人潮数量的测量示意图

道路交叉口上的观测方法：根据道路交叉口的不同进行分组，同样以1个小时为限，每位成员只记录同一个去向(进入拐角和离开拐角的人潮分别由专人负责测量)的人潮数量，计数完毕后进行数据汇总记入统计表内。道路交叉口(单拐角)人潮数量的测量示意图如图5.5所示。

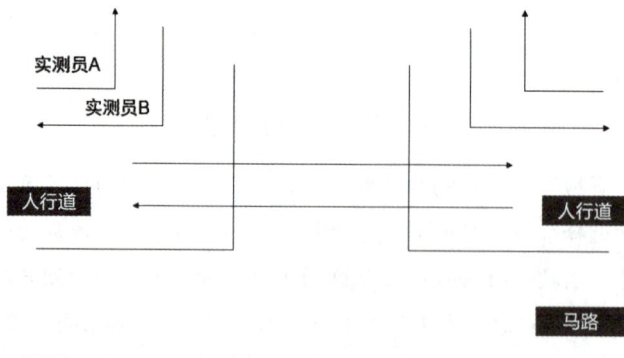

图5.5　道路交叉口(单拐角)人潮数量的测量示意图

知识链接

通行客流量实测

门店经营是否成功的判断指标包括成交率、营业额、客单价、毛利率等，但这些指标的产生都来源于顾客，门店只有拥有客流量才能达成业绩指标，所以越来越多的零售企业开始将关注点从最终的销售业绩指标转移到了客流方面。

通行客流量测量可以由选址员使用机械计数器收集，也可以使用红外线客流计数器，或者使用视频统计客流，但都需要对客流数据进行记录和分析。店铺出于各自的实际情况可设计不同的通行客流量实测统计表，但基本上都需要获得测量时间、地点、天气等详细信息。通行客流量实测统计表范例见表5.1。

表5.1　通行客流量实测统计表范例

实测日期		日期说明	
商业区域名称		实测路段	
实测地点		天气状况	
实测人员		记录人员	
	时间	统计人数（人）	备注
上午	8:00—9:00		
	9:00—10:00		
	10:00—11:00		
中午	11:00—12:00		
	12:00—13:00		
	13:00—14:00		
下午	14:00—15:00		
	15:00—16:00		
	16:00—17:00		
	17:00—18:00		
晚间	18:00—19:00		
	19:00—20:00		
	20:00—21:00		
	21:00—22:00		
	22:00—23:00		
	23:00—24:00		

资料来源于作者根据相关资料整理而成。

【思考】统计通行客流量应考虑哪些因素？

（2）店前客流状态测评。通常而言，人流的行走方向会随着街道走势变化发生改变，不同的行进方向会引起街道某段人潮数量的变化。因此，测评店前客流量除了要考虑各个时间点上经过店址的人数，还应进一步分析人潮行进状态、聚集点、行进目的及停留时间，这些因素都会影响到顾客对门店的关注。

①人潮的行进状态。对人潮行进状态的调查分为两个方面。一是人潮行进的方向。人潮行进的方向结合道路、交通格局的特点就决定了商业区域内各门店获得消费者关注机会的差异。比如某道路主要的公交站点位于道路的南端，人潮的主要行进方向是由南至北，那么一般位

于道路南端的店铺比位于道路北端的店铺受到消费者关注的机会要更多一些。二是人潮在道路两侧的分布。人潮在商业区域内的分布是不均衡的，这种不均衡也可以表现在同一条道路两侧人潮数量的不对等。在这种情况下，门店的最佳店址显然应该设在人潮分布多的一侧。

②人潮的聚集点。人潮的聚集点考评主要包含两个方面。一是人潮的停滞点。商业区域内人潮总是在不断流动的，但"人流"不等于"人留"。只有当消费者愿意停留下来的时候，才有时间和兴趣对周围的门店进行观察，从而决定是否要进入。二是人潮的汇集点。人潮的汇集点用最通俗的话表达就是人多的地点。人流量大的地点不仅意味着那里被消费者关注的机会多，而且意味着门店的销售机会多。更重要的是，就一般人而言都有一种普遍的从众心理，即自发地跟随众人调整自己的行为。这个心理表现在行走上就是人总是喜欢朝着人多的地方走，因此往往在一条道路上会出现这样的情况：越热闹的地方人会越来越多，而越偏僻冷落的地方就越没有人。因此，找到人潮的汇集点对于提高店前通行客流有着非常重要的意义。

③人潮行进目的及停留时间。在商业区内，行人行进的目的多数以购物或与购物相关的行为为主，这些行人行进速度会比较缓慢，停留时间较长，有浏览两边门店的主动意愿，这些流量对于门店是比较有利的；但另外一些区域，如商务区、学校、医院、交通枢纽、车辆通行干道等，虽然可能流量也比较多，但这些流量并不是为了购物，他们的行进速度会比较快，停留时间很短或者根本不停留，属于派生客流。

🔎 知识链接

一步差三市

古语云：一步差三市，意思是说开店地址差一步，生意都有可能差三成。说明古人早已明白了商铺要选址的道理。两家门店开在同样的地方比邻而居，但客流量方面都有可能有天壤之别，一家熙熙攘攘，另一家门可罗雀。这跟人流动线有关，因此在门店选址时要考虑具体区域形成客流动线的原因，比如客流行进方向、区域建筑特点、商铺汇集情况等。

连锁企业总部开发部门选址员的工作就是要确定门店的最佳位置。

1. 明确聚客点

选定商圈后，选址员要在该商圈测算客流，确定主要流动线，选择聚客点。因为门店在客流的主要流动线上，意味着单位时间内经过的客流量最大；处于聚客点的位置，说明人群在这里停留时间长。要明确区域内人潮主要行进方向、在道路两侧的分布，然后确定聚客点。

2. 计算店前客流量

通行客流量测算就是在调查时间段内对商业区域内分布的行人数量进行的调查，该数据主要通过现场实测获取。选址员需要在计划开店的地点掐表记录经过的人流，测算单位时间内多少人经过该位置。

3. 避免客流陷阱

观察计划开店地点周边是否有其他影响客流的因素，比如竞争对手的存在。客流是有一个主要动线的，如果竞争对手在上游位置，极有可能截流了目标受众。但也不是完全规避竞争，如果周边店铺与之毫无关联，有时候也并非好事，比如一家服装店开在一众餐饮店之间，恐怕也难以吸引有效客流。

总之，选址的原则就是：努力在最聚客的地方或其附近开店。

【思考】你认为还有哪些选址陷阱？

资料来源于《餐饮界里面的"一步差三市"，到底是怎么产生的？》，搜狐网，2017－03－08。

3.获取门店成本

获取门店成本指的是为获取门店进行经营所必须付出的费用代价，这些费用与具体的开店方式高度相关，不同的开店方式涉及的资金投入是不同的。通常来讲，开店有租店、顶店、买店和联营等4种最基本的方式。相对应地，常见的费用有租金、转租费用、门店买价投入以及进场费用等。

（1）租店。租店即指承租方为得到房屋的使用权而为此向出租方支付一定租金的行为。这种开店方式发生的费用就是租金。

（2）顶店。顶店又叫盘店，即将别人正在经营的门店接下来，经必要的改造后转为本企业的门店。这种开店方式，除了要产生物业租金费用外，还包括原有门店内商品、设备等的转让费用。

（3）买店。买店即直接买下门店物业的所有权，从而成为该产业的所有者，常见的费用就是物业购置的房价及税费等。

（4）联营。联营即在大型单体商业网点中开设专柜或将商品交由该公司代为销售，该种方式需按合同向商业网点缴纳一定的租金或利润分成以及进场费用等。

案例讨论

肯德基的选址秘诀

肯德基对门店选址非常重视，一般是两级审批制，即通过2个委员会的同意：一个是地方公司，另一个是总部。其选址成功率几乎是百分之百，这是肯德基的核心竞争力之一。

一、商圈的划分与选择

1.划分商圈

肯德基计划进入某城市就先通过有关部门或专业调查公司收集这个地区的资料，把资料收齐了才开始规划商圈。

商圈规划采取记分的方法，比如附近有一条公交线路加1分，有一条地铁线路加3分；附近有一个大型商场，商场月销售额在1000万元以上的加3分，5000万元以上的加5分。通过细致的打分，把商圈划分成几大类，以北京为例有市级商业型、区级商业型、定点消费型、社区型、社区商务两用型、旅游型等。

2.选择商圈

选择即确定目前重点在哪个商圈开店，一方面要考虑餐馆自身的市场定位，另一方面要考虑商圈的稳定度和成熟度。餐馆的市场定位不同，吸引的顾客群不一样，商圈的选择也就不同。

二、聚客点的测算与选择

确定商圈之后，还要考察这个商圈内最主要的聚客点在哪里，如北京的前门是个热闹的商业区，但也不是任何一个位置都是聚客点。肯德基的目标是：力争在最聚客的地点开店。

三、人员运动路线的测算

确定选址后下一步是在这个区域内分析消费者的流动线路，选址时一定要考虑人流的主要流动线会不会被竞争对手截住。例如某个社区的马路边有一家肯德基店，客流主要自东向西走。如果在肯德基往西一百米，竞争者再开一家西式快餐店就不妥当了，因为主要客流是从东边过来的，再在西边开，大量客流就被肯德基截住，效益就不会好。

四、软件计算

所有现场考察，数据采集之后，肯德基会将采集到的数据输入专用的计算机软件，以此测算出在此开店的前景以及投资额。

【思考】肯德基的选址考虑了哪些因素？肯德基采用哪些方法实现选址目标？

资料来源于作者根据相关资料整理而成。

✖ 任务训练

一、单选题

1._____是连锁企业进行系统开发和门店扩张的基础和根本。
　　A.拥有开发资金　　　　　　　　　B.掌控开发速度和密度
　　C.明确开发形式　　　　　　　　　D.具备可复制的标准化模式

2.选择潜力更好的市场先发制人，单店收益率更高的是_____。
　　A.渗透式扩张策略　　　　　　　　B.跳跃式扩张策略
　　C.自营式扩张战略　　　　　　　　D.联营式扩张策略

3.不属于宏观区域市场选择考虑因素的是_____。
　　A.人口　　　　　　B.购买力　　　　　　C.购买动机　　　　　　D.物业条件

4._____主要指规模较大，能引进企业品牌独立设立专柜的零售网点。
　　A.大型单体商业网点　　　　　　　B.综合商业区
　　C.规划商业区　　　　　　　　　　D.专业商业区

5.连锁店的_____主要负责新门店开发和老门店改造的计划与推进。
　　A.组织系统　　　　B.供货系统　　　　C.开发系统　　　　D.营运系统

6.门店的商圈选址决定了门店的_____。

　　A.店前客流量　　　　B.顾客进店率　　　　C.顾客购买率　　　　D.购买客单价

7.绝大多数地级市属于_____。

　　A.一线市场　　　　　B.二线市场　　　　　C.三线市场　　　　　D.四线市场

8.商业区位选择首先应该考虑_____。

　　A.自身经营项目　　　B.商圈交通条件　　　C.商圈竞争状况　　　D.物业租金成本

9._____是指城市中某些因特定消费者群体高度聚集而使为之服务的店铺具有特定功能指向的片区。

　　A.市级商业区　　　　B.单体商业网店　　　C.城市综合体　　　　D.特定消费片区

10._____是指连锁企业在同一空间范围内开发的门店数量。

　　A.开发速度　　　　　B.开发模式　　　　　C.开发路径　　　　　D.开发密度

二、简答题

1.简述一线市场、二线市场、三线市场的特征。

2.简述商业区位选择需要考虑的因素。

三、案例分析题

"钱大妈"败走北京城

　　家门口的菜市场"钱大妈"北京门店集中关停的消息引发业界的关注，包括直营店和加盟店在内，"钱大妈"在北京的所有门店均暂停营业。很难想象在北京这样的一线城市，生鲜品牌"钱大妈"会在开店1年之后折戟沙场。对此，"钱大妈"方面将原因归结为对于市场的"水土不服"：北方市场的消费者在生活习惯和消费行为上跟南方市场的消费者存在许多区域性差异，他们低估了北京市场的难度。

　　毕竟在广州"不卖隔夜肉""日日出清"的"钱大妈"已经被验证过，并且可行。2012年成立以来，"钱大妈"先是以直营模式在广东、珠三角地区进行扩张，2014年在广深两地以每月2家门店开业的速度迅速铺店。到了2015年，累计开了30家直营店的"钱大妈"加快了扩张步伐，加速推进开放加盟体系。截至2019年底，"钱大妈"开出了1500家门店，其中加盟店占比高达近九成。也是在这一时期，"钱大妈"不断北上，相继进入华东、华中、华北市场。实际上，"钱大妈"2020年才进入北京，北京所在的华北地区是"钱大妈"开辟的第五大市场。

　　针对关闭北京门店，"钱大妈"回应称："北方市场有它的特殊性，我们低估了北京市场的难度，更低估了北京市场房屋租金高带给我们的经营压力，门店的单日客流量未达到预期水平，如果继续发展北京市场需要更多的投入。"确实，从生活习惯上看，北方冬天昼短夜长，囤菜成为北方家庭的刚需，这导致了"钱大妈"的"不卖隔夜肉"核心卖点吸引力不强。和北京关店形成明显对比的是，"钱大妈"的2/3门店都还在大本营广州，这似乎也说明"钱大妈"想要走出广州，复制华南模式困难重重。

　　除了消费者的生活习惯，供应链也是生鲜行业的生死线。"钱大妈"之所以能在华南地区高举高打，得益于其在华南地区的供应链优势。在广东地区，"钱大妈"凭借全链路供应链，能控制猪肉的品质和价格，但进入全国市场后，尤其是华东、华北等距离大本营较远的地区，事情就变得不一样了。一方面，"钱大妈"需要通过大量投入重新搭建供应链，以此来保证食材品质，另一方面，为了平摊成本，"钱大妈"必须在前端快速铺店。从理论上来说，门店开得越多，供应链议价能力越强，就能进一步控制成本，门店营收也越高。但事实上，社区生鲜的生意不好做，"钱大妈"败走北京只是其中一个缩影。

问题：

"钱大妈"在广州成功的"华南模式"，为什么在北京"失灵"了？

四、实训安排

以某品牌奶茶店为例，为其进行门店模拟选址。

实训目的：使学生通过实践对门店选址过程中需要掌握的商圈概念、客流量、人员流动路线、聚客点等进行调查，并能分析选址策略和效果。

实训步骤：

（1）教师布置任务，确定各小组需要选址的奶茶店品牌，讲清楚目的和要求；

（2）学生自由组合成立模拟选址小组，每组 3~4 名学生；

（3）各小组进行现场选址调查，做好数据记录；

（4）各小组根据收集到的信息，确定门店选址；

（5）各小组汇报选址结论，教师进行中期和后期指导。

项目六

连锁企业的营运系统

本项目介绍连锁企业的营运系统，使学生掌握连锁门店人、货、场等资源的调配和应用，理解店前客流量、进店率、购买率、客单价等影响门店业绩的指标，有针对性地提出实现门店营运目标的对策；通过教学体现门店工作的创造性和价值感，培养学生在新零售时代勇于创新的意识和能力，提高学生扎根基层门店的工作热情。

📦 项目构成

单元一　连锁门店的空间管理
单元二　连锁门店的商品管理
单元三　连锁门店的顾客管理

📋 知识目标

1.了解连锁门店影响业绩指标的因素。
2.理解连锁门店前方设施、中央设施、后方设施的布局。
3.理解连锁门店商品定位、商品陈列和商品促销策略。
4.理解连锁门店顾客开发、顾客维护策略。

◎ 能力目标

1.掌握店前客流、进店率、购买率、客单价指标转化。
2.掌握门店卖场空间布局技巧。
3.掌握门店商品陈列技巧。
4.掌握顾客应对技巧。

📚 案例导入

新零售样本盒马鲜生的秘密

盒马鲜生被称为"四不像"的混合业态，是阿里巴巴新零售项目的典型代表。其第一家门店于 2016 年 1 月 15 日在上海金桥广场开业，全年营业额约 2.5 亿元，坪效约 5.6 万元，远高于同行业 1.5 万元的平均水平。随后，盒马鲜生在北京、上海、深圳、贵阳、成都、西安、武汉等城市快速扩张，且广受欢迎。盒马鲜生的用户黏性相当惊人，线上订单占比超过 50%，营业半年以上的成熟门店占比更是高达 70%。盒马鲜生以大数据为依托，对传统零售的人、货、场进行重构，全面提升了零售商的运营效率和消费者的消费体验，被称为新零售的"样板门店"。

目标客户。盒马鲜生将自身目标市场定位在 25 到 35 岁的互联网用户人群，有家庭的女性占 65% 左右。不同于传统商超消费者，盒马鲜生的目标用户人群的典型特点是习惯网购，更加追求服务与商品品质，具有一定购买能力，对于价格不敏感。

商品结构。基于场景定位，盒马鲜生围绕"吃"构建商品品类，以消费者复购率极高的生鲜类产品为切入口，以半成品、成品的海鲜和餐饮为主打，辅助标准化的食品，类似于帝王蟹、牛排和波士顿大龙虾等高端食材成了盒马的金字招牌，总体而言是满足目标消费者对于高品质餐饮的一切需求。

技术驱动运营。盒马鲜生区别于传统零售商的首要做法在于技术驱动，贯穿于零售活动的全流程各环节，以技术运用和算法优化，极大地提升了线上线下的运营效率。这种高效率主要得益于智能设备在门店和物流体系中的使用，盒马鲜生的门店和物流体系都使用了智能设备，如电子价签、自助收银、悬挂链、智能分拨、ETC等。

全渠道服务。从业态上看，盒马鲜生是具有多功能、多体验、全渠道融合的复合型零售业态。首先，盒马鲜生全面改善了消费者线上购物体验，承诺3公里范围内半小时送达的高速配送服务，为消费者提供了生鲜商品极速到家的配送服务体验，通过特殊包装的配送餐盒，保证了食品的新鲜，改善了消费者线上购买生鲜商品的品质体验。其次，盒马鲜生创新了消费者线下购物体验，在线下卖场布局上，盒马鲜生的货架间距更大，卖场的空间布局更加宽阔明亮，将餐饮区融入卖场，满足消费者边逛边吃一体化的消费体验。

【思考】请分析盒马鲜生为什么被称为新零售的"样板门店"？

资料来源于陈丽芬、黄雨婷：《高质量零售》，机械工业出版社2019年版。

课程思政

创新成就奇迹

零售业是随时可以产生奇迹的行业，要创造业绩奇迹，就必须依靠创新意识和创新能力。新零售时代，线下的渠道价值更加凸显，形成了线上线下一体化营销的创新模式，尤其在门店管理方面，要勇于和热衷于尝试各种创新的方法以获得宝贵的客流量和销售量。门店要鼓励全体员工参与创新活动，为员工创造一个能够创新的环境和氛围，只有全体员工的智慧得到创造性发挥，才能够实现店内的经营目标。零售业员工处于最直接感知消费者行为、洞悉消费者心理的第一线，能最直观判断门店人、货、场策略的合理性，员工只要多听、多看、多想，零售门店就可以成为他辉煌职业生涯的起点。

首先，要善于观察。观察是人们一种有目的、有计划、有步骤、有意识的活动，是获取经验事实的重要方法。消费者心理和行为日益多元和个性化，零售从业人员在日积月累中，要善于捕捉消费者的动作、表情、语言等方面的外部表现。

其次，要勤于思考。思考是通过积极思维独立解决问题，对于观察到的消费者行为，员工要分析原因与结果，从而揭示其心理活动规律。员工只有勤于思考，才能抓住问题的关键，加深对问题的理解层次，清晰地分析问题和明确地解决问题，提出更好地服务顾客的对策。

最后，要勇于笃行。行是实践，笃行就是持之以恒、坚定不移地去实践。"纸上得来终觉浅，绝知此事要躬行。"空谈不能解决实际问题，实践才是检验真理的唯一标准。员工要勇于向门店提出运营创新建议，门店要敢于在实践中检验对策，引导创新发展。

单元一　连锁门店的空间管理

连锁企业经营业绩高低取决于单店收入和门店数量，能否扩大门店数量在于连锁企业是否已经提炼出标准化模式，要取得高的单店收入还要店前客流量、进店顾客数、消费顾客数等经过进店率、购买率、客单价等指标的层层转换。连锁企业业绩指标转换图如图6.1所示。店前客流量是单店收入最基础的指标，已在上一章连锁企业开发系统的选址工作中进行了介绍，而进店顾客数、消费顾客数以及客单价分别需要门店前方设施、中央设施等设计来实现。

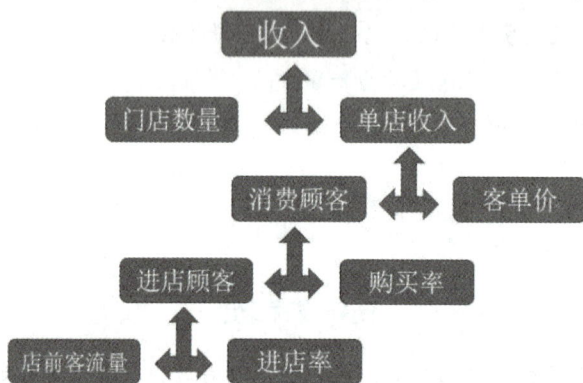

图6.1　连锁企业业绩指标转换图

门店利润的计算公式：利润＝营业收入－营业成本。其中，营业收入＝交易次数×客单价，而交易次数＝店前客流量×顾客进店率×购买率。连锁门店好的选址决定了高的店前客流量，但店前客流量并不能百分之百关注到门店并且进入门店，而进入门店的顾客也并不能百分之百实现购物。要提高店前客流量中的顾客进店率和进店顾客中的商品购买率与客单价，在一定程度上依赖于门店店外形象和店内布局的设计。在感性消费时代，消费者往往凭借直觉来做出购物决策，因此，连锁空间布局同样也是决定经营成败的一个非常重要的因素。

一、前方设施设计

前方设施也就是门店的前场，包括门店的外立面、停车设施与出入口。门店前方设施的主要功能是引导及宣传，对顾客产生极大的吸引力，引起顾客的注意并使其产生兴趣，让顾客没有障碍，没有阻挡，很容易地进店。

教学视频：前方
设施设计

（一）外立面

零售门店外立面设计的内容包括门店的建筑造型与门面设计、门店的招牌设计和门店的橱窗设计等。门店的外观设计取决于零售业种与业态，即零售商应根据商店经营商品的种类与经营方式来设计门店的外观。外立面是门店给顾客的第一印象，具体包括外墙造型、店名、标识、招牌、橱窗等，它在一定程度上决定了顾客是进入该店还是匆匆经过。

　　门店的建筑造型是向消费者传递门店存在的第一个信息，零售商应使门店的建筑造型富有特色，具有吸引力与辐射力。同时，要保证门店的建筑造型符合城市或街区建筑规划的要求，既要与周围地区的建筑物相协调，又要与本店的行业特点相匹配。

　　店名、标识、招牌是用来标明经营性质、招揽生意的牌号或标志。鲜明、醒目的招牌能吸引行人的注意，提高能见度。具有高度概括力和强烈吸引力的招牌，可以对消费者的视觉产生强烈的冲击，从而吸引消费者进店。招牌等是连锁体系一笔重要的无形资产，包括用文字语言形式表达的部分，也包括图形、符号、图案、色彩以及以实物为载体的外观显示物。连锁门店必须沿用总部统一的店名、标识和招牌。

　　橱窗指门店临街的玻璃窗用来展览样品，是门店形象规划设计的重要部分，其作用在于展示门店的商品，吸引过往的行人。门店橱窗不仅是门面总体装饰的组成部分，而且是门店的第一展厅，它是以本店所经营销售的商品为主，以背景画面装饰为衬托，配以合适的灯光、色彩和文字说明，巧用布景、道具进行商品介绍和商品宣传的综合性广告艺术形式。消费者在进入门店之前，都会有意无意地浏览橱窗，所以，橱窗的设计与宣传对消费者购买情绪有重要影响。

（二）停车设施

　　是否拥有停车设施，停车设施是否便利、安全、规范都是门店吸引客流的重要因素。随着机动化的发展，汽车极大地便利了人们的购物方式，但停车困难又是让有车一族在购物过程中深感困扰的。车位难求是众所周知的，如果商家能在可能的范围内规划停车场地，设计安全、便利的停车设施可为门店吸引更多的客人，使店前客流量在对门店产生兴趣的基础上，能够没有后顾之忧地进入门店。因此，停车设施已经成为商家吸引顾客的加分硬件条件，位于郊区的购物中心或量贩店，也因有丰富的停车资源而让消费者愿意舍近求远。很多餐厅或高级聚会场所还会为顾客提供"代客泊车"服务，也能额外吸引更多的消费者。此外，很多青少年或家庭主妇是以摩托车或自行车代步，超市在进行停车场的规划时，也必须将此情况考虑进去。

📖 案例讨论

导停小姐用舞蹈指挥停车

　　韩国乐天百货商店的停车场前，一位身穿灰色大衣、头戴圆形小帽、手戴白色手套的小姐，热情地指挥车辆安全准确地进入停车场，这是乐天百货停车场里的一个岗位——导停小姐。在停车场入口处的一位导停小姐高举右臂，手在空中像拨浪鼓般地摇动，戴着白手套的手犹如一团转动的雪球。接着，导停小姐打出向左拐的手势，指挥车辆进入停车取卡口。在停车取卡口，第2位导停小姐鞠躬微笑着把停车卡交到驾车人手中。取完停车卡向前行驶20米，第3位导停小姐挥动手臂，以柔软、轻盈的手势将车辆引导到地下停车场……整个指挥停车的过程就像是一场优美的舞蹈表演秀。导停小姐示范如图6.2所示。

图6.2 导停小姐示范图

乐天百货商店的停车场是韩国最大的地下停车场之一，共有1800多个车位。为了解决停车问题，商店组成了一支导停队伍，在停车场的各个入口处都有导停小姐，由她们指挥车辆进入车位。为了改变以往停车指挥那种生硬、呆板的姿势，更好地为来宾服务，乐天百货专门对指挥动作进行了舞蹈化编排，指挥交通的手势遵循国际标准，但手势动作融入舞蹈元素。指挥停车的舞蹈化动作分为3个阶段：第1阶段，通过手的摇动让顾客的视线集中到导停小姐身上；第2阶段，以舞蹈式的手势向顾客指明车子的行进方向；第3阶段，以鞠躬的形式向顾客表示谢意和祝福。许多来到首尔的外国游客纷纷称赞说："看导停小姐翩翩起舞，真是一种享受。"一位姓金的顾客说："这种服务真是令人感动。虽然首尔交通比较拥挤，但我还是愿意经常驱车到这里来购物。"

【思考】乐天百货的导停小姐在卖场前方设施中起哪些作用？

资料来源于《韩国"导停小姐"翩翩起舞指挥停车》，新浪网，2004-03-15。

（三）出入口

出入口是门店前方设施的最后一道关口，卖场入口形式选择的好坏是决定商场客流量的关键，但经营商品不同、经营方式不同的商家在出入口设计上会采用不同的类型。

1.封闭型出入口

封闭型门店出入口应尽可能小些，面向大街的一面要用陈列橱窗或有色玻璃遮蔽起来，顾客在门店之外无法清楚了解卖场内部的商品、顾客等经营情况，如图6.3所示。在门店内部，顾客可以安静地挑选商品、享受服务。这些门店大都店面装饰豪华，橱窗陈列讲究，从店面入口即可给顾客留下深刻印象，又可使到这里购物的顾客具有与一般大众不同的优越感。封闭型出入口一般适用高端及相对隐私的商品门店，如经营珠宝、金银器、奢侈品等领域的高级商店或会所，此类门店有针对性较高的目标客户群体，不需要吸引过多的顾客进店，反而需要提供给目标顾客安静、愉快地选购商品和享受服务的环境。

图6.3　封闭型出入口

2.半封闭型出入口

半封闭型门店出入口大概占门面1/3，有个性地配置橱窗，使橱窗对顾客具有吸引力。购买商品的顾客能够通过橱窗看清门店内部商品特色和经营情况，对门店经营的商品发生兴趣，并尽可能无阻碍地进入店内，如图6.4所示。半封闭型出入口一方面将店内的商品、价格、促销等信息向店前客流量展现出来，另一方面也能使店内顾客在门店内安静地挑选商品、享受服务。一般来说，经营化妆品、服装、装饰品等中端商店，比较适合半封闭型的出入口。

图6.4　半封闭型出入口

3.全开型出入口

全开型门店出入口是把门店面向马路一边全开放的类型，使顾客从街上很容易看到门店内的全部商品，顾客可以自由地、没有任何阻碍地出入门店，如图6.5所示。经营水果、蔬菜、生鲜及其他日常消费品的商店，往往采用这种类型。全开放型门店出入口前方不能设置障碍物，不能被自行车、摩托车等堵住大门而阻碍顾客出入。在商场内部设置的中岛柜台要尽量低些，避免遮挡店前客流的视线和影响顾客选购商品。

图6.5　全开型出入口

4.出入分设型出入口

出入分设型出入口即指出口和入口通道分开设置，顾客从入口进来之后，必须走完门店全场才能到出口处结算。这种设计可能对顾客不是很方便，有强行拉长顾客动线的意图，但对商家管理却是非常有利的，能够有效地阻止商品偷窃事件发生，这种出入设置往往适用于经营大众化商品的商店。也有一些卖场由于商品陈列和营业厅配置的特殊性，可能把一侧堵起来，像附近的超级市场那样，店内可以自由走动，到各个货架买货都方便，这种类型对顾客的接待效率也很高。

二、中央设施设计

中央设施即门店的卖场，是满足顾客购物欲望、实现销售收入的场所。卖场整体布局对门店盈利至关重要，通过良好的设计，拉长顾客动线，加长顾客停留时间，提高购买率。

教学视频：中央
设施设计

📖 案例讨论

屈臣氏的"卖场哲学"

屈臣氏是目前亚洲地区最具规模的个人护理用品连锁店，不仅聚集了众多优质品牌商品，而且开发了1500多种自有品牌商品，在全球36个国家及地区拥有超过7700间门店。

屈臣氏最值得称道的是其创造了15%的捕获率，即走过屈臣氏门店的每100位顾客会有大概 15 人进入门店购买商品。屈臣氏较高的捕获率与其商品品类及价格定位有关，除此之外还受益于"有心机"的卖场布局。

屈臣氏把每家店铺总体上划分为四大区域，即"想要的区域""冲动与推动区域""必要的区域"和"服务区域"。

屈臣氏店铺往往采取开放式的出入口，即不设置大门和橱窗，将门店与前方设施贯通，使有限的店铺空间最大化。最靠近出入口的一般布局"想要的区域"，这里陈列的是最广泛顾客购买率最高的商品。屈臣氏的目标顾客是 18~35 岁的女性群体，公司通过科学调查发现，她们对于个人护理用品的消费会随着季节的变化而改变，比如夏天的防晒喷雾、冬天的润唇膏都是这些目标受众人人必备、多多益善的季节爆品。因此，屈臣氏把这些商品布局在"想要的区域"，起到提高进店率的作用。

通过最想要的商品吸引顾客进店，一转身就是"冲动与推动区域"，这里布局屈臣氏最擅长的、花样翻新的各类促销活动，比如"加一元得两件""全线八折""买一送一""加量不加价"等，提高进店顾客的购买热情。

而对于生活必需品，比如牙膏、牙刷、沐浴露、洗发水等商品，顾客只有需要才会购买，而且有需要必须购买，因此很多商家会把必要的商品放在显眼的位置。但屈臣氏认为此类商品较难产生冲动性购买，因此反其道而行之，"必要的区域"商品在屈臣氏卖场的最里面，也取得了较好的效果。

收银台对于顾客来说是本店购物行为的终点，走进收银台便意味着本次购物结束。大多数超市、便利店、专卖店习惯于把收银台设置在店铺出入口处，但屈臣氏大部分门店会把收银台设置在卖场中部，甚至是卖场深处。其意图也非常明显，在于拉长顾客动线，延长顾客停留时间。即便只是在门口被"想要的区域"的商品吸引进店，也要为这个商品穿过整个卖场抵达深处结算，而在这个过程中，这些顾客会经过琳琅满目的货架，导购人员还会十分贴心地递上购物篮，顾客便很容易产生冲动型购买。

【问题】为什么超市和便利店不把收银台设置在卖场深处？

资料来源于作者根据相关资料整理而成。

（一）卖场设计的原则

1.按卖场位置的优劣布局

卖场内部特别是大型卖场由于客流量的差异也会存在位置的优劣。一般来说，卖场中客流量大的区域如主通道两边、自动扶梯口处、出入口处，通常布局利润率高或销售量大的商品；而卖场中客流量小的区域如卖场角落处，通常布局利润率较低或销售量较小的商品。

2.按商品性能和特点选择适当位置

商品自身特点差异决定其应处于卖场中不同的位置，对于大多数商品来说越核心的位置越好，但这也不是百分之百适用，如内衣、床品等隐私商品，布局在相对隐蔽的地方更能促进消费者的购买;把互有影响的商品分开摆布,异味商品、串味商品、试音试像商品单独设计货位布置,隔离成单元售货现场;体积笨重和易损坏商品摆布在邻近出口和底层、地下室,便于携带搬运。

3.按商品连带性布局

一种商品的销售能促进另一种商品的销售,则两种商品具有连带性,把连带性的商品邻近布置,相互衔接,充分便利选购,能够促进连带购买。例如,卖场在早餐时段把牛奶、咖啡、面包、火腿肠等不同属性的商品布局在一个货架上,可以通过牛奶、面包的销售带动火腿肠的连带性销售。

案例讨论

宝宝屋的"诞生"

从传统上来讲,婴儿的产品分散于不同的品类,如奶粉和成人奶粉放在一起,属于奶制品品类;婴儿纸尿片和纸巾等放在一起,属于纸制品品类;奶瓶奶嘴和厨房用品放在一起,属于塑料制品品类。但华联超市管理者通过对消费者的调查发现,这些商品的目标顾客群十分集中,就是新生儿妈妈。如果分散布局,抱着婴儿的妈妈或者即将成为妈妈的孕妇需要辛苦地花很长的时间走满全场,才能购齐所需妇婴物品,她们最大的希望是花较短的时间一次性购齐所有物品。

于是,这些商品被陈列于一个区域中,北京华联的婴儿护理中心(宝宝屋)应运而生,由此带来的是北京华联婴儿品类的销售增长了33%,利润增长了63%。

【思考】观察超市的布局,还有哪些商品之间存在关联性?

资料来源于作者根据相关资料整理而成。

4.按顾客需求程度和选择要求摆放货位

顾客是上帝,卖场的格局布置应符合顾客的购买需求和习惯,而不同业态的门店由于经营的商品不同,在布局上也有所不同。比如超市经营食品和日用品,消费者经常甚至每天都要光顾,其中快速消费品购买频率最高,如果消费者每天要跑到卖场的各个角落才能购买日常用品,会觉得这家超市不够人性化而减少光顾。因此,超市往往会根据消费者购买频率的高低设计购物路线,比如生鲜区域会按照蔬菜—水果—面包、熟食、加工主食—新鲜肉类—新鲜水产类的顺序布局货位。

5.按购买动机选择适当位置

卖场中的消费者可能有明确的购买动机,或者没有明确的购买动机,甚至根本没有购买动机,但无论如何,卖场设计的宗旨就是刺激消费者在卖场中产生明确的动机并最终促成购买行为。如冲动性购买的商品布置在明显位置吸引顾客注意,底层入口和楼上入口沿顾客行走方向是摆布商品的最佳位置，也是最显要位置，把便利品和色彩鲜艳商品首先摆在这个位置，然后将连带商品顺次布置，顺便介绍推销。将廉价品、重点推销商品、展销商品摆放在消费者易于广泛接触的位置。又如，超级市场在结算处附近摆放小商品和小玩具，消费者等候结算时可即兴挑选，一并结算。

6.按客流量分布规律摆布货位

对于门店中不同楼层来说，考虑到内部管理、安全性以及电梯等设施的使用情况，卖场布局应遵循自下而上客流量依次减少的原则；对于同一楼层来说，也可将客流量大的商品与客流量少的商品邻接设置，缓解客流过于集中，避免拥挤现象。百货商店楼层喷淋式客流设计布局如图6.6所示。

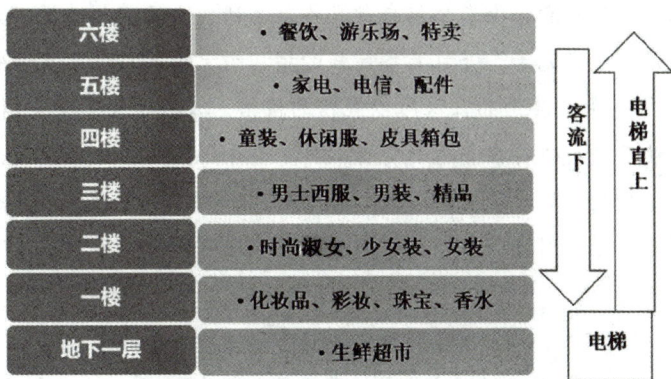

图6.6　百货商店楼层喷淋式客流设计布局

7.按消费者走向规律摆布货位

消费者走向习惯与货位摆布有密切关系，可以按照消费者行走方向顺序摆布连带性商品，引导消费者参观选购。据调查，我国消费者行走习惯多呈逆时针方向，国外有些国家是逆时针方向，有的则是顺时针方向。据美国一家商店的统计，约有90％的消费者有意或无意地按顺时针方向行走，男性消费者尤其如此。这样，以女性为主要目标市场的商店，就将男性用品摆布在靠近入口处的顺时针方向，以方便男性消费者迅速购买。日本有的商店还按行走方向习惯选定收银台位置，以方便消费者。

📖 案例讨论

小米之家

小米之家是小米公司成立的直营客户服务中心，为广大消费者和"米粉"提供手机及其配件的自提、技术支持、售后服务，更是"米粉"们的交流互动场所。

小米之家不参与任何与经济交易挂钩的业务，即用户所有下单、付款、退款等都通过小米官网完成，门店只提供自提等服务。若消费者在自提时发现产品有质量问题，可以当场按照退换货政策进行处理，其他订单用户也可以预约到小米之家服务站进行退换货操作。

　　小米之家的环境设计秉承了小米产品和品牌的一贯风格——简约、清新。无论从外部装饰、Logo布置、室内装修、柜面、产品展示等，都保持了统一风格，与苹果旗舰店颇为类似。从产品展示本身，新奇多样的智能化单品任由消费者自由体验，使得实体店具备了娱乐体验的功能。店内几乎没有明显的营销痕迹，如大量的价格或优惠宣传，也没有营业员尽力地推销。消费者在店内纯粹自由地玩乐和体验，不会受到打扰。

　　小米之家将生态产品进行了品类划分，并且设计了实景体验区，消费者能够真切感受到产品买回以后的实际使用效果。小米之家内布置了很多休息的沙发和消费者可以坐下来"玩"的座椅，这样有利于延长消费者体验的时间。

　　从小米之家的实践来看，小米公司自身具备产品研发和品牌打造的实力，其线上的营销以及生态链建设已十分完善，并且具备超强的把控力。小米科技已在消费者心目中成为"新国货"的代名词，加之其产品让人难以置信的价格，吸引了大量陌生消费者接触小米、选择小米。很多纯互联网公司在普通消费者心目中至今还不是十分接地气，没有线下实体的深厚积累，难以打破消费者信任的防线。而小米之家依托先进的产品生态和线上运用模式，将体验和服务功能做到线下自营，从而自然而然地在同一流程和标准下完成线上线下的融合和互动。

　　【思考】请分析小米之家的店铺布局对实体零售店铺的启发。

　　资料来源于张梦璐、陶亚敏：《新零售时代下实体店环境设计以小米之家为例》，新浪网，

2017－05－19。

（二）卖场布局的基本类型

1.格子式布局

　　这是传统的商店布局形式。超市卖场一般呈格子式布局，格子式布局是指商品陈列货架与顾客通道都呈长方形状分段安排，而且主通道与副通道宽度各保持一致，所有货架相互呈并行或直角排列。格子式布局基本形式如图6.7所示。

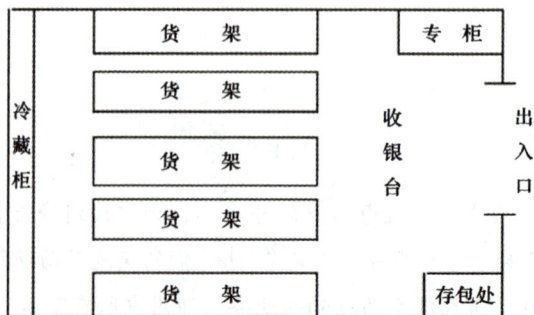

图6.7　格子式布局基本形式

格子式布局具备以下优点。

（1）创造一个严肃而有效率的气氛。

（2）通道依据客流量需要而设计，可以充分利用卖场空间。

（3）由于商品货架的规范化安置，消费者可轻易识别商品类别及分布特点，便于选购。

（4）易于采用标准化货架，可节省成本。

（5）有利于营业员与消费者的愉快合作，简化商品管理及安全保卫工作。

格子式布局具备以下缺点。

（1）商场气氛比较冷淡、单调。

（2）当拥挤时，易使消费者产生被催促的不良感觉。

（3）室内装饰方面创造力有限。

格子式布局可以根据主营业务、商店规模、卖场特点、消费者习惯而采取各种具体形式。

2.岛屿式布局

岛屿式布局是在营业场所中间布置成各不相连的岛屿形式，在岛屿中间设置货架陈列商品。这种形式一般用于百货商店或专卖店，主要陈列体积较小的商品，有时也作为格子式布局的补充。岛屿式布局基本形式如图6.8所示。

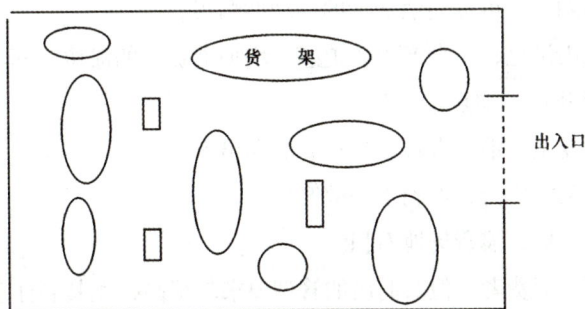

图6.8 岛屿式布局基本形式

岛屿式布局具备以下优点。

（1）可充分利用营业面积，在客流量畅通的情况下，利用建筑物特点布置更多的商品货架。

（2）采取不同形状的岛屿设计，可以装饰和美化营业场所。

（3）环境富于变化，使消费者增加购物的兴趣。

（4）满足消费者对某一品牌商品的全方位需求，对品牌供应商具有较强的吸引力。

岛屿式布局具备以下缺点。

（1）由于营业场所与辅助场所隔离，不便于在营业时间内临时补充商品。

（2）存货面积有限，不能储存较多的备售商品。

（3）现场用人较多，不便于柜组营业员的相互协作。

（4）岛屿两端不能得到很好利用，也会影响营业面积的有效使用。

3.自由流动式布局

自由流动式布局是以方便顾客为出发点，它试图把商品既有变化又较有秩序地展示在消费者面前。

自由流动式布局综合了格子式布局和岛屿式布局的优点，根据商场具体的地形和商品特点，有些区域采用格子形式，有些区域采用岛屿形式，是一种消费者通道呈不规则路线的分布。自由流动式布局基本形式如图6.9所示。

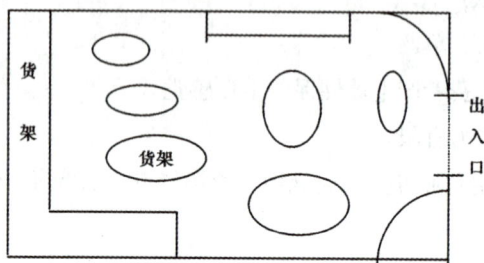

图6.9　自由流动式布局基本形式

自由流动式布局具备以下优点。

（1）货位布局十分灵活，消费者可以随意穿行各个货架或柜台。

（2）卖场气氛较为融洽，可促使消费者的冲动性购买。

（3）便于消费者自由浏览，不会产生急迫感，增加消费者的滞留时间和购物机会。

自由流动式布局具备以下缺点。

（1）大型卖场路线复杂，消费者难以寻找商品和出入口。

（2）消费者拥挤在某一柜台，不利于分散客流。

（3）不能充分利用卖场，浪费场地面积。

（4）这种布局方便了消费者，但对商店的管理要求却很高，尤其要注意商品安全的问题。

三、后方设施设计

后方设施即所谓的后场，是门店内除营业卖场区域之外的附属区域，大部分是员工及厂商活动的空间。后场设施包括收货区、办公区、库存区及有关的设施，其主要功能是为员工的工作、生活以及商品的加工处理与进出提供支持，担负着对前方支援、补给以及指挥服务的责任。在现代商业地块成本日益高涨的情况下，商家往往最大可能扩充销售区域，但为了保证门店经营顺利进行，必要的后方设施还是不可或缺的。因此应合理分配卖场区域面积和附属区域面积，一般来说，营业面积应占主要比例，而后方设施的面积仅占总面积的20%~30%。

收货区包括收货办公室、收货间、收货通道、货梯等设施，由于收货区车辆出入频繁，要安排好车辆进出作业的足够场地和交通路线的畅通，特别是要对送货车安排排队等候的场地和进出收货间的回转场地。大卖场的收货区设计要保证物流路线的通畅，卸货区应尽量满足大货车的使用要求，货仓内须设计防撞柱。

案例讨论

卖场收货区成居民投诉点

早晨 5 点不到，家住宁海城区兴宁中路 18 弄 16 号的张小姐再一次在睡梦中被吵醒，她家对面就是某大型商超的收货区，近一个多月来，常有送货车辆进出，扰得附近居民日夜不得安宁。卖场收货区与居民区之间只隔着一条不到 10 米宽的马路，据居民反映：大卖场刚开业那段时间，经常半夜三更就有卸货声、喇叭声、叫喊声，吵得附近居民不得安睡。

"我们已经敬请各位供应商配合，尽量做到白天送货。"卖场收货区门口一位防损员说，公司特别在收货区附近安排了 2 名工作人员，引导送货车辆并做现场提醒，做到尽量不扰民。大卖场在收货区贴出了告示牌，上面写着："因送货码头离居民区较近，正常送货时间调整如下：周一至周六 6:00—19:30；周日 6:00—12:00。请各位送货司机进入居民区后禁止鸣笛，尽量减少噪声……"

除了噪声，附近居民还比较担心安全等问题，由于经常有大小货车进出，居民区前面马路很容易堵塞，尤其是不少 10 多米长的大货车常常挨着居民家大门进行倒车和调头，实在让人胆战心惊。

【思考】大卖场的收货区设置应考虑哪些问题？

资料来源于《大卖场收货区靠近居民区　妨碍居民休息》，中国宁波网，2019-10-14。

办公区包括办公室、广播室、保安室、会议室、金库、电脑房、更衣室等，可根据实际功能需要和物业具体条件增减。金库和广播室应做全封闭设计，以保证金库的安全性和广播室的隔音功能，电脑房的空调设计必须保证空调系统能 24 小时运作，且电脑房内严禁有给排水设施。

库存区即用来存放商品库存的非销售区域，库存区包括卖场货架顶部以上空间、楼面周转仓库。库存区有通道和空位，便于叉车进出和取货，地面平整，照明适度，温度适当，能防火、防潮、防雨、防虫。

其他设施包括电梯、空调、卫生间等。商场电梯分为货梯、倾斜式自动人行道或自动扶梯，必要时可辅助设置客梯。空调系统往往采用商场内营业区域和员工办公区域中央空调，保证室内温度在 24 摄氏度左右，理货区、仓库等区域温度根据需要可单独控制。所有消防电梯前和疏散楼梯出入口前都不能摆放货架，所有空调机房和电制房的检修门前都不能摆货架，所有管井的检修门前只能摆放活动货架。大卖场各楼层根据需要设置卫生间，卫生间应当利用卖场的边角位置进行布置，设计时应考虑残疾人的需要。

单元二　连锁门店的商品管理

零售企业的基本工作是经营商品，作为供应链的末端环节，零售商依靠其提供的渠道和人工为消费者直接提供商品，并因此获得利润。商品是零售企业存在价值的根本载体，商品管理是零售企业竞争力的核心基础。在市场竞争愈演愈烈的情况下，如何配置商品、积极促销、合理陈列就成为门店管理工作中越来越重要的内容。

一、商品定位

（一）商品定位概念

商品定位是指连锁企业根据市场环境、所针对的目标消费者和生产商的实际情况，动态分析确定商品的经营结构，实现商品配置的最优化状态。商品定位包括对商品品种、档次、价格、服务等方面制定的结构（组合）。商品定位既是企业决策者对市场判断分析的结果，同时又是企业经营理念的体现，通俗地说，就是企业以什么样的商品来满足目标顾客的需求，也是连锁企业通过商品而设计的企业在消费者心目中的形象。

商品定位主要包括价格定位和品种定位。

1.价格定位

连锁企业商品的价格定位是选择高端路线、中端路线还是大众路线，这应与目标消费者的收入水平相匹配。消费者的收入是多层次的，不同的家庭收入形成不同的商品结构。零售商品定位可以选择面向广大消费者基本需要的大众化商品，也可以选择满足中高收入消费群体品质需求的中高档商品。

2.品种定位

商品品种是指为了满足生产、流通和消费的需要，按某种相同特征划分的商品群体，或者指具有某种（或某些）共同属性和特征的商品群体。商品品种的范畴是一个宏观概念，反映一定商品群体的整体使用价值或社会使用价值。

零售业将管理范围内的商品集合总体，以所选择的适当商品的基本特征作为分类标志，逐步归纳为若干个范围更小、特质更趋一致的子集合体（类目），如大类、中类、小类、细类，直至品种、细目等，从而使该范围内所有商品得以明确区分与体系化。据不完全统计，市场上流通的商品有25万种以上。为了方便消费者购买，有利于商业部门组织商品流通，提高企业经营管理水平，零售业将商品集合总体科学地、系统地逐级划分为大类、中类、小类、细目。

大类体现商品生产和流通领域的行业分工，如五金类、化工类、食品类、水产类等。

中类（商品品类）体现具有若干共同性质或特征商品的总称，如食品类商品又可分为蔬菜、水果、肉和肉制品、乳和乳制品、蛋和蛋制品等。

小类是对中类商品的进一步划分，体现具体的商品名称。如酒类商品分为白酒、啤酒、葡萄酒、果酒等。

商品细目是对小类的详尽区分，包括商品的规格、花色、等级等，更具体地体现商品的特征，如 60 度 "交杯牌" 五粮液。

在任一次商品分类中，可将任一商品集合总体逐次划分为包括大类、中类、小类、商品细目在内的完整的、具有内在联系的类目系统，这个类目系统即为商品分类体系。连锁门店在确定其商品种类的时候，不能盲目跟从其他门店的做法，应根据自身实际经验情况和生产需求进行选择。只有选择符合市场需求的商品才能取得销售成功，一般门店在选择商品时应遵从以下原则：产品需求量大、购买频率高、均质性强、能够体现企业经营特色，要选择知名品牌、质量稳定、能够保证供货的供应商。

超市的商品涵盖了人们生活的方方面面，特性又不尽相同，售卖方式、库存条件、物流方法、陈列技巧也各有不同。对品种繁多的商品进行分类是超市科学化、规范化管理的前提，有助于提高管理效率和经济效益。不同的超市企业可以在商品分类基础上，根据不同受众群体的需要，选择并形成有特色的商品组合，体现自身的个性化。超市商品分类表范例见表 6.1。

🔍 知识链接

表 6.1　超市商品分类表范例

大类	中类	小类	细类
1000 食品类	100001 水果类	100001101 进口水果	10000110101 新西兰车厘子 ……
		100001102 国产水果	10000110201 山东红富士苹果 ……
		100001103 水果拼盘	10000110301 水果拼盘（一） ……
	100001 水果类	100001104 鲜榨果汁	10000110401 鲜榨橙汁 ……
		100001105 水果礼篮盒	10000110501 水果礼篮盒（一） ……

续表

大类	中类	小类	细类
1000 食品类	100002 蔬菜类	100002101 叶花菜	10000210101 花椰菜 ……
		100002102 瓜果菜	10000210201 冬瓜 ……
		100002103 根茎类	10000210301 土豆 ……
		100002104 豆类	10000210401 四季豆 ……
		100002105 菌菇类	10000210501 平菇 ……
		100002106 散装酱菜	10000210601 泡菜 ……
	100003 肉类	100003101 猪肉	10000310101 新鲜猪肉 ……
		100003102 牛肉	10000310201 新鲜牛肉 ……
		……	……
	……	……	……
……	……	……	……

资料来源于作者根据相关资料整理而成。

【思考】请为某超市制作日用品类商品分类表。

（二）商品定位策略

商品的日常管理都会涉及商品结构的确定以及调整，商品定位策略就是由不同商品种类而形成的商品线长度与不同商品品种而形成的商品线深度结合。所谓商品线长度是指零售商店提供的商品系列的数量，即具有相似的物理性质、相同用途的商品种类的数量，如食品类、家电类、化妆品类等。所谓商品线深度是指同一类商品中不同规格、不同花色、不同功效品种的数量，如某品牌牙膏里有美白的、清新口气的、保护牙龈的。商品长度和深度可以形成4种不同组合，见表6.2。

表6.2 商品长度和深度组合表

商品定位策略		商品线深度	
		深	浅
商品线长度	长	长而深的商品结构组合	长而浅的商品结构组合
	短	短而深的商品结构组合	短而浅的商品结构组合

1.长而深的商品结构组合

长而深的商品结构组合是指商店选择经营的商品种类多，而且每类商品经营的品种也多的策略，一般为较大型的综合性商场所采用。由于大型的综合商场的目标市场是多元化的，常需要向消费者提供"一揽子"商品组合，因而必须备齐广泛丰富的商品类别和品种。大型百货商店、超级市场、购物中心、大卖场等会采用这一商品组合结构，涉及食品、日用品、服装鞋帽、皮革纺织、家电家居等若干大项，不同商品分区销售，来满足消费者一站式购物的需要。

这种组合结构的优点是目标市场广阔，商品种类繁多，商圈范围大，选择性强，能吸引较远的消费者前来购买，消费者流量大，基本上满足消费者一次进店购齐一切的愿望，能培养消费者对商店的忠诚感，易于稳定老顾客。

这种组合结构的缺点是商品占用资金较多，而且很多商品周转率较低，导致资金利用率较低，经营成本和风险较高；此外，这种商品结构广泛而分散，试图无所不包，但也因主力商品过多而无法突出特色，企业形象容易模糊，缺乏个性；同时，企业必须耗费大量的人力用于商品采购环节，由于商品比较容易过时老化，企业也不得不花费大量精力用于商品开发研究上。

2.长而浅的商品结构组合

长而浅的商品结构组合是指商店选择经营的商品种类多，但在每一种类商品中品种选择性少的策略。在这种策略中，商店提供广泛的商品种类供消费者购买，但对每类商品的品牌、规格、式样等给予限制。便利店较为典型地采用了这种策略，能够满足消费者基本生活方方面面的需求，但是不提供给顾客细分商品选择，除此之外，此组合结构也通常被廉价商店、杂货店、折扣店、普通超市等零售商所采用。

这种组合结构的优点是目标市场比较广泛，经营面较广，能形成较大商圈，便于消费者购齐基本所需商品；便于商品管理，可控制资金占用；强调提高消费者购买效率。

这种组合结构的缺点是由于可供选择的品种相对较少，满足差异需求能力差，消费者的挑选性有限，很容易导致消费者产生失望情绪，不易稳定长期客源，形成有限的企业形象。长此以往，商店不注重突出商品特色，在这样一个多样化、个性化趋势不断加强的今天，即使商店加强促销活动，也很难保证企业经营的持续发展。

3.短而深的商品结构组合

短而深的商品结构组合是指商店选择较少的商品经营种类，而在每一种类中经营的商品品种很丰富。这种策略体现了商店专业化经营的宗旨，主要为专业店、专卖店所采用。一些专营商店通过提供精心选择的一两种商品种类，在商品结构中配有大量的商品品种，吸引有选择偏好的消费群，满足消费者对专业化要求比较高的商品需求。

这种组合结构的优点是专业商品种类充分，品种齐全，能满足顾客较强的选购愿望，不会因品种不齐全而失去顾客；能稳定消费者，增加重复购买的可能性；易形成商店经营特色，突出商店形象；而且便于商店专业化管理，树立专家形象，这种模式比较为广大的专业消费者欢迎。

这种组合结构的缺点是过分强调某一大类，不能一站式购物，不利于满足消费者的广泛需要；很少经营相关商品，市场有限，风险大，需要对行业趋势做准确的判断，并通过更大努力来扩大商圈。

4.短而浅的商品结构组合

短而浅的商品结构组合是指商店选择较少的商品种类，而且在每一类中选择较少的商品品种。这种策略主要被一些小型商店，如餐饮业中的快卖店、商品零售业中的自动售货机和人员登门销售的零售商所采用。自动售货机往往只出售有限的饮料、香烟等商品；而人员上门销售所涉及的商品种类和品种也极其有限。这种策略要成功有2个关键因素：地点和时间，即满足消费者快速得到某单品的需要，在消费者想得到商品的地点和时间内，采取这种策略可以成功。

这种组合结构的优点是投资少，成本低，见效快；商品占用资金不大，经营的商品大多为周转迅速的日常用品，便于消费者就近购买。

这种组合结构的缺点是种类有限，品种少，挑选性不强，易使消费者产生失望情绪，商圈较小，吸引力不大，难以形成商店经营特色。

📖 案例讨论

传统小卖部的商品改造

在我国零售市场繁荣发展的同时，以夫妻店为代表的传统小卖部仍然在零售市场占有一席之地。新零售时代，在零售企业纷纷谋求转型创新出路的同时，小卖部也寻求发展的新出路。典型代表如阿里巴巴改造传统小卖店的新零售项目——天猫小店。在商品选择上，阿里巴巴会根据每个店铺辐射区域的消费者构成和消费者画像，结合自身的大数据进行分析计算，为天猫小店推荐最适合该店铺销售的商品。同时在天猫小店内设立"天猫top"临时货架，根据天猫线上销售情况，将线上销售火爆的网络品牌引入天猫小店，并与线上品牌实现同款同价。此外，在天猫小店内引入鲜食产品——关东煮、烤肠、茶叶蛋、蒸包等，不仅增加了店内的毛利率，而且吸引了更多客流。

【思考】请调查身边天猫小店的商品结构是如何确定的？

资料来源于陈丽芬、黄雨婷：《高质量零售》，机械工业出版社2019年版。

（三）商品定位的流程

连锁企业在做商品定位决策时首先考虑的是业态，其次明确服务的目标受众群体，并分析群体的消费需求特点，结合企业自身条件和战略目标，确定商品组合结构，并能随着环境的变化进行适当的调整。

1.确定门店业态

业态是为了满足不同消费群体的需求而形成的不同的门店经营方式，每一种业态都有明确的商品结构、目标受众和经营特点。正是由于不同业态的区别，才决定了连锁企业经营商品的不同。门店如何确定自身的商品定位，首先取决于业态，一定要与选择的业态相符合，并通过商品定位的特色性来凸显业态的特色性。一旦确定了经营的业态，在一定程度上已经确定了商品组织结构的大致框架。

2.明确目标受众

不同门店之所以有需求的差别是因为群体的差别，不同的群体是由形形色色的人组成的，这些人可能因为性别、年龄、职业、收入等因素而产生不同的消费需求，所以要掌握需求首先要对消费者进行细分。市场细分是企业为了增加市场营销精确性的一种努力，是根据消费者的需要与欲望、购买行为与购买习惯上的差异性，将某产品的市场划分为若干个消费者群体的市场分类过程。划分后的每一个消费者群体就是一个细分市场，或者叫作子市场、亚市场；在每一个细分市场内部，都是由具有类似的需求倾向的消费者构成的群体。零售商可以选择一个或者若干个细分市场作为自己服务的目标顾客群体。根据市场营销理论，一般以人文标准、地理标准、心理标准和行为标准四大变量进行消费者细分。

（1）人文标准。市场按人文学变量细分，如年龄、性别、家庭人数、家庭生命周期、收入、职业、教育、宗教、种族、代沟、国籍为基础，依此划分出不同的群体，见表6.3。

表6.3　按人文标准市场细分表

细分变量	细分市场
年龄	少年儿童、青年人、中年人、老年人（或18岁以下、18~24岁、25~34岁、35~44岁、45~54岁、55~64岁、65岁以上）……
性别	男性、女性
职业	企事业一般人员、企事业中级、高级管理人员、自由职业者……
收入	高收入者、中等收入者、低收入者……
家庭	独身家庭、新婚家庭、三口之家、三代同堂……
教育	小学、初中、高中（中专）、大专、大学及以上
……	……

（2）地理标准。市场可以按照消费者所在的地理位置、自然环境进行细分，见表6.4。具

体的子细分变量包括国家、地区、市场规模、气候与地形地貌等。

表6.4　按地理标准市场细分表

细分变量	细分市场
地理方位	华东、华南、华中、华北（或西北、东北）……
城市规模	特大城市、大城市、中城市、小城市（或一线城市、二线城市、三线城市）……
人口密度	城市人口密度、郊区人口密度、农村人口密度
自然气候	温暖、炎热、湿润、干燥……
……	……

（3）心理标准。按照购买者所处的社会阶层、生活方式、个性特点等心理因素细分市场，这是最难划分的一个方式，见表6.5。

表6.5　按心理标准市场细分表

细分变量	细分市场
社会阶层	工薪阶层、中产阶层、精英阶层……
生活方式	传统型、节俭型、奢侈型、保守型、前卫型……
性格特点	冲动型、理智型、防卫型、进攻型、交际型、独处型……
……	……

社会阶层是指在某一社会中具有相对同质性和持久性的群体。处于同一阶层的成员具有类似的价值观、兴趣爱好和行为方式，而不同阶层的成员对所需的产品也各不相同。识别不同社会阶层消费者所具有的不同特点，对于很多产品的市场细分将提供重要依据。

人们追求的生活方式不同也会影响他们对产品的选择。例如，有的追求新潮、时髦，有的追求恬静、简朴，有的追求刺激、冒险，有的追求稳定、安逸。西方的一些服装生产企业为"简朴的女性""时髦的女性"和"有男子气的女性"分别设计不同服装；烟草公司针对"挑战型吸烟者""随和型吸烟者"及"谨慎型吸烟者"推出不同品牌的香烟，这些均是依据生活方式细分市场。

性格特点是指一个人比较稳定的心理倾向与心理特征，它会导致一个人对其所处环境做出相对一致和持续不断的反应。一般地，个性会通过自信、自主、支配、顺从、保守、适应等性格特征表现出来。因此，个性可以按这些性格特征进行分类，从而为企业细分市场提供依据。在西方国家，对诸如化妆品、香烟、啤酒、保险之类的产品，一些企业以个性特征为基础进行市场细分并取得了成功。

（4）行为标准。行为标准是研究个人或群体在选择、购买、使用以及购买后的行为特点。按照消费者对产品的了解程度、态度、使用情况及反应等将他们划分成不同的群体，见表6.6。很多人认为，行为标准能更直接地反映消费者的需求差异，因而成为市场细分的最佳起点。

表6.6　按行为标准市场细分表

细分变量	细分市场
购买决策	例行决策、有限决策、复杂决策……
购买阶段	不了解、了解、熟知、感兴趣、想买……
使用状况	未曾使用者、曾经使用者、潜在使用者、首次使用者、经营使用者……
信息收集	个人经验、商业推荐、公共分享……
……	……

3.分析需求特点

不同细分市场消费者对商品的需求是有差异的，需求不仅表现在对商品使用价值的获取，还可能表现在购买商品能获得的服务以及心理上的满足感，而不同的人群对于获得商品愿意付出的钱、时间、体力、风险都是存在差异的。把握需求差异可以通过以下几种分析方法。

（1）问卷调查法。问卷调查法是最为常用的调查方法，调查人员根据问卷，与被调查者直接或者间接接触，进行询问并求得回答，从而收集所需的资料。

（2）观察法。观察法是指调查人员用自己的感官和辅助工具去直接观察被研究对象在购买时间、购买品类、购买频率、购买决策等方面的特点并记录，从而获得第一手资料的一种方法。

（3）实验法。实验法是指通过实验设计，改变控制变量来了解商品销售情况及消费者评价意见的调查方法。

（4）访谈法。访谈法的具体方法为邀请性别、年龄、职业、收入相近或者不同，但具有一定代表性的消费者，以小组为单位围绕一个统一的主题，在专人的提问、引导和记录下，各抒己见，展开讨论；或者由一个掌握高级技巧的调查人员，用一种比较深入的方式访谈某一个被调查者（往往是意见领袖），以揭示他对某一问题的潜在动机、信念、态度和感情。

4.确定商品定位

在确定门店业态，明确目标受众，分析需求特点后，可以确定门店的商品定位。不同业态门店，其目标受众、商品需求、商品定位都有所不同，见表6.7。

表6.7　不同门店商品定位表

业态	目标受众	商品需求	商品定位
大卖场	家庭居民	基本生活用品一站式购物，一次性够足	以食品、日用品为主，品种齐全，薄利多销
标准超市	家庭主妇	生鲜及相关商品一站式购物	以食品特别是生鲜食品为主，兼营一般食品和其他相关日用品
便利店	年轻人、白领等（根据所处商圈进一步明确）	快速便利获取即时性商品	以食品、非食品或服务为主，具体结合所处商圈

续表

业态	目标受众	商品需求	商品定位
百货商店	追求时尚人群、差旅人士	中高端时尚性商品或服务良好的体验感	中高端时尚类商品，以服装鞋帽、护肤化妆、珠宝首饰为主，范围广泛、品牌繁多、种类齐全

再以消费者购物的角度确定商品大类，以10000平方米卖场为例，各大类商品结构见表6.8。

表6.8　10000平方米卖场的商品结构表

	生鲜	食品	非食品	合计
销售占比/%	10	55	35	100
单品数（SKU）	2500	4500	6500	13500
面积占比/%	25	30	45	100

5.适时动态调整

当今零售市场处于不断发展变化中，消费者需求、竞争对手、区域环境、零售技术等日新月异，零售门店的商品定位也不能一成不变，必须根据外部环境和自身特点的转变而适时动态调整。零售企业的业态也在创新发展，因此商品定位的以上步骤是一个循环进行的过程，按动态管理的原则做好商品的定位和创新。

📖 案例讨论

商业与艺术融合之美

方所是以当代生活审美为核心，涵盖书籍、美学生活品、植物、服饰、展览空间、文化讲座与咖啡的公共文化空间。方所成立于2011年11月，正逢传统书店纷纷倒闭，整个实体书店行业呈现持续负增长之时，方所逆势而生，在一片质疑声中于广州最昂贵的太古汇开设了第一间实体书店，随后分别在成都、重庆、青岛开设具有当地文化特色的方所书店。方所提出从书店到文化公共空间的转变，将文化活动与图书、服饰、美学产品、咖啡等产品有机结合，开辟出具有高度联结性的体验式复合功能的新型商业模式，逆行业负增长趋势，带动全国实体书店转型升级和融合发展。

方所是在传统书店的基础上附加多功能的新型复合业态，其主营商品为图书、服饰、美学产品、咖啡等，商品之间以文化、美学为纽带，形成内在联系。方所店内将书籍、咖啡、艺术品、植物、服饰有机结合并合理融合，以人文为主线，为消费者提供一个自在、共享的文化场所，一个静下来聆听心之所需的心灵驿站。

在市场定位方面，方所锁定于中高端收入群体，"雅皮士"和"文艺青年"是方所最吸引的消费群体。"雅皮士"群体普遍受过高等教育，收入颇丰，独立富有，集中代表着一个时代的时尚品位和格调，追求消费的品质与消费的文化内涵。"文艺青年"以"80后""90后"为主要群体，他们精神世界丰富而广泛，追求生活的自由状态，情绪化对待真实生活。

1.方所书店——行家的书店

尽管方所不是一家纯粹的书店，但书店区域依然占到一半以上空间，是方所的主体区域之一。为避免与网上书店的直接竞争，在书籍选择上方所采取了差异化战略，店内图书以艺术、设计、文学等相对小众的读物为主，涵盖了全国各地最好的各类出版品以及部分外文书籍。方所在选书方面相当严格，专程请来在诚品书店有20多年工作经验的罗玫玲和专家蒋磊负责选书。目前方所书店内80%的书籍为港台出版物，20%的书籍为国外书籍，店内大多数书籍在国内其他渠道难以买到。方所"以知识体系、思想谱系为读者搜罗书市少见书目，提供国际出版视野与华文阅读趋势，传达知识的壮阔与高远"。

2.方所咖啡——品味文学，感受浪漫

方所咖啡空间的Logo是表示说话的冒号，意味着这是一个交流对话的场所，方所对空间规划所强调的实验性与艺术性也延伸至此。

从产品上看，咖啡区提供来自中美洲、南美洲、非洲、亚洲的咖啡品种，咖啡产地本身就构成了隐约的世界地图，体现了方所的包容性和共享的态度。由方所精选调制的咖啡，凸显了小农手工精选咖啡豆的手感技艺，保证了咖啡的纯正品质。除咖啡外，独特的甜品以及其他饮品也满足了消费者多样化的需求。

3.方所服装——文化挖掘，体验品味

在方所店内，紧邻门口的是其服装设计区，以原创精神为主导的设计师品牌"例外"女装，将东方哲学融入，衣饰设计从"中国制造"到"中国设计"，经历了16年品牌发展与塑造，从东方到世界，在文化艺术层面不断探索和实验。方所的服饰设计区将服饰赋予文化内涵与人文情怀，主打高端客户群体，不仅是价格与质量上的高水平，更是内涵上的提高。

4.方所植物——爱物惜用，以手传心

方所的植物区也是其独具特色之处，用植物传达"爱物惜用，以手传心"的态度。绿色植物具有生生不息的力量，因而植物区使整个方所更加有生命力。致力于传统手工艺的活化，方所为植物选择的器皿多由纸、铜、竹、石等可循环再生的天然物质制作。同时，方所将创意设计注入绿色植物，每一个绿色植物都是一种独特的艺术设计品，给消费者带来独一无二的品质体验。尽管方所绿色植物的定价较高，但其品质有保障，且其独一无二的设计引领潮流。

5.方所生活美学——品质生活

方所的生活美学区网罗了来自全球的生活美学商品，这里既有主打高端市场的国际一线设计师设计的生活工艺品，又有面对青年消费群体的主题商品。在生活工艺品方面，有超过40家的品牌第一次引进广州，超过20家的品牌首次引进中国。最重要的特色之一是代表古典复兴之百年老品牌的汇集，来自意大利、西班牙、日本等多家手工作坊的纯天然、

纯手工商品也在此得以精心呈现。这部分面对青年消费群体的美学商品主要涵盖6大主题：自然环保手感、织品、纸品、设计欣赏、设计文具、儿童童玩。

6.方所展览——文化生活

方所的主体区由书店、咖啡区、服饰设计区、植物区及生活美学区5大板块组成。除此之外，方所还设置了一个开放空间，邀请新观念、新创作、跨世代艺术进行展阅。展阅内容涵盖设计、摄影、服装、工艺、主题等，方所的这些展阅与文化活动吸引了大量消费者参与。

【思考】请分析方所是如何设计商品定位的？

资料来源于陈丽芬、黄雨婷：《高质量零售》，机械工业出版社2019年版。

二、商品陈列

商品陈列是指以商品为主体，运用一定方法和技巧，借助一定的道具，将商品按经营者的经营思想及要求有规律地展示出来，传递商品信息，方便消费者购买，提高销售效率。

教学视频：商品陈列

（一）商品陈列的目的

1.充分展示商品

消费者通过感官感受商品陈列与店员进行沟通，在这个过程中了解商品的信息，为消费者购买商品创造良好的机会。

2.方便消费者购买

商品陈列通过事先的设计，根据消费者消费规律创造科学合理的门店环境和商品摆放，便于消费者拿取，特别是特殊重量或特殊材质的商品，更应避免消费者产生心理障碍。

3.合理利用空间

卖场空间资源有限，在物业成本高涨的情况下，需要在有限的空间内展示尽可能多的商品，提供更多商品销售的机会。

4.美化购物环境

优质的服务、丰富的商品、优美整洁的环境是门店吸引消费者的优势，门店的商品陈列起到了很重要的宣传企业品牌、展示企业形象的作用。良好的商品陈列不仅可以刺激消费者购买，而且可以借此提高企业产品和品牌的形象。

（二）商品陈列的原则和做法

1.清洁美观原则

货架上的商品清洁美观是陈列最基本的原则，精致的货位摆布和美观的商品陈列是消费者产生购买动机以及继续光顾的重要因素。具体包括以下做法。

（1）货架和货架上的商品需要定期清洁，制定规范的清洁制度，陈列的商品必须干净、完整，卖场巡视员在巡查的过程中发现有破损或不干净的商品要及时清理或下架。

（2）要研究色彩的配合，使商品陈列能鲜明，给消费者留下赏心悦目的印象。很多商品及其包装都具有丰富的色彩，这对于吸引消费者注意力是有利条件。按照舞台灯光设计的方法为橱窗配置适当的顶灯和脚灯，不但能起到照明作用，而且能使橱窗原有的色彩产生戏剧性的变化，给人一种新鲜感。对灯光的一般要求是光源隐蔽，色彩柔和，避免用过于鲜艳、复杂的色光，尽可能反映商品的本来面貌，给人以良好的心理印象。

2.分区定位原则

此项原则要求每一类、每一项商品都必须有一个相对固定的陈列位置。商品一经配置后，商品陈列的位置和陈列面就较少变动，除非因某些营销目的而调整。相对固定陈列位置便于消费者习惯性购买，提高购买效率。具体包括以下做法。

（1）向消费者公布货位布置图，并按商品大类或商品群的大概位置进行陈列；

（2）相关商品货位布置要邻近，以便消费者相互比较，促进连带购买；

（3）把相互影响大的商品货位适当隔开，如串味食品、熟食制品与生鲜食品，化妆品与烟酒、茶叶、糖果饼干等；

（4）商品货位要相对固定，但分区定位并不是一成不变的，可以根据时间、商品流行期的变化进行调整，但调整幅度不宜过大，除了根据季节以及重大的促销活动而进行整体布局调整外，大多数情况不做大的变动，以便老顾客凭印象找到商品位置。

3.显而易见原则

商品陈列是商品信息传递的途径，特别对于一些无销售人员的自助式商店，顾客能否在有限的时间内接收到商品信息进而产生购买动机，很大程度上取决于商品陈列是否有效地将商品信息尽可能多地传递出来。具体包括以下做法。

（1）所有商品必须正面陈列，不同品类互不相挡，价目牌与商品必须一一对应。

（2）同类商品垂直陈列，垂直陈列是指将同一品牌的商品沿上下垂直方向陈列在货架的不同高度的层位上。与横式陈列相对而言，垂直陈列优点包括：因为人在挑选商品时的视线往往上下移动较横向移动方便，所以垂直陈列可满足顾客的方便性，又能满足商品的促销效果；货架的不同层次对商品的销售影响很大，垂直陈列可使各商品平等享受到货架不同的层次，不至于某商品占据好的层次销量很好，而其他商品在比较差的层次销量很差。

4.易选易取原则

所谓"易选"，就是要使商品陈列让消费者容易看见并选择，一般以水平视线下方20度点为中心、上10度下20度范围是容易看见的部分；所谓"易取"，就是要使商品陈列容易让消费者触摸和拿取，商品正面面向消费者，不被其他商品挡住视线。

货架按照陈列的高度，可以分为3段。

中段为最容易拿到的高度，中段男性为70~160厘米，女性为60~150厘米，有人称这个高度为黄金位置，一般用于陈列主力商品或公司有意推广的商品。

次上、下段为可以拿到的高度，次上段男性为160~180厘米，女性为150~170厘米，次下段男性为40~70厘米，女性为30~60厘米，一般用于陈列次主力商品，其中次下段需顾客屈膝弯腰才能拿到商品，所以比次上段较为不利。

上、下段为不易拿到的高度上，上段男性为180厘米以上，女性为170厘米以上，下段男性为40厘米以下，女性为30厘米以下，一般用于陈列低毛利、补充性和体现量感的商品，上段还可以有一些色彩调节和装饰陈列。

货架最低层不易拿到的商品要倾斜陈列或前进陈列，货架最上层不宜陈列得过高，不宜陈列太重的商品，不宜陈列易碎的商品。整箱商品不要上货架，对卖场主推的新品和广告单上宣传的商品要突出陈列在端架、堆头或黄金位置，是消费者最容易看到的位置，从而起到更好的陈列效果。

5.丰富丰满原则

数量少而且体积小的东西，不容易引人注目，必须使小商品和形状固定的商品成群陈列，积小成大以造成"排面"。卖场的商品在货架上陈列要有量感，俗话说"货卖堆山"。据美国一项调查资料表明，满陈列的超市与做不到满陈列的超市相比，其销售量平均可提高24%；另外，商品陈列还要丰富，一般1米的货架上要陈列3个品种的商品，否则会显得单调，畅销的商品要及时补货。

6.先进先出原则

商品都有有效期和保质期，必须保证在有效期和保质期内被销售出去。因为消费者总是购买货架前面的商品，如果不按先进先出的原则，那么陈列在后排的商品有可能就错过保质期，造成损耗，尤其是保质期短的食品。

每次补货时应该把货架上原有的商品拿下来，擦干净货架，把新上架的商品摆放在货架里侧，然后再把原有的商品摆放在货架的前侧。对于有保质期的商品，采用先进先出法可以避免商品积压，保护门店的利益。

（三）商品陈列的方式

1.分类陈列

分类陈列是指根据商品质量、性能、档次特点或消费对象分门别类地展示陈列商品。分类陈列使消费者对卖场销售的商品一目了然，同时还可以使其在不同的种类、花色、质量、价格之间比较挑选，是连锁商店运用最广泛的一种陈列方式。

2.主题陈列

主题陈列是一种将商品陈列在一个主题环境中的陈列方式，可选择的主题有很多，如各种节日、庆典活动、重大事件等。主题陈列可以营造一种特殊的气氛，吸引消费者的注意，如情人节，可将鲜花、巧克力、蜡烛、玩偶等集中放置在一个陈列台上，再加上灯光等装饰品，从而渲染出一种浪漫热烈的氛围。

3.端头陈列

端头及货架两端是销售力极强的陈列位置，尤其是在超级市场。端头陈列即在货架两端进行的商品陈列，端头可以用来陈列特价商品、高利润商品、新商品、重点推荐商品或热卖商品。但要注意陈列的商品种类不宜过多，且商品之间要有关联性。

4.突出陈列

突出陈列是将商品超出通常的陈列线，面向通道突出陈列的方法。突出陈列的高度要适宜，既要能引起消费者的注意，又不能太高，以免影响货架上商品的销售效果；商品不宜过多，以免影响消费者正常的行走路线。突出陈列适用于新产品、促销商品、廉价商品等希望引起消费者特别注意，提高周转率的商品。

5.关联陈列

关联陈列也称为配套陈列，即将种类不同但效果相互补充的商品陈列在一起，或将与主力商品有关联的商品陈列在主力商品的周围，以吸引并方便消费者购买的陈列方法。关联陈列提高了商品陈列的灵活性，加大了不同种类商品陈列的机会，是商品群原理在商品陈列中的一个集中体现。在运用关联陈列时，一定要注意商品之间的相关性，确保消费者能产生连带购买行为。

6.悬挂陈列

悬挂陈列是用固定的或可以转动的有挂钩的陈列架来陈列商品的一种方式。悬挂陈列能使消费者从不同角度欣赏商品，具有化平淡为神奇的促销作用。悬挂陈列的适用范围是中小型轻量商品、常规货架上很难实施立体陈列的商品以及多尺寸、多颜色、多形状的商品。

7.量感陈列

量感陈列是指丰富商品陈列数量的做法，但只强调商品的数量并非最佳做法，现在更注重陈列的技巧，从而使消费者在视觉上感到商品很多。量感陈列一方面指"实际上很多"，另一方面则指"看起来很多"。它一般适用于食品杂货，以丰富、亲切、价格低廉、易挑选等吸引顾客。

8.岛式陈列

商店的入口处、中部或通道尽头有时不设中央陈列架，而是配置特殊的展台，这种陈列方法就称为岛式陈列。岛式陈列可以使消费者从 4 个角度看到和取到商品，效果非常好。这种陈列能强调季节感、廉价感、时鲜感和丰富感，有利于诱发消费者的购买欲望。

9.情景陈列

情景陈列是为再现生活中的真实情景，而将一些相关商品组合陈列在一起的陈列方式，如用家具、室内装饰品、床上用品布置一个卧室环境，用厨房用具布置一个整体厨房等。

（四）商品陈列的工具

陈列工具是指用于陈列商品或者广告牌之类的工具，是陈列商品不可或缺的一部分，实现陈列便利、美化、促销的目的。以超市为例，主要包括以下陈列工具。

（1）货架：陈列用货架一般以可拆卸组合的钢制货架为主，高度从 135 厘米到 180 厘米以上不等，货架高度的选择通常与门店所属行业、业态、目标受众有关。

（2）价格牌：用于标示商品售价并作为定位管理的标识。一般标注价格、条码、产地、牌面数等信息，张贴或放置于货架对通道一侧。

（3）堆头：在门店入口或出口的空旷区域放置栈板、筐篮，在其中陈列一些促销商品，主要是为了吸引消费者的注意。

（4）端架：整排货架的最前端或最后端，即货架两头对着横向通道的部分。通常用来放置高利润的商品或应季商品，这个位置是消费者经过频率最高的位置，可以说是最佳陈列位置。

（5）压条：用来放置价格牌和箭头的条形状塑料板。

（6）POP、销售点广告：超市卖场中针对促销商品的广告。它将有关商品的促销信息，以美工绘制或印刷方式，张贴或悬挂在商品附近或其他显著之处，吸引消费者注意力，以达到刺激销售之目的。

（7）箭头：用来指示相应商品的标示，与价格牌配套使用，一般用"↑"的图示，与价格牌一起放置于商品的左下方。

（8）吊旗：悬挂在店内天花板上的旗帜，用来反映店内关于季节性、节庆、商品促销或主题活动等信息。

（9）促销笼：由粗铁线焊接做成的、可折叠的"铁笼"，是一种陈列及仓储设备，广泛用于量大商品之陈列。

（10）叠篮：一种由细铁线焊接后喷塑，前端为斜面的小铁笼，一般用来陈列不易站立的商品，斜口笼本身亦可层层叠放。

（11）专用陈列柜：提供给具有品牌效应的厂商，用来集中陈列其商品的专用陈列柜。

（12）试吃台：用来举行试吃或试饮等活动的陈列台。

（13）灯箱：门店利用店内或店外墙上或货架上的空间所制作的广告照明物。主要用于增加门店的广告费收入，同时让消费者注意到门店所销售的知名品牌。

📖 **案例讨论**

Book People 的个性化陈列

　　Book People 书店位于美国得克萨斯州奥斯汀市全熟超市旗舰店的街对面。这家书店的书籍陈列方式别具一格，比如，它把烹饪类书籍摆在一个老式烤炉里，店里的座位零星分布在四处，烘托出店内的主打产品——书籍。体育类书籍和科技类书籍的区域配备了老式的理发椅和躺椅。店主在四周设置了与书籍主题相同的衍生产品区，比如动物帽子、面具等玩具跟儿童书籍放在一起，占星服、珠宝和蜡烛跟神秘文化读物搭配。Book People 书店的收银台处还有小点心、Book People 牌的巧克力条以及印有"让奥斯汀特立独行吧"字样的文化衫。这家书店实际上是在向爱书的消费者推销所有商品。当然，Book People 本质上仍然是正规的书店。

　　【思考】 观察身边个性化的门店采用了哪些独特的陈列工具。

　　　　　　资料来源于曾弘毅：《零售运营手册》，广东经济出版社有限公司 2018 年版。

三、商品促销

　　商品促销是指商家向消费者传递商品、服务和企业信息，刺激和诱导消费者购买，促进商品销售业绩而采取的一系列措施的总和。在市场竞争日益激烈的环境下，商家要吸引消费者，创造竞争优势，必须不断地与消费者沟通，向消费者提供商店地点、商品、服务和价格等方面的信息，通过一系列手段影响消费者的态度与偏好，说服消费者光顾商店，购买商品，使消费者对商店形成良好的印象。

　　连锁企业促销活动包括 2 个层次：一是总部策划的促销活动，主要是从全局考虑，目的是扩大促销的整体效应和改进企业长期的经营效果；二是门店策划的促销活动，主要是从局部考虑，目的是在短期内有效提升门店的经营业绩或应对竞争对手。

（一）连锁企业促销类型

1.按促销主题分类

　　（1）开业促销活动。几乎所有的零售门店在开业期间都会策划一个大型的促销活动。对于连锁企业而言，总部成立或者新开连锁门店都可以进行一次开业促销活动。开业促销，消费者是第一次光顾，会在心目中留下深刻的第一印象，它将影响消费者未来的购买行为。因为第一印象一旦形成就很难改变，而消费者往往根据第一印象来判断商店的商品、价格、服务和环境等，并将之与其他同类型竞争者进行比较，进而决定以后的购物去向。所以每家门店对开业促销活动都非常重视，如果开业促销策划成功，通常开业时的营业额可以达到平时的数倍。

　　（2）周年店庆促销活动。周年店庆促销活动是仅次于开业促销的又一重要活动，因为每年只有一次，供应商对于门店的周年店庆也比较支持，会给予商家更多的优惠条件。所以门店一般都会在这一重要时段举办较大型的促销，涉及活动范围比较广。如果周年店庆促销活动策划成功，营业额也可以达到平时营业额的两倍左右。

（3）例行性促销活动。除上述的开业促销活动和周年店庆促销活动外，商家往往还会在一年的不同时期推出一系列促销活动。这些促销活动往往以节日为主题，如国庆节、春节、儿童节、情人节、中秋节等，商家每年都要做相应的促销计划，并且变化不会太大，所以称之为例行性促销活动。而有些商家会在月末、季末、年末搞一次清仓促销活动，也可算在例行性促销活动之列。一般在例行性促销活动期间，营业额会比平时提高20%~30%。

（4）竞争性促销活动。竞争性促销活动是指门店针对竞争对手的促销活动而临时采取的促销活动。当前零售企业市场竞争日益激烈，不同商家价格战、广告战、服务战等促销活动此起彼伏。为了与竞争对手抗衡，防止竞争对手在某一促销时期将当地客源吸引过去，商家往往会针对竞争对手的促销行为推出相应的竞争性促销活动，以应对竞争。

2.按促销方式分类

（1）价格促销。价格促销是连锁企业使用频率最高的促销活动。这种活动形式是通过使用折扣券、商品特卖或者限时折扣的方式，让消费者以低于商品原有价格的价格购买商品。折价促销可提高消费者对零售店商品的关注度，在促进销售方面极为有效，对短期销量的提升具有立竿见影的效果。不同的价格促销方式具有其独特性，见表6.9。

表6.9　不同价格促销方式及其特点

促销方式	促销特点
商品降价特卖	直接将商品原价调至较低的现价，或者叫特价，以吸引消费者，增加购买量
限时折扣	在特定的营业时段提供优惠商品以刺激消费者购买
折价优惠	通过折扣让消费者在购物中直接得到价格优惠。具体方式有数量折扣、金额折扣、有效期折扣、限量折扣、会员折扣等
折扣券	折扣券是给消费者的一个凭证，使消费者在指定时间内购买某种商品时，可凭此享受一定折扣的优惠，免付一定数额的金钱。折扣券对于购物意愿刺激最为直接。一般来说，折扣券可以通过网络或者纸质媒体发放

（2）赠品促销。赠品促销是连锁企业通过赠送商品、样品或其他礼品的方式吸引消费者进店购买。不同的赠品促销方式具有其独特性，见表6.10。

表6.10　不同赠品促销方式及其特点

促销方式	促销特点
赠送商品	对购买商品的消费者免费赠送同样的商品，如买一送一
赠送样品	当连锁企业推出一种新商品时，可向消费者赠送样品免费试用，争取打开市场
赠送礼品	对购买商品的消费者免费赠送带有品牌形象的小礼品，或者与购买商品相关的商品

（3）活动促销。活动促销类似于公关行为，能够在比较大的范围内吸引大批消费者，给门

店带来更大的经济效益和社会效益。不同的活动促销方式具有其独特性，见表6.11。

表6.11 不同活动促销方式及其特点

促销方式	促销特点
演出类促销活动	企业通过邀请著名的歌星、影星、艺术团、时装表演队、乐队来演出，吸引这些明星的崇拜者前来观看和消费
互动类促销活动	在周末或特定的时间段举办文体类互动活动，通过这种活动形式增加消费者的参与兴趣，加大客流量，提高商店人气，达到促销目的

（4）其他促销。连锁企业还可以通过积分、抽奖、竞赛等方式吸引消费者持续消费，建立起长期稳定的消费者群体。不同的其他促销方式具有其独特性，见表6.12。

表6.12 不同其他促销方式及其特点

促销方式	促销特点
积分促销	消费者在一定时期内积满一定分数就可以获得一定金额的现金券或者礼品，这是吸引老顾客持续光顾的好办法
抽奖促销	消费者购物满一定金额即可凭抽奖券在当时或指定时间参加商店的公开抽奖活动，这能够提高商店的客单价

📖 案例讨论

屈臣氏善用的促销招数

屈臣氏擅长设计花样翻新的促销活动，每次都能让消费者感到惊喜。屈臣氏促销到底用了哪些招数？

招数1：超值换购。在每一次促销活动中，屈臣氏都会推出3件以上的超值商品，消费者一次性购物满50元就可以加10元任意挑选其中1件商品，这些超值商品通常是屈臣氏的自有品牌商品，所以企业能在实现低价位销售的同时保证利润。

招数2：独家优惠。这是屈臣氏经常使用的一种促销手段，在寻找促销商品时，屈臣氏经常避开其他商家，使消费者产生更多新鲜感，这样也可以提高消费者忠诚度。

招数3：买就送。买一送一、买二送一、买四送二、买大送小，送商品、送赠品、送礼品、送购物券、送抽奖券，促销方式非常灵活多变。

招数4：加量不加价。这一招主要针对屈臣氏的自有品牌商品。屈臣氏经常会推出加量不加价的包装，用鲜明的标签标识，以加量33%或加量50%为主，这一招对消费者非常有吸引力。

招数5：优惠券。屈臣氏经常会在促销宣传手册或公众号上发布优惠券，使消费者在购买指定产品时可以享受一定金额的优惠。

招数6：套装优惠。屈臣氏经常会向生产厂家定制专供套装商品，以较优惠的价格向消费者销售，如资生堂、曼秀雷敦、旁氏、玉兰油等都会推出一些带赠品的套装，屈臣氏自有品牌商品也经常有套装优惠。例如，买一盒69.9元的屈臣氏骨胶原修护精华液，送一支49.9元的眼部保湿遮瑕膏。

招数7：震撼低价。屈臣氏经常推出震撼低价商品，这些商品价格非常优惠，并且每个店铺都把这些商品陈列在店铺最显眼的位置，以吸引消费者。

招数8：购某系列产品满88元送赠品。例如，购护肤商品满88元、购屈臣氏自有品牌商品满88元、购食品满88元送屈臣氏手拎袋等。

招数9：购物2件额外9折优惠。购指定商品2件额外享受9折优惠，如买1瓶营养水要60元，买2瓶只需108元。

招数10：赠送礼品。屈臣氏经常会举行一些赠送礼品的促销活动。一种是供应商提供礼品的促销活动，另一种是屈臣氏自己举行的促销活动，如赠送自有品牌商品试用装、购买某系列产品送礼品装，或者当天前30名消费者赠送礼品1份。

招数11：VIP会员卡。屈臣氏每两周会推出数10件贵宾独享折扣商品，价格低至8折，顾客每次消费都有积分。

招数12：感谢日。屈臣氏会举行为期3天的感谢日小型主题促销活动，推出系列重磅特价商品，商品优惠10元以上。

【思考】屈臣氏的促销活动分别属于哪些促销方式？

资料来源于陈海权：《新零售学》，人民邮电出版社2019年版。

（二）连锁企业促销策划

连锁企业促销活动策划包括确定促销目标、促销主题、促销商品、促销时间、促销方式、促销宣传等。

1.促销目标

促销目标是企业促销活动所要达到的整体目的。连锁企业在不同时间、不同市场策划的促销活动有可能是为了达到不同的目标，比如在某一市场让消费者尽快认识和了解产品，激发消费者的需求，扩大企业的市场份额，而在另一市场则是希望加深消费者对企业的印象，树立企业的形象。总体而言，连锁企业的促销活动大致为了实现以下目标。

（1）店铺目标。连锁企业基于店铺的促销目标是提高客流量、提升形象和知名度等。

（2）商品目标。连锁企业基于商品的促销目标可以是告知消费者消费季节的到来，也可以是增加商品的销售。

（3）消费者目标。连锁企业基于消费者的促销目标包括留住现有消费者、开发新的消费者、提高消费者对连锁企业的忠诚度等。

（4）业绩目标。连锁企业基于业绩的促销目标包括提高资金周转率、提高销售业绩、将延时销售转变为即期销售等。

2.促销主题

连锁企业内化的促销目标需要通过外化的促销主题实现。无论促销目标是什么，商家都会借助一个特别的主题，以赢得消费者的自然好感，拉近企业与消费者的距离，实现促销的目标。节日是商家最普遍利用的促销主题，节日气氛浓烈，消费者时间充裕，有利于吸引流量进店，使店内人气旺盛。好的促销主题往往能起到画龙点睛的作用，所以促销策划人员应该针对具体促销内容，设计有吸引力的促销主题。

3.促销商品

无论连锁企业的促销目标是什么，消费者进店主要是为了购买商品，因此，任何促销活动的目的都离不开商品销售量的增加。选择什么商品作为促销载体，促销商品对消费者是否有吸引力，价格是否有震撼力，都将直接影响促销活动的成败。选择促销商品组合时需要对季节的变化、商品销售排行榜、厂商的配合度、竞争对手的状况等加以衡量，最终确定促销商品。一般来说，比较受欢迎的促销商品有节令性商品、敏感性商品、大众性商品、特殊性商品等。

4.促销时间

一般来说，消费者的购买行为会受季节、月份、日期、天气、温度、节令等因素的影响。因此促销活动在什么时间举行，举办的时间应是多长也是很有讲究的。如果在一年中的不同月份举办促销活动，要注意区分销售淡季和销售旺季。如果选择同月中的不同日期，一般而言，月初的消费能力比月底强，周末的购买力又比平时强。持续的时间过短无法实现重复购买，促销活动达不到预定的目标；如果时间过长，可能引起开支增大和刺激购买的力量下降。一般每个季度以设计3周左右的促销活动为宜，每次的持续时间以平均购买周期的长度为宜。

5.促销方式

商家可以选择的促销方式很多，但应避免陷入纯粹价格战的促销循环，应该根据促销目标、竞争环境、费用等因素，选择合适的促销方式和组合，并对步骤和具体实施方法做相应的安排。

6.促销宣传

促销要实现预期的目标，首先要让目标人群知晓促销活动以及具体内容，这需要商家在设计促销活动的同时考虑如何传递促销信息以及通过什么渠道传递促销信息。促销具体内容设计需要简明而有吸引力，可以通过媒体广告、店面海报、人员宣传、派发传单等渠道直达目标受众群体。

（三）连锁企业促销实施

制订了周密的促销计划，安排了预热的促销宣传之后，促销活动的成功关键在于实施过程，需要人员、商品、卖场等方面的保障和配合，使促销活动热闹、活跃而又有条不紊地进行，以实现预期目标。

1.人员保障

促销活动内容繁杂，工作千头万绪，各项工作都需要有专人去负责。如何分工，如何专业化地完成任务，需要层层的培训落实。连锁企业总部营销部门要对各门店店长级管理人员进行培训，店长要对门店内员工进行分工和培训，如安排不同人员在规定的时间内完成广告内容的撰写、广告媒体的联系、卖场气氛的布置、商品价格调整、供应商的联络、促销商品的陈列、现场的管理等。人员方面需要保证：第一，卖场所有人员，包括厂家促销人员都必须清楚促销活动的起止时间、促销商品及其他活动内容，以免被消费者问及；第二，各部门主管必须配合促销活动，安排适当的出勤人数、班次、休假及用餐时间，以免影响高峰时间对消费者的服务质量；第三，卖场营业人员必须保持良好的服务态度、整洁的服装仪容和专业的服务能力，给消费者留下良好的印象；第四，必须考虑安全问题，适时增加安保人员，争取厂商更大的支持力度，一定要避免因促销发生安全事故。

2.商品保障

在商品管理方面，首先，要准确预测促销商品的销售量并提前进货，保证促销商品数量备足，同时与供应商保持沟通，准备补货预案，以免因缺货造成消费者抱怨，丧失促销机会，影响促销效果；其次，促销商品的价格必须及时调整，以免与消费者产生误会，影响门店形象；再次，新商品促销应配合试用示范等方式，加强消费者购买信心；最后，商品陈列也需要配合促销，以独特形象达到最佳的效果。

3.卖场保障

卖场氛围也可以很大程度上影响消费者心理，刺激消费者当场购物的动机，所以促销期间卖场氛围应该根据促销的不同目的和主题有针对性地营造，设计季节性、节庆性的背景，事物，海报等强化促销氛围，同时辅助以灯光、应景的背景音乐更好地烘托商品，刺激消费者的购买欲望，必要的话还可以安排专人在卖场直接促销。

（四）连锁企业促销评估

促销活动实施结束不是终点，应及时进行评估检查，是否实现预期目标，从中进行经验总结和发现问题，为以后促销活动提供参考。总部还应召集营业、商品、促销以及各门店店长级管理人员就实施效果与目标的差异做分析，在此之前，各门店也要先行进行具体总结，切不可在促销活动结束后置之不理。

1.目标评估法

目标评估法是将促销实际业绩与预期目标进行对比分析的方法，特别适用于可以量化的目标，比如销售额、利润率、进店率、购买率、客单价等指标。一般而言，实际业绩在目标业绩的95%~105%是正常现象，若在目标业绩的105%以上，则算是高业绩目标，若低于95%，则必须反思查找原因。对于一些难以短期量化的指标，比如品牌美誉度、知名度、顾客忠诚度等则需要促销之后更长的时间通过其他方式评估。

2.前后对比法

前后对比法是选取开展促销活动前后的营业情况进行对比，一般会出现十分成功、得不偿失和适得其反几种效果。促销十分成功，说明此次促销活动使消费者对门店的印象加强，对门店知名度和美誉度均有提升，销售的增长在活动结束后仍将持续存在；促销得不偿失指促销活动的开展对商家的经营业绩提升没有任何帮助，反而浪费各项促销资源；促销适得其反是促销活动结束后商业销售额不升反降，这可能是由于促销活动过程中管理混乱、设计不佳、某些事情处理不当，或是出现了一些意外情况等原因，损伤了商店自身的形象，结果导致促销没有效果，甚至销售额不升反降。

案例讨论

不做躺平的会员卡

现在大大小小的门店都会邀请顾客办理会员卡，实行积分制度，但很多门店的顾客办了会员卡之后发现并没有什么特殊的用处，而门店也没有因为顾客办理了会员卡而提高复购率，因为大部分门店缺乏会员卡管理的技巧。

北京有一家餐饮企业做过一个"1元钱烤鸭"的会员营销活动，会员到店里来只花1元钱就能吃到原价170元左右一套的烤鸭，没有任何附加条件。烤鸭成本在40元左右，1元钱的烤鸭怎么卖才能不赔钱呢？

这家餐饮企业有100多万名会员，但并不是所有会员都收到了"1元钱吃烤鸭"的邀请。在给会员发送消息之前，这家企业按照三个条件先做了筛选。

条件一：一年到店消费过三次的会员，这批会员是非常有价值的忠实顾客，邀请他们来是真正的"感恩回馈"，而不是像其他很多商家一样，动不动就感恩回馈，没买过他家东西的路人也感恩，完全没有稀缺性的价值感。

条件二：半年没有到店消费的会员，这批会员是即将流失或者已经流失的顾客，邀请他们来是为了让他们重新建立起和品牌之间的连接。

条件三：每次到店消费，桌均消费在300元以上的会员，翻译过来就是每次来吃饭至少是4个人一起来吃的，邀请他们来，肯定不会只点一只烤鸭占便宜。

按照这样的条件，最终这家烤鸭店筛选出4万人。"1元钱吃烤鸭"的消息发送给这4万人之后，最终有1万人到店消费，基本都是请客吃饭的人。

虽然只有百分之几的毛利，但不仅没有赔钱，而且还唤醒了1万多名半年多没有到店消费的顾客，在往后的3个月中，这些人平均又到店消费了2~3次，这无疑是一次成功的营销活动。由此可见，做会员营销比普通的营销更有针对性，成功率也更高，是提高顾客复购率非常有效的方式。

【思考】如何提高会员卡的复购率？

资料来源于高臻臻:《会员卡原来应该这样做，94%的老板都不知道》，《销售与市场》2021年第11期。

单元三　连锁门店的顾客管理

被誉为全球最有影响力的管理学家——彼得·德鲁克认为，企业的唯一目的就是创造顾客，因为只有得到顾客的认可和实际购买，才是最终对企业有价值的。企业价值根本上来自对顾客需求的满足，企业通过向顾客提供其所需的产品或服务以获得回报，因此服务和满足顾客是企业存在的使命。企业生存的第一因是顾客，作为连锁企业要提高业绩关键任务就是必须认清顾客、开发顾客、维护顾客。

一、洞悉顾客的消费心理

顾客的数量直接决定着门店的盈利能力，门店应不断地开拓新顾客，通过提高顾客的满意度和忠诚度，从而提高企业的竞争优势，只有赢得了顾客，才能赢得市场。吸引顾客购买必须了解顾客的消费心理，门店管理层与销售人员应揣摩顾客的购买动机，并采取一定的销售技巧迎合消费者的心理，才能取得开发顾客的成功。

（一）求实心理

求实是顾客最普遍的一种心理动机，顾客对商品的首要要求就是必须具备实际的使用价值，能够满足自身的某种需求，重视商品质量、性能、价格等，物美价廉往往能够吸引顾客。

（二）求廉心理

人们在消费的实践活动中，都希望用最少的付出换取最大的效用，获取更多的使用价值，追求物美价廉是常见的消费心理，对同类同质的产品来说，顾客总会选择价格较低的商品，"货比三家"即是此理。

（三）求美心理

"爱美之心，人皆有之。"某些顾客比较重视商品的欣赏价值和艺术价值，以青年女性和文学艺术工作者为主，对商品的造型美、色彩美要求较高，商品独特的造型和美观的包装往往能够成功地吸引他们。

（四）求新心理

求新也是人的天性，有的顾客购买商品注重时髦和新奇，爱赶潮流，特别是经济条件较好的年轻人。即使价格较高，他们也会更愿意购买一些新颖、先进、应用价值大的化妆品、高科技产品等。

（五）从众心理

顾客容易受到其他人的影响，认为多数人的做法往往就是对的，不自觉地服从多数，缺乏自主判断。例如，超市里一些顾客在排队购买某品牌食用油，一些顾客认为这种油很多人买，肯定质量较好，马上就到队尾排队准备购买。

（六）自尊心理

有这种自尊心理的顾客在购物时，既追求商品的使用价值，又追求精神方面的高雅。如自尊心理较强的顾客见到销售人员的脸冷若冰霜，往往就转身而去，到别的商店去买。

（七）疑虑心理

某些顾客怕上当吃亏，他们在购物的过程中，对销售人员介绍的商品质量、性能、功效持怀疑态度，反复向销售人员询问，仔细地检查商品，并非常关心售后服务工作，直到心中的疑虑解除后，才肯掏钱购买。

（八）安全心理

有这种安全心理的人对欲购的物品要求必须能确保安全，尤其像食品、药品、洗涤用品、卫生用品、电器用品等，不能出任何问题。因此，他们非常重视食品是否在保鲜期内、药品有无副作用、洗涤用品有无化学反应、电器用品有无漏电现象，等等。在销售人员解说、保证后，他们才能放心地购买。

（九）情感心理

有时候顾客购物会受到非理性因素的影响，特别是女性的购物行为很容易受到直觉和情感的影响。如清新的广告、感人的气氛都能引起女性的共鸣和好奇，激发她们强烈的购买欲望。

知识链接

新零售，新人群

很多人会认为新零售是一场技术革命，说到底零售是为了更好地满足人们的需求，是由于人们的需求发生改变而带动零售创新，特别是主力消费人群发生了巨大变化，所以新零售根本上是"心零售"。

1.中产阶级

4亿新中产崛起，这些有房有车一族是推动消费升级的中坚力量。网易严选、ZARA、无印良品的目标人群都是新中产。

2.小镇青年

阿里妈妈营销研究中心于2019年8月发布的报告《下沉式增长——你不懂的小镇青年》显示，小镇青年是指出生于20世纪八九十年代，目前工作、生活在三到六线城市和村镇之中的年轻群体。小镇青年有大量的剩余时间，没有太大的房贷、车贷压力，这些年拼多多、头条、火山、快手的崛起，小镇青年功不可没。

3. Z世代

近4亿"95后""00后"逐步成为主力消费群，他们通过社交媒体获得信息，通过互联网购物，现在甚至只通过手机购物。他们每一个人都喜欢内容式的广告，"B站"的崛起见证了"Z世代"的力量和个性张扬。

【思考】请分析新人群的消费心理。

资料来源于侯明哲：《后浪奔涌的河流，是什么样的？》，《销售与市场》2020年第8期。

二、顾客开发

顾客是门店最重要的资源，拥有这项资源才能创造更大的价值，所以门店必须不断吸引和创造顾客。

（一）到目标顾客所在的地方

目标顾客在哪里，就把门店开到哪里，再次说明选址对于连锁门店来说是基础性的重要工作。在确定了店址之后，对于尚未到店消费的"准顾客"来说，门店如果不设法把他们至少吸引到门店一次，那么就无法将其发展为门店顾客。

对从门店前经过的人来说，门店外的广告牌是最具有直接吸引力的。门店可以在店门口的广告牌上传递商品信息、价格信息、促销信息等，以此唤起过往行人的注意。对于没有经过门店的目标受众来说，连锁企业可以用自制信息单，传统企业用纸质的信息单，现在可以用微信推送转发的方式，以便降低成本，提高效率。自制信息单的关键在于"自制"，如果信息单毫无特色，那么非常有可能淹没在消费者每天接收到的成千上万的信息中，因此门店的信息单需要独具特色，摆脱粗暴推销的固有印象，强调提供文化信息或生活知识，避免顾客反感。

（二）老客带新客

成功的连锁企业能让顾客主动帮助商家吸引新客，这是最低成本的引流方式，既稳固老顾客，又带来新顾客，而且让商家不再受限于地理位置、自然人流，摆脱其他高额的推广成本，裂变更多新客户到店。从效果来看，一个老顾客说一句话，比一个销售员说一百句都管用，老顾客就是最好的广告。

商家利用"三方互利"原则设计引流方案，如通过推荐活动的功能创建推荐优惠券，分享给顾客，顾客A使用推荐优惠券邀请顾客B，顾客B到店消费并使用了该优惠券，顾客A获得专属推荐奖励。奖励和优惠都是通过电子券的形式获取，电子券更容易传播，通过微信朋友圈和好友转发就能把活动传播出去，奖励或者优惠券到账后，系统会进行用券提醒和奖励提醒，明确激发顾客消费的动力。为了吸引老顾客主动推荐，也让新顾客能够被成功吸引，商家在设置推荐活动时，注意奖励和优惠力度要足够大，才能有吸引力。

老顾客带新顾客，本身就是一个增信的过程，成功率会更高，实现"利己、利他、利商家"。"利己"就是老顾客推荐新顾客成功后，老顾客能够获得奖励；"利他"是被推荐的新顾客也可以享受到优惠；"利商家"是通过推荐活动，商家把老顾客的资源用好，如果有100个老顾客，每个人推荐1个人就会产生100个新顾客，100个新顾客再进行推荐，门店的流量就会越来越多，真正实现"老客、新客、商家"三方互利。

（三）异业联盟引流

异业联盟是指产业间并非上下游的垂直关系，而是双方具有共同行销互惠目的的水平式合作关系，可以是不同行业、不同层次的商业主体的联合，也可以是同行业各层次不同商业主体间的联合，凭借着彼此的品牌形象与名气，来拉拢更多面向族群的客源，借此来创造出双赢的市场利益。联盟的商业主体之间既存在竞争，又存在合作，通过合作共赢，使1+1发挥出大于2的效果是异业联盟各商业主体的共同目标。

异业联盟的本质是不同行业但是具有相同消费群体的商家的联盟活动，每个商家把自己的顾客资源提供出来，通过一个机制做资源置换。具体可以采用以下2种方式。

1.资源置换

资源置换就是双方门店互相交换产品附带资源，比如互换产品的优惠券、会员卡、抵扣券等。

2.顾客互推

顾客互推指的是在资源置换的基础上（优惠券、抵扣券、会员卡的发放），为对方门店引流，从而达到推荐顾客的效果。坚持一段时间后，双方门店的顾客都可以得到有效提升，实现互惠共赢。

三、顾客维护

西方营销专家的研究和企业的经验表明：争取一个新顾客的成本是留住一个老顾客成本的5倍，一个老顾客贡献的利润是新顾客贡献的16倍。当下零售企业引流成本越来越高，花费高昂成本吸引顾客第一次进店之后，接下来重点要考虑如何让顾客复购，也就是提高顾客黏性。

所谓顾客黏性是指客户对于品牌或产品的忠诚、信任与良性体验等结合起来形成的依赖感和再消费期望值。依赖感越强，客户黏性越高；再消费期望值越高，客户黏性越高。影响顾客黏性的因素很多，比如商品是否是顾客刚需、商品是否能真正解决顾客需求、商品的购买频次高低、商品的被替代性大小以及从本品到竞品所付出的转移成本多少等，这些都与商品本身的品类、品质等有关，但具体到门店，能够加强顾客黏性主要是通过提供良好的服务，改善顾客体验，提高顾客满意度。

连锁零售企业多数与顾客直接接触，以顾客为导向的经营理念决定了顾客服务是企业的一项基本职能，门店既要提供优质的产品，还要提供周到的服务，才能达到顾客的需求，吸引和保持顾客的光临。顾客服务不仅包括对现实顾客的服务，还包括对潜在顾客的服务；不仅要提高顾客现实的（售后的）满意程度，还要提高预期的（售前的）满意程度。服务可以使企业创立个性，增加竞争优势，有效地增加企业的新销售和再销售的实现概率。

（一）树立全员服务理念

连锁企业门店要在员工中树立"一切为了顾客"的服务理念，变被动为主动，为顾客提供满足其需要的服务。企业之间竞争的焦点之一就是服务质量，门店从店址选择、卖场设计、商品结构、广告宣传等各项工作都是为了给顾客提供更有效的服务。热心为顾客服务是企业争取顾客，求得生存和发展的必然选择，良好的服务理念须贯彻到每一个店员的工作之中，形成员工内化的主观意识。

首先，顾客所购买的不是产品，而是期望，他们不仅要获得实体产品，更多的是要通过获得实体产品解决他们的问题，甚至获得心理的满足。《美国营销策略谋划》的研究结果显示：91%的顾客会避开服务质量低的公司，其中80%的顾客会另找其他方面差不多但服务更好的企业，20%的人宁愿为此多花钱。美国哈佛商业杂志发表的一份研究报告显示：再次光临的顾客可为公司带来25%~85%的利润，而吸引他们再次光临的因素首先是服务质量的好坏，其次是产品本身，最后才是价格。因此，做好服务工作，以真诚和温情打动顾客的心，培养"永久顾客"，刺激重复购买，才是谋求企业长远利益的上策。

其次，顾客的不满意将导致高成本。企业失去的顾客有68%是因为对服务质量的不满意，每一位投诉的顾客背后都有26位同样不满但却保持沉默的用户，而他们会把自己的感受告诉8至16个人，所以走掉一位老顾客的损失是要争取10多位新顾客才能弥补的，顾客的不满意会带来引流高成本。换句话说，良好的服务所节省的最大成本就是换回老顾客要投入的成本。

（二）围绕核心，进行全程服务

一旦顾客成功导入，可围绕核心产品或服务，为顾客提供售前、售中、售后全程免费或低价的附加服务，以此来增加用户互动黏性。

1.售前服务

售前服务是指企业在顾客未接触产品之前所开展的一系列刺激顾客购买欲望的服务工作。售前服务的内容多种多样，主要包括提供信息、问询服务、导购资讯、市场调查预测、组织进货、分拣包装、拆整卖零、配套销售服务、产品展示、免费使用、赠送宣传材料、环境清洁、整理销售场地等。售前服务是一种以交流信息、沟通感情为中心的服务，目的是将商品信息真实、准确、快速地传递给顾客，并为顾客的购买活动做好准备工作，要了解顾客对商品和购物环境、条件的要求，并采取相应的措施满足这些需求。售前服务是门店赢得顾客的第一步工作，服务的形式和内容根据行业各有不同，宗旨是方便顾客，加强顾客对产品或服务的认识，工作人员应当主动、热情、竭尽全力激发顾客的购物欲望。

2.售中服务

售中服务是指店员在顾客进入门店后，在产品销售过程中为顾客提供的服务。现代商业销售过程中重视为顾客提供所需的各种服务，如保持环境卫生、为顾客介绍产品、演示产品使用方法、耐心地帮助顾客挑选商品、解答顾客提出的问题、提供收银服务、包装商品等。售中服务是促进商品成交的核心环节，售中服务的目标是热情、专业地为客户提供性能价格比的最优解决方案。优秀的售中服务可以为顾客提供额外服务，帮助顾客做出购买决策。售中服务主要包括舒适的购物环境、门店导购、介绍商品、各种形式的宣传演示、提供试用品、礼貌待客、帮助顾客挑选商品、尽量满足顾客其他的合理需求等。

3.售后服务

售后服务是门店为顾客在商品销售之后提供的服务，是商品销售工作的延伸，也是强有力的促销手段。销售人员要采取各种形式的配合步骤，通过售后服务来提高企业的信誉，扩大产品的市场占有率，提高推销工作的效率及效益。售后服务工作是靠售后服务人员与顾客的交流和沟通来完成的，只有技术专业、心态平和、态度良好的服务人员，才可能提供高质量的令顾客满意的服务。这种服务增加了商品的附加值，消除了顾客购买商品的后顾之忧，使顾客能够放心购买、方便使用，增加顾客满意度和忠诚度，并乐于向他人推荐本店商品。售后服务主要包括实行三包、送货、安装、调试、维修、技术培训、电话回访、上门服务、供应零配件与耗材、定期检修、设置服务热线、处理顾客投诉等。

📖 案例讨论

服务成就名副其实的"孩子王"

都说女人和孩子的钱最好赚，这就解释了近年母婴赛道的火爆，因此也涌现出了一众规模上亿元的"头部品牌"，而其中称得上"王中王"的非孩子王莫属。深究孩子王成功的原因，数字化和服务是其突围的两大法宝。孩子王从2014年就已经具备超前的数字化意识，利用数字化工具，实现千万会员千人千面。品牌将孩子从产前至14岁细分成9个阶段，每个阶段都有配套的标签体系，包括以年龄、性别、出生日期为主的常规标签，以购买频次、消费额度为主的消费相关标签，以用户喜好、使用习惯为主的消费偏好标签等。

"冷技术"基础上还需要"热服务"，孩子王为每个会员配置了一个"育儿顾问＋工程师"，提供个性化育儿服务。

1V1服务。这项服务主要针对新入会的用户，如果新入会用户恰好是1岁内宝宝的妈妈，孩子王会安排育儿顾问进行1V1的服务，新手妈妈在孕期有任何育儿问题都可以通过线上App、企业微信找到育儿顾问进行咨询。

儿童护理。孩子王的育儿专家在陪伴宝宝成长过程中，会通过线上数字化系统，随时随地为会员解决催乳、婴儿抚触、宝宝理发、小儿推拿等各种育儿难题。

客户关怀。借助数字化工具，孩子王可以追踪宝宝成长阶段，到会员临产、孩子生日等关键节点，育儿顾问都会进行主动关怀和福利输出。此外，孩子王的育儿顾问还会为妈妈提供产后恢复、塑形、心理咨询等服务。

育儿知识输出。孩子王邀请了200多名三甲医院及专业机构的育儿专家，帮助妈妈解决孕期、产后以及儿童护理等多方面育儿难题。此外，育儿专家还会通过线上论坛输出关于养育类的内容，助力新手妈妈成长。

具有专业育儿理论知识和丰富实操经验的育儿专家，在陪伴新手妈妈成长过程中，成为品牌与用户的情感枢纽。同时，持续专业知识的输出加强了顾客对品牌的信任，转化效果显著高于同类品牌。

【思考】通过案例分析数字化如何助力服务提升？

资料来源于《母婴赛道王中"王"，另辟蹊径的私域增长之路》，搜狐网，2022－04－05。

（三）制造亮点，提供拓展服务

1.基本服务

在商品销售过程中，与顾客选购商品同时发生的服务，是销售工作中必不可少的工作内容，比如礼貌迎客、商品介绍、用途演示、协助挑选、收银、包装等。每个门店提供的基本服务大同小异，如果缺乏这些服务将会引起顾客的不满，所以基本服务在每个门店都存在，差别在于服务的质量有所不同。

2.连带服务

连带服务是指在商品出售给顾客同时提供给顾客的、与商品有关的服务，目的是帮助顾客购买和使用商品，增加顾客的购买率，比如送货上门、安装、维修、操作指导、特殊包装等。不同门店提供的此类服务差别较大，往往会对顾客的购买决策产生较大的影响，连带服务能够为顾客提供较多的方便和优惠，使其下定购买决心。比如某些便利店提供的送货服务，方便了顾客，提高了销售业绩。

3.附属服务

附属服务是指与顾客购买活动没有直接联系的服务内容，在顾客购物时为其提供其他需求的满足，比如清洁门店内的环境、播放轻柔时尚的音乐、设计宽敞通畅的过道、布置整齐摆放合理的货架等。该类服务虽然不与具体的商品买卖挂钩，但是会影响顾客的购买，舒适的环境会使顾客在愉悦的心情中完成购物。

案例讨论

红星美凯龙"服务口碑"体系见成效

红星美凯龙自2013年便开始启动"服务口碑"项目，经过调研、模型设计、试点、复制推广4个环节，历经多年建立了一个完整的服务口碑SOP体系，在全国400多家门店实现服务体验全面蜕变，在家居行业风云变幻的大背景下，帮助企业实现门店数、销售额、净利润连年上升，2020年更是位列中国连锁百强第三名。

公司通过内外部分析并委托第三方调研公司，在全国筛选12个不同类型商场，通过顾客走访、现场调研、在线调研、圆桌会议等方式，对家居行业顾客体验做了全面深入的分析研究。调研显示：顾客了解家装产品最主要的渠道是亲朋介绍（44.1%），即使是红星美凯龙这样的家居行业领头羊，消费者体验还有诸多痛点：价格高，不透明；商场大，常迷路；服务没有温度感；配套设施少，无Wi-Fi、休息区、儿童区；等等。

红星美凯龙根据消费者购买动机、趋势、习惯等的研究结果得出，影响消费者购买的因子包括：商场品牌喜好度、产品品牌丰富度、商品质量及环保性、价格合理性、购物环境体验感、售前中后人员服务满意度、交通停车便利性、配套设施等近20项，最终提炼形成了"服务口碑模型"，包括五大核心因素，即环境、人员、价格、质量、服务。

1.环境

休息区设置。顾客说商场太大，连个坐的地方都没有，休息区设置规范应运而生，试点商场统一规划、科学布设的带有"逛累了休息一下"标示的休息区随处可见。

儿童区规范。让带孩子的顾客多一个来红星美凯龙的理由。

美陈规范。结合购物场景设置的"转角遇到爱""魔法盒子"等美陈案例，让顾客多了在红星美凯龙拍照分享的冲动。

2.人员

全员服务。重点抓取商场一线窗口岗位，通过独创的"晨会七步法"和"迎送宾5S"管理体系，为顾客提供宾至如归的服务。

15分钟退单。买多了买错了，只要在合理退货条件内，"计时沙漏"告诉顾客15分钟肯定搞定退货流程，这就明确告诉顾客：您完全可以改变主意。

送货跟单。自建配送物流体系从根本上解决家居行业送货安装难题，率先通过常态送货跟单机制，实现送货投诉的明显减少。

3.质量

质量管控。严格准入资质管理和强制的按月环保质检，实现对供应商的质量管控并保证产品"绿色环保"。

正品查询。联合中国标准化研究院、中国质量认证中心（CQC）共同开发推出"中国家居正品查询平台"，通过赋码的方式为每一件家居产品生成独一无二的"身份证号"，详细记录产品生产、物流、销售等信息。

4.价格

为改善家居行业价格不透明、虚标高价、折扣混乱的现状，率先提出最低折扣管控措施，同时力推明码实价，鼓励品牌、经销商给顾客放心透明的购物环境。

5.服务

研发形成20份流程文件，10份岗位手册，10套培训课件，10份学员手册。

【思考】红星美凯龙的服务口碑体系如何复制到全国门店？

资料来源于《红星美凯龙：打造"服务口碑"体系》，中国连锁经营协会，2016-11-24。

（四）适度"捆绑"，防止顾客"跳槽"

提高顾客黏性就是为了防止顾客轻易"跳槽"离去，可以在顾客管理模式上设计一些机制来适当"控制"顾客离开，增加顾客"跳槽"的成本。在服务业和零售业，常见的"捆绑"顾客的方式是建立有吸引力的会员制度，建立顾客档案，掌握顾客信息。互联网和移动终端的快速发展为零售商接触顾客提供了多元触点，线上、线下、移动端、智能穿戴装置等都是商家获取顾客信息的渠道。零售企业通过会员管理及大数据分析建立更为完整、全面的顾客档案，可以深入了解顾客的生活方式，为顾客推送个性化、精准的零售服务。还可以通过诸如会员等级和会员积分，让顾客不断升级，形成强大的黏性捆绑，时间积累越久，黏性越强。

案例讨论

母婴店的锁客妙招

某品牌母婴店在2018年时还只有一个单店，经过2年的经营转型，现在已经零投资复制裂变出了8家门店，而最值得称道的是其顾客留存率很高，它是怎么做到的呢？

锁客，让顾客成为会员。很多商家认为办张会员卡、加个微信、留个姓名和电话就是会员，有了会员卡打个折、积个分就是会员制度。很多人可能在各个店里都办了会员卡，但可能第二次都没去了。最简单的让顾客下次再来的方法是"充值会员"，原因很简单。

（1）人总是会惦记两类人，一类是自己的亲人，另一类是欠自己钱的人。

（2）充值，从心理上讲，就相当于我们还欠顾客的钱。

（3）当顾客下次有同样需求的时候，因为你欠他的钱，他惦记你，所以他一定是首先想到你，还会到你的店里来。

为什么顾客不愿意充值？因为大多数商家恨不得让顾客一次性充值成百上千元，甚至夸张地充值上万元。商家让顾客充值最主要的目的是让顾客觉得商家欠他的钱，下次有需求，首先想到这家店而不是竞争对手。欠10元也是欠，欠1000元也是欠，为什么非得让顾客一次性充值成百上千元呢？

【思考】请为某品牌连锁店设计一个合理的充值消费制度。

资料来源于何凯华：《100%客户留存，这家母婴店是如何做到的？》，《销售与市场》2021年第9期。

四、顾客投诉管理

连锁企业每天面对众多顾客的服务，即使工作细致、认真也有可能出现偏差，导致顾客无法获得满意的消费体验，因为商品质量较差、送货延期、店员服务态度较差等情况经常会导致顾客的投诉，处理好顾客投诉是连锁门店的常规工作之一，恰当的处理不仅可以化解与顾客的矛盾，还可以维护企业信誉，促使顾客再次购买；反之，则可能给门店的经营带来危机。

（一）正确对待顾客投诉

1.真心诚意感激顾客

顾客投诉说明门店的管理及服务工作尚有漏洞，说明顾客的某些需要尚未被重视，很多顾客在不好的体验之后不投诉但不会再光顾，门店就直接失去了这名顾客。愿意投诉的顾客说明他们对门店还是怀有期待的，如果投诉得到很好的解决，他们仍将继续光顾门店，甚至忠诚度更高，所以应该真诚地感激顾客即使在不好的体验之后仍然愿意给予门店机会。

2.绝对不与顾客争辩

当顾客怒气冲冲地前来投诉时，应理解顾客的心理，让顾客把话讲完，然后对顾客的遭遇表示歉意，当顾客情绪激动时，店员更应注意礼貌，绝不能与顾客争辩。如果不让顾客充分地表达自己的情绪和看法，表面看来店员似乎得胜了，但实际却输了，这样不利于解决问题。

3.及时处理顾客投诉

接到投诉后应尽快联系相关部门人员解决问题，不要拖延时间，不能互相推卸责任，第一时间向顾客清楚地了解投诉详情后，努力识别及满足他们的真正要求，用最快的速度妥善处理，给顾客一个圆满的答复，如果问题实在无法立即解决，则应告知顾客具体解决问题的时间，并互留联系方式待以后沟通，满怀诚意地帮助其解决问题。

4.跟踪服务，争取顾客

问题解决后门店相关人员可继续与顾客联系，诚挚表达门店歉意的同时，向顾客表示慰问，树立门店良好的形象。

（二）顾客投诉的内容

1.对商品的投诉

商品存在质量缺陷是投诉最为集中的方面，主要表现为坏品、假冒伪劣商品、重量不足、包装破损、价格过高、标示不符、商品缺货等不同的情况。

2.对服务的投诉

顾客对服务的投诉会直接影响门店的销售工作，特别是与工作人员的争执可能会扰乱正常的营业秩序，带来比较严重的后果。服务投诉的原因主要有：店员工作态度不佳（接待慢、说话没有礼貌、语气不好、相关知识不足无法为顾客提供有效服务），工作服务不恰当（收银出现差错、促销活动不公平、售后服务不佳），服务项目质量不良（包裹寄存丢失、广播服务不及时、无法及时开具发票），服务设施落后（承重设备不准确、洗手间不整洁、没有停车位），门店服务不佳（营业时间不合理、没有送货服务、维修网点少）。

3.对环境和安全的投诉

对门店环境的投诉包括：门店音响声音过大，手推车占用购物通道，垃圾随意堆放，雨雪天气时地面湿滑等。安全投诉包括：顾客财物在门店被盗，安全通道狭窄阻塞，没有安全监控系统等。

（三）处理顾客投诉的步骤

1.接受投诉

顾客投诉处理方法第一步是"接受投诉"，要求迅速受理，绝不拖延，这是第一个要素。尽量避免对顾客说"请您回去等候消息"，否则就是在冒险，因为没有设身处地为顾客着想，商家并不了解这位顾客的性格，这个投诉对他生活工作带来多少影响，以及其后顾客会有的反应。

投诉处理的目的不仅仅是避免给企业带来的麻烦，更重要的是希望通过有效处理投诉，能够挽回顾客对企业的信任，使企业的口碑得到良好的维护，有更多的"回头客"，从而化"危机"为"契机"。

2.平息怒气

顾客在投诉时，大多带有强烈的感情色彩，具有发泄性质，因此要平息他们的怒气。在顾客盛怒的情况下，需要安抚顾客情绪，采取低姿态，承认错误，平息怒气，确保顾客在理智的情况下，分析解决问题。

3.了解问题

需要给顾客一个宣泄不满和委屈的机会，来分散心里积压的不满情绪，如果放弃这个机会，就不利于投诉最终的处理。客服人员应该使用技巧，用提问题的方法，引导顾客。

通过提问题，用开放式的问题引导顾客讲述事实，提供资料。当顾客讲完整个事情的过程以后，客服人员要用封闭式的问题总结事情的关键。如"您刚才所说的情况是您购买的商品价格与货架上标签价格不一致，是这样的吗？"

4.采取行动

采取行动是指对投诉进行处理。很多客服人员往往是直接提出解决方案，而未考虑到顾客失去了选择的余地。真正优秀的客服人员是通过2步来做：第一步是先了解顾客想要的解决方案，客服人员主动询问顾客的意见；第二步是提出解决方案，迅速对顾客投诉的问题进行有效解决。这样一来，不管顾客是否已有解决方案的预期，企业在解决问题时都会居于主动地位。

5.感谢顾客

感谢顾客是最关键的一步，这一步是维护顾客的一个重要手段和技巧。客服人员需要说4

句话来表达 4 种不同的意思：第一句话是再次为给顾客带来的不便表示歉意；第二句话是感谢顾客对于企业的信任和惠顾；第三句话也是向顾客表示谢意，让门店发现问题，知道自己的不足；第四句话是向顾客表决心，让顾客知道门店会努力改进工作。

（四）投诉处理的注意事项

（1）尽量将投诉的顾客请至会客室或门店卖场的办公室，以免影响其他顾客的购物。

（2）千万不可在处理投诉过程中离席，让顾客在会客室等候。

（3）严格按总部规定的"投诉意见处理步骤"，妥善处理顾客的各项投诉。

（4）各种投诉都需详细记录，尤其是顾客的姓名、住址、联系电话以及投诉的主要内容，并请顾客确认。

（5）如有必要，应亲赴顾客住处访问、道歉、解决问题，体现出门店解决问题的诚意。

（6）所有的抱怨处理都要遵循已制定的结束期限。

（7）与顾客面对面处理投诉时，必须把握机会实时结束，以免因拖延时间过长，既无法得到解决的方案，也浪费了双方的时间。

（8）顾客投诉意见一旦处理完毕，必须及时通知顾客并确认每一项投诉内容均得到解决及答复。

（9）由消费者协会转移的投诉事件，在处理结束之后必须与协会联系，以便让对方知晓整个事件的处理过程。

（10）对于有违法行为的投诉事件，如寄放柜台的物品遗失等，应与当地的派出所联系。

（11）谨慎使用各项应对措施，避免导致顾客的再次不满。

（12）注意记住每一位投诉的顾客，当该顾客再次来店时，应以热忱的态度主动向对方打招呼。

案例讨论

商品质量投诉处理

某连锁超市接到一位顾客投诉，称其一周前在门店里购买的"嘉应子糖果"出现了发霉的现象，负责受理投诉的工作人员对被投诉商品的剩余部分进行拆包检查，确实发现存在发霉现象。当时商场的工作人员未对此做出任何补救措施，没有承诺将商品做换货或退货处理，而是要求顾客将发霉商品留下，待拿去技术监督局进行鉴定，证实确属商品质量问题后再通知顾客进行处理。顾客对此极为不满，对处理方式方法产生了争议，并向公司总部投诉，要求超市立即对其进行退款、道歉及一定金额的赔偿。商场最终只好按顾客要求对其做了相应赔偿。

【思考】如果你是负责受理投诉的工作人员，你会如何处理这次投诉？

资料来源于作者根据相关资料整理而成。

任务训练

一、单选题

1. 不属于门店前方设施的是_____。

　　A.橱窗　　　　　　　　B.停车场　　　　　　C.收银台　　　　　　D.出入口

2. 门店中央设施即卖场设计的主要功能是_____。

　　A.提高店前人流量　　　　　　　　　B.提高商品售价

　　C.提高顾客购买率和客单价　　　　　D.提高顾客进店率，减少进店阻碍

3. 一般情况下，百货商店中客流量大的位置如一楼、出入口处、主通道两侧会布局_____商品。

　　A.高毛利商品　　　　　　　　　　　B.低毛利商品

　　C.低销售量商品　　　　　　　　　　D.稀缺商品

4. 将妇女服装与儿童服装邻近摆设，属于按照_____布局。

　　A.商品性能和特点　　　　　　　　　B.商品连带性

　　C.购买动机　　　　　　　　　　　　D.内部管理需要

5. 卖场格子式布局的优点是_____。

　　A.由于商品货架的规范化安置，顾客可轻易识别商品类别及分布特点，便于选购

　　B.环境富于变化，使消费者增加购物的兴趣

　　C.货位布局十分灵活，顾客可以随意穿行各个货架或柜台

　　D.便于顾客自由浏览，不会产生急迫感，增加顾客的滞留时间和购物机会

6. 以下关于超市商品陈列表述不合理的是_____。

　　A.收银台附近陈列一些颜色鲜艳，价格不高的轻便商品，刺激顾客购买欲望

　　B.把体积较大或分量较重的商品陈列在底层的货架，方便顾客选取

　　C.货架上的商品要放满陈列，不能留一点空隙，让消费者觉得丰富丰满

　　D.将纸尿布、奶瓶、奶粉等产品做"宝宝屋"主题陈列，方便妈妈族选购

7. 长而深的商品结构组合的缺点是_____。

　　A.不能一站式购物　　　　　　　　　B.顾客选择性少

　　C.占用资金多　　　　　　　　　　　D.商品花色品种少

8. 连锁企业在做商品定位决策时首先考虑的是_____。

　　A.门店业态　　　　　　　　　　　　B.明确目标顾客

　　C.顾客需求分析　　　　　　　　　　D.商品分类

9. _____是连锁企业使用频率最高的促销活动。

A.赠品促销　　　　　B.价格促销　　　　　C.活动促销　　　　　D.积分促销

10._____是顾客最普遍的一种心理动机，顾客对商品的首要要求就是必须具备实际的使用价值。

A.求廉　　　　　B.求美　　　　　C.求实　　　　　D.求新

二、简答题

1.简述商品定位的流程。

2.简述卖场岛屿式布局的优缺点。

三、案例分析题

多难兴企

纵观国内外的商业发展史，很多伟大的商业模式往往都是企业经营出现困难或在解决困难中被逼无奈下诞生的，这其中宜家的发展历史可以给企业很多启发。

宜家创始人英格瓦·坎普拉德于1943年创建的宜家公司最初并不卖家具，只是卖钢笔、皮夹子、画框、装饰性桌布、手表、珠宝及尼龙袜等小百货。一个偶然的机会，他发现购买家具的人特别多，于是便试着销售家具。当家具销量很大的时候，他决定放弃其余商品，专注家具生意。至此宜家才算是真正意义上的诞生，其时是1951年。

受到对手打压，走上自己设计之路。1955年，宜家的竞争对手施压供应商，供应商为了保全更大规模的生意，不得不停止给宜家供货。被逼无奈，宜家开始自己设计家具，这次的"逼上梁山"，为以后宜家的独具特色（包括核心创举之一的平板包装）奠定了坚实的基础。

顾客太多，被迫开放仓库，顾客自提商品。1965年，因为光临斯德哥尔摩宜家商场的顾客太多，数千人排队，员工不够用，无奈之下，宜家只能开放仓库，并让顾客自提商品。不知不觉中，一个伟大的被逼无奈的创意又形成了，并成为宜家日后的商业模式里最重要的特色部分。

为成交开设餐饮服务。因为宜家的门店位置偏远，且面积较大，所以顾客逛一会儿便会饥饿。于是，在英格瓦·坎普拉德的"你永远无法和一个饿着肚子的人谈生意"的原则指导下，宜家开始在店内开设餐饮服务。没想到这个餐饮服务竟然成了宜家30%顾客到店的主要目的。餐饮服务每年给宜家带来18亿美元的营业收入，占其门店总营业收入的5%~10%，以至于宜家宣布自己是全球第六大餐饮连锁集团。

问题：

宜家面对困难调整对策的做法给你什么启示？

四、实训安排

对某超市卖场布局和商品陈列进行观察分析，发现其中存在的不合理之处，并提出改进建议。

实训目的：使学生通过实践理解门店卖场布局设计对消费者购买率、客单价、门店业绩的影响，能够创新性地提出改进建议。

实训步骤：

（1）教师布置任务，讲清楚目的和要求；

（2）学生自由组合成立调查小组，每组3~4名学生；

（3）各小组讨论选择调查对象；

（4）各小组进行卖场现场调查和观察，做好记录；

（5）各小组根据收集到的信息，讨论分析该卖场布局和商品陈列存在的问题；

（6）各小组针对分析存在的问题，讨论改进的对策建议；

（7）各小组制作成PPT在课堂上汇报，教师进行点评和指导。

参考文献

[1] 贾卒:《决胜电商:连锁店这样开才盈利》,机械工业出版社 2020 年版。

[2] [英]理查德·哈蒙德:《新零售的增长策略》,浙江教育出版社 2020 年版。

[3] 耿启俭:《连锁联盟:新零售时代实体店崛起之道》,中国纺织出版社 2018 年版。

[4] 李松、李爽:《加盟连锁招商模式顶级设计思维》,中国财富出版社 2019 年版。

[5] 连锁问问:《从 1 到 1000:让连锁店突围》,广东经济出版社 2018 年版。

[6] 翁怡诺:《新零售的未来》,北京联合出版有限公司 2018 年版。

[7] [日]绪方知行:《铃木敏文的 7-Eleven 式经营》,北京时代华文书局 2016 年版。

[8] 帅季华、蒋萌:《零售新模式》,湖北科学技术出版社 2016 年版。

[9] 丁兆领:《新实体店盈利密码:电商时代下的零售突围》,经济管理出版社 2015 年版。

[10] 荆涛:《连锁王国:系统解析连锁模式》,中华工商联合出版社 2014 年版。

[11] 魏雪飞:《连锁世界的力量:连锁时代教科书》,上海财经大学出版社 2014 年版。

[12] 郎咸平:《模式案例点评》,东方出版社 2010 年版。

[13] 陈方丽、杨再春:《门店管理实务》,机械工业出版社 2012 年版。

[14] 陈海权:《新零售学》,人民邮电出版社 2019 年版。

[15] 乔一凡、刘克:《无界零售:新零售落地整体解决方案》,民主与建设出版社 2019 年版。

[16] 王先庆:《新零售:零售行业的新变革和新机遇》,中国经济出版社 2017 年版。

[17] 肖怡:《企业连锁经营与管理》,东北财经大学出版社 2018 年版。

[18] 李维华:《特许经营新思维》,企业管理出版社 2021 年版。

[19] 文志宏:《特许经营实战指南》,电子工业出版社 2020 年版。

[20] 廖利军:《新零售运营与实践:全渠道电商与物流供应链方法+技巧+案例》,电子工业出版社 2020 年版。

[21] 陈丽芬、黄雨婷:《高质量零售》,机械工业出版社 2019 年版。

[22] 周云霞:《连锁经营与管理》,湖南师范大学出版社 2019 年版。

[23] 龙晴:《零售运营:连锁企业管理手册》,中国铁道出版社 2019 年版。

[24] 瞿金芝:《连锁企业门店开发与设计》,北京理工大学出版社 2019 年版。

[25] 聂军维:《连锁超市开店攻略》,中华工商联合出版社 2020 年版。

[26] 曾弘毅:《零售运营手册》,广东经济出版社有限公司 2018 年版。

[27] 马瑞光:《商业新突破:万利连锁》,中华工商联合出版社 2020 年版。

[28] 王吉方:《连锁经营管理理论实务案例》,首都经济贸易大学出版社 2020 年版。

[29] 中国连锁经营协会校企合作小组:《连锁门店营运管理》,高等教育出版社 2014 年版。

［30］IBMG国际商业管理集团:《总部有多强大，门店就能走多远》，企业管理出版社2014年版。

［31］马凤琪、王菲:《连锁经营管理原理与实务》，大连理工大学出版社2011年版。

［32］赵越春、韦森:《连锁经营管理概论》，科学出版社2011年版。

［33］马瑞光、铁书秀:《连锁赢利标准化密码》，南方日报出版社2010年版。

［34］马瑞光、马涛:《连锁商业模式密码》，广东经济出版社2011年版。

［35］杨刚、陈晓健:《连锁门店营运管理》，清华大学出版社2021年版。

［36］马岗:《中国零售20年：裂变、融合、重构、共生》，《销售与市场》2021年第6期。

［37］上佳:《中国零售40余年：探寻未来，向新而生》，《销售与市场》2021年第12期。

［38］殷晖、乔培臻、俞书琪:《解锁未来新零售》，《销售与市场》2021年第12期。